Nationally Planned Textbook for Digital Marketing Communication Colleges and Universities

高等院校广告专业数字营销传播规划教材
丛书主编：张金海　姚　曦

互联网时代公共关系的理论与实践

The Principle and Practice of Public Relations in the Internet Age

姚　曦　黎　明　编著

中国建筑工业出版社

图书在版编目（CIP）数据

互联网时代公共关系的理论与实践/姚曦，黎明编著．—北京：中国建筑工业出版社，2016.12
高等院校广告专业数字营销传播规划教材
ISBN 978-7-112-20048-1

Ⅰ.①互… Ⅱ.①姚…②黎… Ⅲ.①公共关系学—高等学校—教材 Ⅳ.①C912.3

中国版本图书馆CIP数据核字（2016）第260479号

责任编辑：李东禧　李成成
责任校对：王宇枢　李美娜

教材配套课件资源下载说明：
本书赠送课件资源请进入http://edu.cabplink.com页面，点击"素材共享"栏目查询对应资源点击下载。（注：需免费注册网站用户，在会员中心修改资料为教师身份并完善教师基本信息，经管理员审核后方可下载）。
客服电话：4008-188-688（周一至周五8:30-17:00）。

高等院校广告专业数字营销传播规划教材
互联网时代公共关系的理论与实践
姚　曦　黎　明　编著

*

中国建筑工业出版社出版、发行（北京三里河路9号）
各地新华书店、建筑书店经销
北京京点图文设计有限公司制版
北京云浩印刷有限责任公司印刷

*

开本：787×1092毫米　1/16　印张：14　字数：282千字
2017年1月第一版　2017年1月第一次印刷
定价：45.00元（赠课件）
ISBN 978-7-112-20048-1
　　　　（29330）

版权所有　翻印必究
如有印装质量问题，可寄本社退换
（邮政编码 100037）

总 序 ▍Foreword

在探索中前行

　　自现代广告制度确定以来,广告在其前行的路上,一直顺风顺水,一片坦途。然而,广告终于逃脱不了产业生命周期定律带来的厄运。自20世纪90年代以来,现代广告接二连三遭遇到严重挑战,从而引发一次又一次的生存危机。

　　挑战首先来自"整合营销传播"。在营销环境与传播环境日益复杂的状况下,任何单一的营销推广手段都不足以成功执行营销。于是,有了"广告消亡"的惊呼,也有了拯救者的"整合营销传播"之论。此次挑战造成的后果,并非如"广告消亡"论者所预示的那般严重。广告固有的生存形态与传播形态并未发生根本性的改变,只是促进广告与其他营销传播方式的有效"整合",从而造成广告运作形态从单纯的广告传播进一步走向以广告为工具的整合营销传播的某种转型,但此次挑战却为传统广告的现代生存敲响了警钟。

　　进入21世纪之后,最为严重的挑战终于来临。在互联网与数字传播的背景下,现代广告最严重的生存危机终于发生。

　　在互联网与数字传播的背景下,广告"泛形态化"与"资讯化"发展,消解着传统广告固有的生存形态,传者与受者之间的"交互式"传播,受者的"参与式"传播,线上的"立体化"传播与线上线下的"互动式"传播,消解着传统广告固有的传播形态,作为互联网传播与数字传播产物的"大数据"及其分析技术,将颠覆性地改变营销与传播的决策程序,促使营销传播管理从以"目标"为驱动走向以"数据"为驱动;将严重拷问基于有限资讯分析的广告策划与创意的传统广告核心状态与广告人智慧,甚至有可能发生数据专家与大数据分析技术的智能光芒,掩盖住广告人的智慧光辉。在互联网与数字传播的背景下,传统广告发生着从生存形态到传播形态到运作形态的全面解构,传统广告已经不可能完全按照传统的方式继续生存。传统广告的此番生存危机,是广告发展历史进程中从未遭遇过的,紧迫而深重。

　　新旧事物的更替,并不是在顷刻间完成的,往往在较长一段时间仍处于"共同生存"的空间,这是事物演进的共同规律,广告的发展演进也不例外。旧的广告形态依存,但其生存空间却越来越迅速地被新的营销传播形态所挤占。当此之际，自觉的创新发展变得越来越必要。古人云："若无新变，则不能代雄。"发展百余年的现代广告，百余年一直无大变。号称最富创意的广告，从产业发展的角度来考量，竟是最保守的行业。当传统广告遭遇互联网与数字传播严重挑战而发生深重的危机时，若再不思新变，从迅速衰落而走向逐渐消亡将无可避免，"代雄"只能是广告的一种过去时，而仅存于苦涩的反思与回忆之中。

危机迅速唤醒着广告新变的自觉意识，迅速激活着广告人新变的智慧。从一点一滴开始，全球广告人不断积累着数字营销传播的智慧与经验，中国广告人也在不断积累着数字营销传播的中国智慧与经验。广告人痛苦着并快乐着，他们与传统广告一道，正经受着炼狱般的煎熬，并充满期待地祈盼着浴火后的再生、蜕变与涅槃。

教科书的编纂是一桩庄严而神圣的事。教科书所容纳的往往是一个学科或专业成熟而系统的科学知识体系。也许到目前为止，广告人所积累的数字营销传播的经验知识，尚未充分成熟而系统化，但数字营销传播神速的发展现实，却无时无刻不在呼唤经验知识的学理化与科学化。中国的广告教育，似乎真到了应该编纂一部数字营销传播教材的时候了。

当中国建筑工业出版社提出这一构想，并真诚发出出版邀约时，尽管我们惶恐忐忑，却依然欣然作出了承允。于是，由武汉大学牵头，组织全国10余所高校，共同编纂了这套"全国高等院校数字营销传播规划教材"。将业界数字营销传播的经验与智慧作出科学化的总结与提升，乃我们所愿，却非我们所尽能。编纂的过程充满艰难，我们同样痛苦着并快乐着，同样经受着炼狱般的煎熬，同样期待着知识的蜕变与涅槃。

中国建筑工业出版社为本套教材的编纂所作出的投入和所付出的耐心，让我感动，也让我们惭愧，你们的眼光、胆识与信任，更让我们钦佩。姚曦教授的付出是巨大的，从智慧到心力。感谢参与本套教材编纂的所有作者、同仁。

谨以此作呈献并致敬于读者诸君。

张金海
于武昌珞珈山
2016.7.24

前言 ▍Preface

公共关系来源于人类社会发展的现实需求，随着社会环境和时代的变化而变化。现代形态的公共关系正是应现代社会的工业生产发展而生的。

回顾现代公共关系的发展历程，最初是从便士报兴起，报刊与大型企业和财团为了增加发行量，扩大自身影响力，专门雇佣人员撰写新闻，进行报刊宣传代理，所以现代公关的产生与大众传播业的发展密不可分。然而，一味追求博人眼球的宣传也导致报刊上产生了大量的虚假新闻，造成对公众的愚弄的结果，使得许多企业和资本家声名狼藉，于是，取得公众的信任和理解成了他们继续生存和立足的唯一选择，这时企业不再闭门造虚假新闻，而是开始"讲真话"，通过报刊媒体向公众开诚布公以获得公众的信任，正是这一主张的提倡者艾维·李开创了现代公共关系的理念。随后，现代公共关系开始发展，企业界内部开始逐步推广起公共关系制度，许多企业开始成立公关部。与此同时，公共关系公司的成立、公共关系的职业化使得公共关系工作逐步摆脱了新闻界附属的地位，开始独立发展起来。二战后全球经济的快速增长，为许多企业创造了发展和成长的机遇，也使公共关系开始向各个领域和行业蔓延和渗透。

公共关系在20世纪中后期得到了飞速的发展，社会对公共关系的需求也在不断增长，但是我们也遗憾地发现，人们对于公共关系的认识还存在很多不足，虽然公共关系摆脱了新闻界的附属地位，但公共关系意味着与公众交流和沟通，进行公共宣传就离不开大众传媒，人们还会将公共关系与新闻、广告等概念混为一谈。另外，从公共关系的产业实践来看，公关产业还很不独立，企业对公共关系的认知和态度还存在问题，认为自己设立公关部门，随便找些接待和销售人员来充当公关工作人员就是发展了公关活动，导致公关从业人员普遍专业性不强，而且对公共关系不够重视，公关公司成了可有可无的存在，无法真正发挥其社会效益，更不能形成产业效应。公共关系的市场发展也很不健全，目前国际上公认的公共关系应用较多的领域有政府机构、经济企业界和非营利性组织，但公共关系运用最多、最活跃的还是经济企业界，市场需求主要集中在这一领域，而且在实际运用中，企业更多偏向短期的与公众沟通联系、促进销售等手段，缺乏从战略高度上的公关谋划。

综合来看，公关产业和公关市场一直未能发育成熟，因而公共关系的内涵和外延处于尴尬的不定型状态，未能确定。

从这个意义上说，互联网的崛起和互联网时代的到来，对于公共关系的发展是历史上最好的机遇。但理论的完善还未能跟上时代的脚步，传统的公共关系的理论并不能完全适用于如今的公共关系实践，现实的需求迫使我们立足互联网的时代背景去重新认识和思考公共关系。在此种状况下，对于互联网时代公共关系的研究有其特别的理论意义和实践价值。

互联网的出现改变了关于信息传播的一切因循和传统。在传统媒体的格局下，握有特定信息的组织或个人要想将信息快速而大规模地传播给其他人，大众传媒是中心节点、是必经之途。除此之外，别无选择。而在互联网上，尤其是当互联网自身进化到以移动互联网、O2O、大数据、云计算为标志的"互联网+"后，"信源—媒体—大众"的信息传播模式崩塌了。信息，好的或坏的，真的或假的，经由SNS网站、博客、搜索引擎、网络社区等平台型网络媒体或QQ、MSN等网络通信工具，绕过大众媒体，从所有人传向所有人。传统媒体时代的那套公共关系的理论、内容和方法，尽管仍具有参考价值，但显然已经很难照搬了。

在互联网时代背景下的公共关系，尽管与传统公共关系有许多继承和延续的关联，但在主体、客体、流程、技术手段等方面有诸多不同。传统公共关系的主体一般是社会组织，客体是社会公众，但进入互联网时代，公共关系的主体和客体的概念范畴都被拓宽，一切社会主体都有可能成为公共关系的主体，主体可以包含社会组织，也可以包含个人和群体等，而客体——互联网时代的社会公众，在互联网上获得了自由平等的意见表达，与公共关系的主体形成良好互动，而不再是以往的单向接受。互联网同时也贯穿到公共关系的工作流程中，无论是公共调查、公关策划、公关实施还是公关评估，在每一步的程序中，都可以看到互联网给公关工作带来的改变和便利。互联网作为如今公共关系的基本前提，重塑了公共关系的各个方面。因此，互联网时代的公共关系的概念边界，必须重修厘定，其内涵，必须重构。

在此种语境下，如果不能深刻理解互联网本身的内在特质和其在整个社会系统中角色地位的变化，以及由此带来的新的信息传播模式和舆论生成路径，对互联网时代公共关系的探讨就会止步于具体细部的实操经验归纳和总结，或者就事论事的案例分析，只能是知其然不知其所以然，更遑论基于此上的规整科学的操作体系了。

正是基于这样的思考，本书分理论篇和实践篇两个部分进行内容架构。在理论建构部分，本书力图在理解互联网和互联网时代的基础上，重新审视互联网时代背景下公共关系的变与不变，重构公共关系的理论内涵与整体框架，并由此梳理公共关系所涉主体、受众、传播以及流程等诸多纬度，形成新时代背景下公共关系的完整体系。在实践操作部分，本书在新的理论框架的观照下，以互联网时代数字技术赋予公共关系的最重要的两大特质——数据驱动和O2O互动——为切入点，探讨了在这两大核心概念凸现下的互联网语境下公共关系的新形态，以此为前设，对互联网时代的公关新闻传播、社会化媒体平台的品牌公关、面向电子商务的公关推广以及互联网时代的舆论引导与危机管理等公共关系在其典型领域的具体实践进行了基本盘梳理和探索性研究。关于公关产业和公关市场，本应是此教材的重要内容之一，但限于现实研究条件，相关的数据难以收集，故暂不列入其中，将在今后的修订中加以补充。

本教材的大纲由姚曦、黎明拟定提出，经全体编委认真讨论认定，各撰稿人在各自撰稿中又作出了一些补充、修改与完善，撰写分工如下：第一章，黎明、朱玉琼；第二章，李斐飞；第三章、第五章，张梅贞；第四章、第九章，刘润峰；第六章，李春玲；第七章，秦雪冰；第八章，晋艺菡；第十章，简予繁；第十一章，黎明、秦雯静。

初稿完成后，主编组织部分人员参与了初稿的修订，参与初稿修订的有黎明、刘润峰、张梅贞、秦雪冰等，最后由姚曦、黎明通读审定全稿。在写作此书的过程中，我们借鉴了国内外研究者的研究成果，在此对这些研究者致以深切的敬意和感谢。如在注释中有所疏漏，敬请鉴谅。由于精力和水平所限，本书肯定还存在不少不足，但我们相信，经往后的不断修订，将逐步完善和精致。感谢各位编委的精诚合作，感谢中国建筑工业出版社为本教材的出版所付出的努力。敬请广大读者不吝批评指正，谨此预致谢忱。

姚曦
2015年11月28日于武汉珞珈山

目 录 | Content

总序
前言

第一章　互联网时代的公共关系　　1

　第一节　从互联网到互联网时代　　1
　　一、从边缘创新到社会基础　　1
　　二、互联网的基本特征　　4
　第二节　互联网社会：生活空间的延伸与变化　　5
　　一、互联网崛起：虚拟生活空间的开辟　　5
　　二、两个平行的世界　　6
　　三、边界消融：线上空间与线下空间的融合　　7
　第三节　公共关系的重新定义与框架重构　　8
　　一、当公关遇上互联网　　8
　　二、变与不变：互联网时代的公共关系　　10

第二章　互联网时代公共关系的行为主体　　14

　第一节　公共关系的发起者　　16
　　一、传统的公共关系发起者——组织　　16
　　二、新媒体环境下的公共关系的发起者——个人　　19
　　　案例：世界杯梅西　　19
　　　案例：罗永浩砸西门子冰箱　　20
　　三、新媒体环境下的公共关系发起者——非正式群体　　21
　　　案例：解救乞儿，随手拍照　　22
　第二节　公共关系的代理方　　22
　　一、公共关系代理公司的类型　　24
　　二、综合性的公共关系代理公司的工作流程　　24

　　　　　三、评价公关关系代理公司价值的标准　　　　25
　　　　　四、公关关系公司的组织结构　　　　26
　　　　　扩展阅读：　世界知名公关公司　　　　27
　　　　　五、网络公关与网络水军现象　　　　30
　　　　　案例：　乳业两巨头，深陷黑公关　　　　31
　　第三节　公共关系的媒介平台运营方　　　　33
　　　　　案例："野兽派花店"　　　　34

第三章　互联网时代公共关系的公众分析　　36

　　第一节　互联网时代公众的特征　　　　36
　　　　　一、互联网公众的概念　　　　36
　　　　　二、互联网公众的特征　　　　37
　　第二节　互联网时代公众的类型　　　　38
　　　　　一、根据对信息的处理能力的不同分类　　　　39
　　　　　二、根据表达主题明确与否的分类　　　　40
　　　　　三、根据对公共政策的表现不同的分类　　　　40
　　第三节　网络环境下公众的基本心理　　　　41
　　　　　一、群体极化　　　　42
　　　　　二、网络集合行为　　　　43
　　　　　三、从众心理　　　　44
　　第四节　互联网时代的公众参与　　　　45
　　　　　一、互联网时代的公众参与的现状　　　　45
　　　　　二、互联网时代公众参与的模式　　　　45
　　　　　案例：　郭美美事件在微博上的传播　　　　46
　　　　　三、互联网时代公众参与对企业的挑战　　　　47
　　　　　案例：　柴静的雾霾调查：《穹顶之下》　　　　47

第四章　互联网时代公共关系的传播分析　　49

　　第一节　互联网公共关系的媒介平台　　　　49
　　　　　一、企业或品牌的自有媒介平台　　　　49
　　　　　案例：　百威：微动中国年 为梦想举杯　　　　52
　　　　　二、第三方媒介平台　　　　55
　　　　　案例：　奥利奥品牌在Qzone中的公关互动传播　　　　57

　　　　　案例：优衣库：网络"in"事，在SNS社交网站中
　　　　　　　　排队？ 59
　　第二节　互联网公共关系的传播模式 61
　　　　一、传统大众传播模式所遭遇的挑战 61
　　　　二、互联网时代公关传播模式和特征 63
　　　　　案例：小米手机上市网络公关活动 67
　　第三节　互联网公共关系的信息形态与内容生产 72
　　　　一、互联网公共关系的信息形态：从单一走向立体 72
　　　　二、互联网公共关系的内容生产：从封闭走向开放
　　　　　　和整合 73

第五章　互联网时代公共关系的运作流程　75

　　第一节　新媒体背景下以社会化媒体为核心的传播变革 75
　　　　一、社会化媒体：营销传播的主要趋势 75
　　　　二、移动互联网：全面占据消费者的零散时间 76
　　　　三、电商化：信息消费和产品（或服务）消费无
　　　　　　缝对接 76
　　　　四、大数据：数据成为营销的富矿 76
　　　　五、产业融合背景下广告、公共关系和数字营销
　　　　　　的融合 77
　　第二节　基于数据的消费者洞察 78
　　　　一、消费者洞察：新媒体整合模式的起点 78
　　　　二、数据，更准确、清晰、科学地了解消费者 79
　　第三节　以用户为核心的内容创意 80
　　　　一、内容营销的定义 80
　　　　二、内容营销的特点 81
　　　　三、通过用户发掘内容的操作方法 82
　　　　　案例：看微博如何为内容营销创造新机遇 84
　　第四节　线上线下全平台应用 85
　　　　一、线上线下的概念 86
　　　　二、线上线下的发展现状 86
　　第五节　公关效果的量化评估 87
　　　　一、公关效果量化评估的背景 87

二、互联网公关传播效果评估的主要内容　　87
　　三、互联网公关传播效果评估方法　　87

第六章　技术驱动的公共关系　　89

第一节　数字技术与公共关系　　89
一、数字技术的概念和优势　　89
二、数字技术在公共关系活动中的应用　　91

第二节　大数据：发现问题与匹配策略　　92
一、大数据的概念、产生与特征　　92
二、大数据在公共关系活动中的应用之一：发现问题　　96
案例：啤酒与尿布的故事　　96
三、大数据在公共关系活动中的应用之二：匹配策略　　97
案例：揭秘奥巴马成功竞选背后——数据挖掘团队成支柱　　98
案例："多彩贵州有多彩"——大数据时代贵州形象再造　　98
案例：蓝色光标——用大数据看2014年SUV消费者购车　　99
案例：发展智慧城市成为国家战略　　101

第三节　Web2.0与媒介融合：互联网时代公关信息传播与呈现　　101
一、Web2.0与公关信息传播　　101
案例：微电影营销成功案例之天创时尚《爱的定制》　　105
二、媒介融合与公关信息呈现　　106
案例：第7届瑞丽封面女孩大赛网络传播方案（节选）　　107

第七章　公共关系的O2O模式　　109

第一节　O2O模式的兴起与发展　　109
一、O2O模式的概念、特点及流程　　109
二、O2O模式的产生　　111
三、O2O产生的发展前景　　112
四、常见的O2O模式举例　　113

第二节　公共关系O2O模式的概念与特点　　114
一、公共关系O2O模式的概念　　114

二、公共关系 O2O 模式的特点　　　　　　　　　115

　　三、公共关系 O2O 模式的优势　　　　　　　　　117

　　四、公共关系 O2O 模式失败案例　　　　　　　　118

第三节　公共关系O2O模式的操作方法　　　　　　　118

　　一、线下公共关系的操作方法　　　　　　　　　118

　　二、线上公共关系的操作方法　　　　　　　　　119

　　三、交易型公共关系的操作方法　　　　　　　　120

　　四、顾问型公共关系的操作方法　　　　　　　　121

第八章　互联网时代的公关新闻传播　　　　　　　　122

第一节　互联网时代公关新闻的特点、内容和类型　　122

　　一、网络公关新闻的特点　　　　　　　　　　　123

　　二、网络公关新闻的内容　　　　　　　　　　　127

　　三、网络公关新闻的分类　　　　　　　　　　　129

第二节　互联网时代公关新闻稿的撰写　　　　　　　130

　　一、网络公关新闻稿的撰写原则　　　　　　　　130

　　二、网络公关新闻稿撰写的基本步骤　　　　　　133

　　三、网络公关新闻稿撰写的其他注意事项　　　　136

第三节　互联网时代公关新闻的发布媒介　　　　　　137

　　一、网络新闻媒体分类　　　　　　　　　　　　137

　　二、网络新闻媒体的选择标准　　　　　　　　　140

　　三、网络新闻媒体投放的其他注意事项　　　　　141

第九章　社会化媒体平台的品牌公关　　　　　　　　143

第一节　社会化媒体平台概述　　　　　　　　　　　143

　　一、社会化媒体的概念及其基本特征　　　　　　143

　　二、社会化媒体平台及其应用概况　　　　　　　144

第二节　社会化媒体平台品牌公关的新形态　　　　　149

　　一、公众社会化媒体平台商业活动的参与状况　　149

　　二、消费者购买行为的变化　　　　　　　　　　150

　　三、社会化媒体平台品牌公关传播功效的彰显　　151

　　　　案例：海尔空调墨迹天气交互传播　　　　　152

第三节　基于社会化媒体平台的品牌公关策划与实施　153

一、品牌公关调研 　　154
　　案例：大数据背景下的品牌调研 　　155
　　二、品牌公关目标的确立 　　156
　　三、品牌公关的信息内容生产 　　157
　　案例：中华魔丽迅白牙膏：新品上市网络社区推广 　　158
　　三、品牌公关的媒体策略 　　159
　　四、品牌公关效果的评估 　　160
　　五、品牌公关传播计划的制定与实施 　　161
　　案例：联想：马拉松GPS社交媒体直播 　　162

第十章　面向电子商务的公关推广　　165

第一节　互联网环境下公共关系向电子商务的延伸　　165
　　一、电子商务概况 　　165
　　二、电子商务公关的概念、兴起与特征 　　169
　　三、电子商务公关的类型 　　171
　　四、电子商务公关的意义 　　173

第二节　基于购物网的公共关系　　174
　　一、我国购物网概况 　　174
　　二、购物网的公关推广 　　177
　　案例：淘宝网商城更名的公关推广 　　179

第三节　基于App应用的公关推广　　180
　　一、我国App应用概况 　　180
　　二、App应用的公关推广 　　182
　　案例：美拍App公关推广 　　184

第十一章　互联网时代的舆论引导与危机管理　　186

第一节　互联网时代的舆论媒介环境　　186
第二节　互联网时代的舆论来源与路径　　189
　　一、互联网舆论的来源 　　189
　　二、互联网舆论的生成路径 　　190
第三节　互联网时代公关危机的特点　　191
　　一、网络公关危机的形态 　　192
　　二、互联网公关危机的特点 　　192

　　　　案例：马航客机失联事件　　　　　　　　　　194
　第四节 互联网时代公关危机的防范　　　　　　　　196
　　　一、公关宣传与形象维护　　　　　　　　　　　197
　　　二、网络空间的监控与预警　　　　　　　　　　199
　　　三、建立网络危机案例库与应急预案　　　　　　201
　　　　案例：全国多地警方开通微博直播案情　　　　202
　第五节 互联网时代危机处理的对策　　　　　　　　202
　　　一、主动沟通、一致沟通　　　　　　　　　　　203
　　　二、及时反应、先入为主　　　　　　　　　　　203
　　　三、发布全部信息　　　　　　　　　　　　　　204
　　　四、监控与预警　　　　　　　　　　　　　　　204
　　　五、针对性的危机沟通　　　　　　　　　　　　205
　　　　案例：取缔余额宝风波　　　　　　　　　　　205

参考文献　　　　　　　　　　　　　　　　　　　207

后记　　　　　　　　　　　　　　　　　　　　　210

第一章 互联网时代的公共关系

互联网时代的公共关系较之传统意义上的公共关系，既同样蕴藉着"公共关系"是其所是的质，同时由于其所身处的时代背景和媒介场景的范式转换，互联网时代的公共关系又化生出与传统公共关系迥然不同的属性和特征。而要把握互联网时代公共关系的变与不变，必先理解互联网在社会系统中角色和功能的历时演进，及其与此同步的影响所驱动的人类社会结构的变迁。就前者而言，当下互联网正在成为社会公共基础，将"互联网"作为关键词凿刻在这个时代中。就后者而言，与之对应的是，自有互联网以来，新开辟的虚拟生活空间又重新与人类生活的线下空间融为一体，而这正是互联网社会的重要表征。

第一节 从互联网到互联网时代

一、从边缘创新到社会基础

对当今社会的人们而言，互联网是一个再熟悉不过的词语，我们的生活中随处都可以看到互联网的身影，互联网的应用之广泛，对人类社会的影响之巨大，以至于互联网得以冠名整个时代，人们开始并且习惯将我们所处的这一时代称为"互联网时代"。而在互联网诞生之初，人们大概不会想到它能发展到如今这么巨大的规模和影响力，也不会想到它竟成了一个时代的代名词。

（一）第一个阶段：边缘创新

事实上，互联网最初的雏形是应军事用途而生的。1969年美国国防部高级研究计划管理局（ARPA-Advanced Research Projects Agency）为了防止军事指挥中心被摧毁而导致全国军事指挥瘫痪的局面出现，设计了具有分散指挥点的系统，从而建立了名为"ARPAnet"的网络，这一网络仅仅联接了几个军事及研究用的电脑主机，无论是从技术上还是军事机密的层面，它都不具备向外推广、拓展的条件，因此ARPAnet只能被称作是互联网的雏形，并非真正意义上的互联网。1986年，美国国家科学基金会（National Science Foundation，NSF）利用ARPAnet发展出来的TCP/IP的通信协议，在5个科研教育服务超级电脑中心的基础上建立了 NSFnet 广域网，在全美国建立了按地区划分的计算机广域网并将这些地区网络和超级计算机中心互联起来，并向全社会开放，同时 TCP/IP 协议成为网上的标准通信协议。

互联网在诞生之初，是出于军事用途的技术创新，而后美国国家科学基金会建立 NSFnet 广域网，其目的也是为了在各大学和科研机构之间交换科学研究信息。所以，早期的互联网并不像如今一样具有世界性的范围覆盖，也并不具备很多功能，可以说是科学技术的一项边缘创新，由于技术条件、硬件设施和成本以及社会因素等多方面的限制，尚未向更广泛的范围普及。

这种情形在万维网诞生之后得到了改变。1989 年 Tim Berners 和欧洲粒子物理研究所创立了万维网（World Wide Web），但在 1991 年以后才开始宣扬这一项目。World Wide Web 的诞生，标志着以万维网为主要形态的网络媒体正式成型。应前面所说科学技术的边缘创新，万维网诞生的最初目的也是让世界各地的核子物理学家分享欧洲粒子物理研究所的研究资料，但是这时的互联网已经向公众全部开放，普通用户开始对万维网产生更多的兴趣，伴随着个人电脑的逐渐普及，万维网向全世界范围推广开来。

（二）第二个阶段：社会子系统

1994 年后，网景（Netscape）公司掀起了互联网的商业化和资本化热潮，随之而起的雅虎、亚马逊、eBay 等第一代互联网公司成了互联网商业大潮的第一批佼佼者。此时，互联网才刚刚进入中国，经过几年的发展，1997 年开始，以人民网为代表的门户网站开始逐步创立并发展，新浪、网易、新华通讯社网站（后更名为新华网）等中央级新闻门户网站与上海热线、武汉热线等地方门户网站逐步建立起来，开启了互联网的门户网站时代。与此同时，阿里巴巴、百度、盛大、天涯社区等中国第一批新兴互联网公司创立❶，中国稍晚于美国，也掀起了互联网发展的第一次热潮。

20 世纪 90 年代中后期这一阶段，互联网商业化兴起并飞速发展起来，门户网站的迅速崛起，使得互联网的媒体属性逐渐突显。1997 年底，全世界联入互联网的国家和地区已达到 60 多个，与其相连的网络达 4 万多，联网计算机达 400 万台，用户已超过 1 亿。1998 年 5 月，互联网被联合国新闻委员会正式定义为继报刊、广播、电视之后的"第四媒体"❷。1999 年后，互联网在中国的传媒地位也逐渐上升，新浪、网易、搜狐等门户网站开始正式涉足新闻传播领域。从科技创新到成为继报刊、广播、电视之后的"第四媒体"，互联网从社会的边缘地带走入了社会里面，成为人们社会生活的一部分。

---

❶ 方兴东，潘可武，李志敏等. 中国互联网 20 年：三次浪潮和三大创新 [J]. 新闻记者，2014，4：002.

❷ 雷跃捷. 网络传播概论 [M]. 北京：中国传媒大学出版社，2010.

进入 21 世纪后，互联网更进一步向社会化过渡，博客、BBS、视频网站等多种网络媒体形式争相发展起来，网民成为网络媒体和网络文化发展的主力军。网络媒体尤其是个人自媒体开始兴起，在许多重大事件的信息传播中发挥了重要作用，影响力迅速提升。互联网作为继报刊、广播、电视之后的"第四媒体"的身份受到广泛的社会关注和认可。这时人们往往将互联网称为新兴的网络媒体，事实上互联网以媒体的角色成为社会运作中的一个子系统。

（三）第三个阶段：社会基础

伴随着 SNS 网站的发展，微博、微信等即时通信网络服务的蓬勃兴起，互联网社交属性日益突出，3G 通信网络逐步向全球进行覆盖，同时硬件设施也紧密配合通信技术的飞速发展，智能手机、平板电脑等移动智能设备在互联网用户中大范围普及，使得互联网向移动化大步迈进。

移动化带来了全球互联网用户的大幅增长。2014 年 5 月，国际电信联盟发表报告预计到 2014 年底，全球的互联网用户将接近 30 亿，这意味着全球的互联网用户普及率将达到 40%[1]。到了 2014 年 11 月，InternetLiveStats 根据通过来自 ITU、世界银行和联合国的数据统计并推断，全球互联网用户数量已经超过了 30 亿人大关[2]。根据中国互联网络信息中心（CNNIC）发布的第 35 次《中国互联网络发展状况统计报告》，截止 2014 年 12 月，我国网民规模达 6.49 亿，互联网普及率已达 47.9%[3]。

互联网已不单单只是一种新兴的媒体，它开始向人类社会生活的各个领域加速渗透，并彰显出巨大的影响力，逐步成为推动经济发展和社会进步的关键力量。"互联网+"可以说是对目前互联网在人类社会生活中应用的高度概括。"互联网+"这一概念最早是由易观国际董事长兼首席执行官于扬在 2012 年 11 月 14 日的易观第五届移动互联网博览会上首次提出的。而 2015 年 3 月，"互联网+"甚至还被写入了在全国人民代表大会上发布的政府工作报告中。

阿里研究院于 2015 年 3 月发布的《"互联网+"研究报告》中对"互联网+"进行了定义：所谓"互联网+"就是指"以互联网为主的一整套信息技术（包括移动互联网、云计算、大数据技术等）在经济、社会生活各部门的扩散、应用过程"。互联网作为一种通用目的的技术和 100 年前的电力技术、200 年前的蒸汽机技术一样，将对人类经济社会产生巨大、深远而广泛的影响[4]。

此外，这一研究报告还指出，"互联网+"的前提是互联网作为一种基础设施

---

[1] 国际电联：2014 年年底全球将有 30 亿人使用互联网 [OL]. 来源：新华网 http://news.xinhuanet.com/fortune/2014-05/10/c_1110628090.htm.
[2] We are social：互联网用户超过 30 亿大关 [OL]. 来源：199it http://www.199it.com/archives/288459.html.
[3] 中国互联网络信息中心. 第 35 次中国互联网络发展状况统计报告 [R]. 2015.
[4] 阿里研究院. "互联网+"研究报告 [EB/OL]. 2015.

的广泛安装。英国演化经济学家卡萝塔·佩蕾斯认为，每一次大的技术革命都形成了与其相适应的技术——经济范式。这个过程会经历两个阶段：第一阶段是新兴产业的兴起和新基础设施的广泛安装；第二个阶段是各行各业应用的蓬勃发展和收获❶。毫无疑问，互联网在中国已达47.9%的高普及率，伴随4G通信技术的发展和智能终端设备在人群中的普及，互联网的确正作为一种基础设施在我们的社会中广泛安装，这也为"互联网+"在各行各业各领域的发展奠定了坚实的基础。

事实上，"互联网+"已经在不知不觉融入和改变着我们的生活，于扬表示，我们今天看到的所有成功的互联网企业都是互联网+传统行业的模式，比如百度就是互联网+广告，淘宝则是互联网+集市，京东是互联网+卖场，支付宝是互联网+银行，当当网是互联网+书店，等等。而伴随着互联网与更广范围的各行各业相结合，"互联网+"将促进各种传统产业的转型和升级，互联网+零售业、批发业、制造业、外贸、金融、农业、物流，而且还不止这些。未来，互联网将像曾经的电力技术一样，作为社会的公共基础，带来整个社会经济、政治、文化等各个领域的大变革。

二、互联网的基本特征

我们将目前所处的这个时代称为互联网时代，而得以冠名这一时代的互联网本身究竟呈现了哪些特征呢？站在地平线上看当下的互联网，有以下几点特征较为显著：

（一）去中心化

前面提到，最早互联网被设计之初，美国国防部是为了保证一旦通讯中心被摧毁，整个系统不至于崩溃。从这个意义上说，互联网的本质是去中心的，其系统的连接是没有一个中心节点的，它只是节点与节点的相互连接，构成了网络的互联拓扑结构，这也是互联网最为显著的特质。正是由于互联网的去中心化，使得各方面的连接更加便捷，互联拓扑结构大大缩短了连接的距离，不用再经过一个特定的中心节点，可以直接实现人与人、人与物的连接。

（二）移动化

当我们乘着飞速的3G网络进入3G时代还未来得及适应、站稳脚跟，4G通信网络也已经来到了我们身边，伴随着通信技术的突飞猛进，互联网移动化特征也更为凸显。根据中国互联网络信息中心（CNNIC）的统计，2014年上半年，我国网民中使用手机上网的比例继续保持增长，从81.0%上升至83.4%，但与此同时，通过台式电脑和笔记本电脑上网的网民比例略有下降，所以2014年我国

---

❶ 阿里研究院."互联网+"研究报告[EB/OL].2015.

网民使用手机上网比例首次超过了传统 PC（仅包括台式机和笔记本，不包含平板电脑等）上网比例（80.9%），手机成为用户首选的第一大上网终端设备。而且，用户通过手机接入互联网的比例还在持续增高，截至 2014 年 12 月，这一比例已达到 85.8%❶。与此同时，便携式平板电脑和各种移动智能穿戴设备也受到了广泛欢迎。移动互联会成为未来一段时间的主旋律，并将深刻改变人们的生活。

（三）平台化

互联网的移动化同时也推进了其向平台化发展，移动智能设备终端使得人们越来越倾向于 App 而不是 Web 的方式来接入互联网，App 成为互联网应用的基本形态，而 App 就是一个接口、一个平台。在移动互联的场景下，App 基本上遵循着这一思路在发展：搭建一个平台，在上面接入更多的服务，从而满足用户一站式的需求。平台化的发展将促进互联网产品和服务的聚合，为用户提供更加便捷的服务。目前，我国一些较为成功的互联网企业都在做平台，比如百度、腾讯、奇虎 360 等等，他们凭借着自身庞大的用户群为依托，为第三方应用开发者提供了便捷的接口，聚集了更多的内容和服务，既实现了自身平台价值的提升，也和第三方应用实现了合作共赢。

（四）社会化

互联网正在向社会化网络的方向不断转变，社会化网络不等同于社交网络，它不仅包含着人与人之间的关系，还包含了人与信息、人与物、人与场景、人与服务、人与各种应用之间的关系，我们常常拿我们的社会生活作类比，说互联网像是一个社区，而事实上互联网正在融入或者说变成我们真实的社会，我们无时无刻不在面对着互联网，身处于这个社会之中，也身处于互联网之中。

第二节 互联网社会：生活空间的延伸与变化

一、互联网崛起：虚拟生活空间的开辟

人类社会诞生以后，人们不断通过自身的社会实践活动去认识和改造客观的物质世界，从而打造更美好的物质世界和人类生活空间。而在很长的历史发展时期里，人类生活空间都是自然存在的物理的实体空间，人类实实在在地生活于其中。而当互联网出现以后，这种再自然不过的情形开始被改变。

互联网在全世界范围开放并推广，随着用户的加入和网络的不断完善，它

---

❶ 中国互联网络信息中心. 第 35 次中国互联网络发展状况统计报告 [R]. 2015.

开辟了人类生活的另一个空间，我们也将其称为虚拟生活空间。之所以称为虚拟是因为：首先，网络空间并非是现实中以物理方式存在的实体空间，它是依托于网络技术架构而形成的虚拟的数字化的空间；其次，人类在使用互联网或者说进入互联网空间的时候，并不直接以物质实体的方式进入到互联网中，而是通过符号化、数字化的方式接入互联网❶。

人们并不直接生存于互联网的虚拟空间之中，当人们连接网络时，这个虚拟空间才能够相对于接入网络的人们存在。而在这个虚拟的生活空间中，人们开始使用电子邮件，于是就通过一个电子邮箱地址来符号化自己，人们开始访问网站，于是可以通过注册的虚拟账号、用户名或者是游客、匿名的方式来浏览信息。互联网曾有一句流传很广的话叫做"在互联网上，没人知道你是一条狗"，这句早在1993年因漫画标题而出名的话正说明了互联网空间的虚拟性，由于人以符号化的形式存在于互联网空间中，所有可提供的本体属性是虚拟的，甚至也可以是编造的，他人不会知道你的性别、年龄、种族，甚至是生物种类——"狗性"。

"在互联网上，没人知道你是一条狗"的说法也许有点夸张，但互联网的确给人类生活带来了全然不同的生存体验。互联网正在构建一种全新的社会生活形式，在互联网生活中，人类以符号化的"虚拟人"对象化的生存，构建着理想的、虚拟的生活，互联网使人类摆脱了束缚在人身上的物理的枷锁，使人们在虚拟生活空间中自在徜徉❷。

二、两个平行的世界

人类通过互联网技术手段对现实生存的物理空间进行模拟，创造并不断完善出一个与现实世界相似却又不尽相同的虚拟世界，人类的社会生活空间从现实物理空间向互联网技术模拟的虚拟生活空间拓展，从而使得人类的社会生活具有了现实和虚拟的双重性。互联网为人类开辟了虚拟的生活空间以后，在很长的一段时间内，现实生存的物理空间和互联网的虚拟生活空间是没有相交重合的，可以说是两个平行的世界。

人们在互联网上进行经济、文化、交往等活动，但符号化的"虚拟人"身份使得这些人类活动并不完全具备真实性，比如某位现实中的女性可在互联网的虚拟空间里称自己是男性，某位学生也有可能在互联网上说自己是已经上班的白领。人们可能在互联网这样的虚拟空间里拥有一个虚拟身份，而在现实的物理空间里拥有自己的社会身份。两个身份可以是不重合的，在处于不同空间时切换不同的身份，相应地，在不同身份下所进行的社会活动也会不一致。

由于互联网所构建的生活空间的虚拟性，而造成进入虚拟空间的主体身份

---

❶ 黄少华，朱永德．论网络空间的虚拟生存［J］．宁夏党校学报，2006，（04）：72-75.
❷ 杜修望．网络生活怎样走向伦理生存［J］．经济与社会发展，2008，（03）：72-74.

的匿名化、虚拟化，主体表现出的社会行为的虚拟化，以及主体所面对的对象的虚拟化。但当人们离开网络，进入线下的现实空间，无论是现实空间主体的社会身份、主体所表现出社会行为，还是主体所面对的社会对象，都呈现出具体的、真实化的特征。所以人类所面对的是两个并行的空间，两个平行的世界，人类的社会生活在此同时具备了虚拟和现实的双重特征❶。

但我们也要看到，这种虚拟和现实平行的状态并不是一成不变的。伴随着互联网技术的不断进步，虚拟空间和现实空间开始互相渗透和嵌入，二者之间的互动逐渐增多，对彼此的影响也逐渐深入。

三、边界消融：线上空间与线下空间的融合

早晨你伴随着音乐声起床，按下闹铃，手机自动为你播报当天的天气状况和穿衣指数，吃早餐的同时你可以查看 Pad 里的邮件和新闻推送，上班途中导航自动提醒你避开当前车流、人流高峰路段，选择最便捷的路线，在办公室与客户进行视频电话会议，午餐可以用手机 App 订购外卖，有什么需要购买的东西直接在网上选购并要求其在下班后送货到家，晚上休息时间，Pad 已经自动为你缓存好了电影，推送到电视屏幕上就可以享受休闲时光……

以上生活场景已经成为现在人们生活的日常，互联网已经不仅是原来的虚拟空间，它渗透到了人们生活的方方面面，改变着人们的生活，在这种渗透和改变中，传统互联网线上与线下的边界开始逐渐消融、瓦解，线上空间与线下空间相互融合，重构了人们的社会生活空间。

2015 年 2 月 3 日，中国互联网络信息中心（CNNIC）在京发布第 35 次《中国互联网络发展状况统计报告》（以下简称《报告》）。《报告》显示，截至 2014 年 12 月，我国网民规模达 6.49 亿，互联网普及率为 47.9%。我国手机网民规模达 5.57 亿，较 2013 年底增加 5672 万人。网民中使用手机上网人群占比由 2013 年的 81.0% 提升至 85.8%❷。巨大的网民数显示了互联网的巨大潜力。由于网民基数的井喷式增长，网络的重要性也日益凸显，它不光消弭了时间和空间的隔阂，重新建构了我们的生活，同时也越来越深刻地影响着我们的社会。

这种影响可以从中国网民对互联网的依赖程度上反映出来。根据 CNNIC《报告》，随着各类互联网应用的快速发展，互联网越来越成为网民日常工作、生活、学习中必不可少的组成部分，人们对网络的依赖程度越来越高。此次调查显示 53.1% 的网民认为自身依赖互联网，其中非常依赖的占 12.5%，比较依赖的占 40.6%。学历程度越高的网民对互联网的依赖比例越大。小学及以下学历的网民中有 44.9% 的人比较或非常依赖互联网，大学本科及以上学历的网民中这一比

---

❶ 易作连. 虚拟与真实：网络社会中的人类生存方式 [J]. 湘潭师范学院学报：社会科学版，2004，24（5）：89-92.
❷ 中国互联网络信息中心. 第 35 次中国互联网络发展状况统计报告 [R]. 2015.

例达到 63.9%。网民对互联网依赖的比例随学历的增长而增长，说明互联网已经成为社会精英、白领阶层的工作、生活和娱乐的"基础元素"。❶

线上空间与线下空间的融合的体现从互联网应用中可窥见一斑。即时通信应用作为互联网最基础的应用之一，一直保持着最高的网民使用率，并在高使用率的水平上不断攀升。互联网发展早期的即时通信应用需要借助 PC 这一载体，由于受早期载体本身便携性和宽带网络资源的限制，即时通信服务并不能完全做到随时随地应用，所以衍生出了"上线"、"在线"、"下线"这样的使用状态，比如 QQ 这一即时通讯应用就存在着多样的状态显示。而互联网发展到今日，随着移动智能设备的普及和移动网络的便捷、易获得，"上线"、"下线"的概念逐渐消失，比如新时期所诞生的微信就直接避开了这样的概念，抹去了 QQ 原有的状态显示功能，瓦解了线上与线下的边界，真正实现了随时随地提供即时通信服务。并且，更为重要的是，手机即时通信由于其随身、随时、拥有社交属性和可以提供用户位置的特点，自身定位已不再仅仅是单一的通信工具，而是逐渐演变成支付、游戏、O2O 等高附加值业务的用户入口。以微信的扫一扫功能为例，它将原有的线上空间和线下空间的边界转化成一个连接的入口，借由这个入口，信息流通、支付等多种功能得以实现，这无疑加速了线上与线下空间的融合。

此外，商务交易类应用近些年发展迅速，据 CNNIC《报告》调查统计，2014 年，中国网民手机商务应用发展呈现大爆发的态势，手机网购、手机支付、手机银行等手机商务应用用户年增长分别为 63.5%、73.2% 和 69.2%，远超其他手机应用增长幅度❷。而尤其是长期处于低位的手机旅行预订，2014 年用户年增长达到 194.6%，是增长最为快速的移动商务类应用。商务交易类应用是最直接与生活场景对接的互联网应用，网购、支付、银行、旅行预订应用的爆发性增长则体现了互联网对人们衣食住行的全面覆盖，尤其旅行预订应用象征着互联网向人们的休闲生活融入，更进一步消融了互联网与现实生活的边界，构成了生活即互联网、互联网亦生活的景象。

第三节 公共关系的重新定义与框架重构

一、当公关遇上互联网

在互联网兴起之初，我们社会生活中的各种事物还很难与互联网牵扯上关联，公关亦是如此，所以在互联网兴起的早期，公共关系与互联网尚未建立起明确的联系。

---

❶ 中国互联网络信息中心，第 35 次中国互联网络发展状况统计报告 [R].2015.
❷ 中国互联网络信息中心，第 35 次中国互联网络发展状况统计报告 [R].2015.

而伴随互联网的信息传播能力被人们发掘并广泛运用起来，其媒体属性得到肯定，当互联网也加入到媒体的阵营之后，公共关系与互联网相遇。但此时的媒体格局仍然是传统媒体占据主要地位，我们仍然处于传统媒体时代，所以在公共关系中，网络传播往往处于一种附属的地位，此时的网络媒体尚属于一种新生事物，由于技术、媒介环境等方面因素的制约，其传播优势还未完全展现出来。因此，在公关活动中，大部分公关主体在媒介使用上更倾向于强大的传统媒体，而网络媒体只是公关过程中诸多可供选择的手段和可供借助的媒体之一。所以，互联网相当于为公共关系另外开辟了一个新战场，从而也由公共关系中分化出了网络公共关系的新分支。

但进入到web2.0时代之后，网络已经不仅仅是作为一种媒介平台来帮助开展公共关系中的传播活动。前面提到，互联网发展到今天，将作为社会的公共基础影响到人类社会生活的方方面面，对公共关系自然也不例外，互联网成为一个基本前提，全面参与到公共关系的整个流程当中。网络公共关系作为公共关系的一个分支的概念将不复存在，公共关系活动必然会运用到互联网。

首先，从信息传播的角度来看，互联网改变了传统的信息传播形态。网络中信息传播量大、速度快，无论信息是媒体发出还是公众的"自传播"，都能在网络平台上迅速传达。信息速度的加快使得媒体与公众的反应一致程度加强，滞后程度减弱，公众对信息的传播与回馈能力也大幅增长。互联网成为我们传播和获得公开信息的主要平台和渠道。因此，公共关系活动必然离不开互联网进行信息传播。此外，互联网改变了传统以传者为中心，以强调信息到达率和覆盖率为目标的单向传播模式，原本被动接受信息的受众，也可以进行二次传播和反馈，既是传播过程中的接受者，也成了新的传播者，传播模式向以受者为中心，以建立互动和认同为目标的双向沟通传播模式转变。这毫无疑问更加促进了公共关系中主客体的传播与沟通，更有助于达成公共关系的目的。

其次，从公共关系的流程来看，互联网的运用贯穿于整个公共关系流程之中。公共关系的工作流程一般分为四个步骤，也称"四步工作法"：公关调查、公关策划、公关实施以及公关评估。这是美国公共关系的代表人物斯科特·卡特李普和森特在其著作《有效公共关系》中的观点，也被广泛接受。当公共关系遇上互联网之后，几个工作步骤也被互联网全面地影响和改变着。第一步，公关调查。公关调查需要进行大量的信息搜集和分析工作，而互联网创造出的大数据信息环境为公关调查提供了便利。从社会化自媒体中的UGC、移动终端的LBS、物联网、车联网、智能手机、平板电脑、PC等各种终端传感器产生出海量的非结构化数据，尤其是大量的社交媒体成了获取数据的宝地，如BBS、BLOG、微博、微信等，这些社交媒体内集合了大量的用户生成内容（UGC），通过技术手段抓取用户在互联网上留下的痕迹，就可以形成海量的数据。而且，相比传统的调查方式，互联网的数据采集样本也发生了变化。传统调查样本是抽样得来，具有一定的片面性和不确定性，互联网的大数据环境则具有全样本的特点，数据信息更加全面、精准。第二步，公关策划。传统公关策划往往由公关主体单方面进行，而互联网社会化媒体的兴起，使得用户参与成为常态。传统公共关系的策划内容往往由公关从业人员或者媒体人员编辑生产，容易陷入同质化、单向化、粗暴化的陷阱，这样的内容不仅不会吸引公众的眼球，反倒有可能会引发反感。而互联网环境下，用户生成内容（UGC）成了公众网络活动中重要的信息来源，相较于单一化模式化生产出的内容，UGC更能够引发公众的关注以及二次传播。所以互联网时代的公关策划更注重把用户也就是公众放在核心地位，通过用户去发掘甚至是生产内容，能够制定出更加合理、更加贴近公众的策划方案，从而达成公关目的。第三步，公关实施。公共活动实施的媒介平台有着新旧媒体的多样化选择，互联网的兴盛并未完全取代传统媒体，而是与传统媒体并存，共同服务于公关活动。与此同时，互联网的O2O模式打通了线上和线下的连接，也打通了公关的媒介信息传播与实体公关活动甚至是公关对象决策行动的连接，形成了有机循环。第四步，公关评估。事实上，互联网对于公关评估的影响与公关调查相类似，也是大数据的抓取和分析。互联网为公众提供了信息发出和反馈的渠道，也同时记录和保存了他们在互联网上留下的痕迹。公关活动的达成效果更能从这些数据上进行量化评估，为公关主体所用。

综上，互联网在如今的公共关系中占据着核心地位，它作为整个公关活动的基础，在公关活动的每个环节都无一缺位，发挥着重要作用。此时互联网对于公共关系的意义，已经由曾经的"公共关系中的网络传播"转变为"基于网络的公共关系"。

二、变与不变：互联网时代的公共关系

（一）公共关系的含义界定

"公共关系"一词最早是由英文"Public Relations"翻译而来的，可译为"公共关系"或者"公众关系"。关于公共关系的定义有太多，自公共关系诞生以来，人们就一直在给它下定义。20世纪70年代中期，美国著名的公共关系学者莱克斯·哈洛（Rex L.Harlow）博士就搜集到47个公共关系的定义。还有人说，公共关系的定义已经有上千条。虽然对公共关系的定义不能完全统一，但也存在一些较为一致的说法。

公共关系的定义有以下几个比较集中的说法：
①管理职能说
美国著名的公共关系学者雷克斯·哈罗博士（Rex L. Harlow）对公共关系的定义是：公共关系是一种特殊的管理职能。它有助于建立和维持一个组织与其公

众之间的交流、理解、认可与合作；它参与处理各种问题与事件；它帮助管理部门了解民意并对之作出反应；它确定并强调企业为公众利益服务的原则；它作为社会趋势的监视者，帮助企业保持与社会变动同步；它使用有效的传播技能和研究方法作为基本工作条件。

②传播沟通说

英国公共关系专家弗兰克·杰夫金斯（Frank Jefkins）则认为，公共关系是由为达到与相互理解有关的特定目标而进行的各种有计划的沟通联络所组成的，这种沟通联络处于组织与公众之间，既是向内的，也是向外的。

③关系说

哈伍德.L.蔡尔滋对公共关系这样定义，公共关系是我们所从事的各种活动、所发生的各种关系的通称，这些活动与关系都是公众性的，并且都有社会意义。他认为公共关系的本质不是某种观点的陈述和阐释，不是调和人们心理态度的艺术，也不是对人们诚实和利益关系的开发，而是对我们社会中个体或组织的具有社会意义的行为在公众利益方面的协调和调整。❶

中国社会科学院刘志明认为，传统的公共关系定义在确定公共关系三要素（主体、客体、中介）时，往往认为公共关系的主体是社会组织，而个人无法具备公共关系主体的地位。这是因为，公共关系无论是作为一个行业还是学科，它的诞生与发展都与大众传播媒体有着密不可分的关系。在大众传媒占据绝对优势的传播格局中，往往只有社会组织才有能力开展有效的社会传播活动。但刘志明指出，我们进入网络时代后，互联网等新数字媒体的普及极大改变了媒体和传播的生态，改变了传统的大众传播媒体占据绝对优势的传播格局。在互联网时代，每一个人既是受众，又可以成为传播者。由于互联网提供了一个开放的平台，无数的个人品牌和自媒体争相出现，所以互联网时代的公共关系主体不再仅仅是社会组织，个人也同样可以具备公共关系主体的地位。与此同时，互联网为个人和社会组织的传播带来了前所未有的便利和机会，但也带来了巨大的挑战。任何一个组织或个人都处于复杂多样的社会网络之中，一方面，需要利用各种传播手段去建立和改善自身形象；另一方面，需要实施措施避免网络形象危机。

所以，在互联网时代的大背景下，公共关系新的定义概括为："公共关系是各类组织、个人，为达到创造最佳社会关系环境的目的，利用各种传播手段与公众或他人之间有计划的、持续沟通交流的行动或职能。"❷

（二）互联网时代公共关系的框架重构

公共关系包含主体、客体、中介三个方面的要素，传统公共关系的主体一般是社会组织，客体是社会公众，连接主体与客体的中介则是传播，这三个要

---

❶ 陈先红．现代公共关系学 [M]．北京：高等教育出版社，2009.08．
❷ 刘志明．"公共关系"再定义 [J]．新闻与传播研究，2014，（11）：113-115．

素共同构成了公共关系。进入到互联网时代以后，公共关系仍然包含主体、客体、中介这三个基本要素，但三要素的内涵又分别发生了变化。

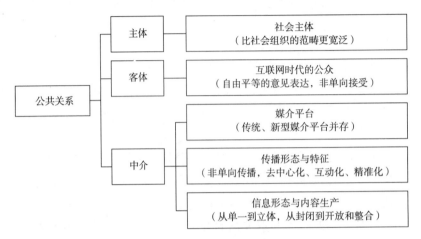

图1-1 互联网时代公共关系的框架及要素

首先，公共关系的第一个要素：主体。互联网时代的到来拓宽了公共关系理论中的主体的概念范畴。在传统媒体时代，公共关系的行为主体往往是社会组织，无论是理论还是实践中，都较少提及个人的公共关系，即使出现个人公关，一般也是作为一定社会组织的代表。而进入到了互联网时代，一切社会主体都有可能成为公共关系的主体。社会主体的范畴要比社会组织更加宽泛，它涵盖了社会组织的范畴，包括在一定社会关系中从事实践活动的个人及群体，如阶级、阶层、集团、民族、国家等都涵盖其中。

其次，公共关系的第二个要素：客体，也即是公众。公共关系中的公众指的是，因面临共同问题与特定的公共关系主体相互联系及相互作用的个人、群体或组织的总和。这里的公众应当是可以自由、自觉地参与公共事务的公民，可以自由、平等地表达对共同问题的意见。传统媒体时代，或者说互联网发展的早期，公众更多的是少数人在发表意见，在我们的话语表达中存在着意见领袖，他们利用对媒介资源占有的优势代表更广泛的公众发表意见，而大多数的普通人往往是处于被代表的立场，充当着单向传播的接受者的角色。当互联网大范围普及，尤其是我们进入到互联网时代以后，才形成了真正意义上的双向互动的传播，原来被代表的大多数普通人得以发声，在互联网这个开放平台上表达自己的意见。但互联网时代的公众意见表达也存在着多样化的特征，互联网的开放和平等能够有助于形成"意见的自由市场"，但也有很多人倾向于保留态度，从而形成"沉默的螺旋"等现象。

最后，公共关系的第三个要素：中介——传播。公共关系的主体与客体需要通过传播来建立联系和沟通，从而达到公共关系目的的实现。互联网时代的到来使得整个公共关系的传播环境都发生了变化。对于公共关系的媒介平台而言，互联网技术催生了一大批传播特性各异的新型媒介平台（门户网站、网络社区、社交网站、微博微信平台等），它们没有完全替代传统媒介平台（报纸、杂志、广播、电视等），而是与传统媒介平台共存，共同为公关传播活动所服务，所以互联网的到来为公关传播活动提供了更为丰富的媒介平台选择。正是由于有了这些新型的媒介平台，公共关系的传播形态与以往相比也发生了变化，不再是传统从"点"到"面"的单向受众覆盖模式，而是呈现出去中心化、互动化和精准化等多样的特征。此外，受上述两方面的变化影响，互联网时代公共关系的信息形态和内容生产也与之相适应，不再停留于以往单一、封闭的状态，而是走向了信息形态立体化以及内容生产开放和整合的新局面。

第二章　互联网时代公共关系的行为主体

在互联网时代，公共关系的行为主体是主动展开公共关系活动向公共关系客体主动施加影响的个人或群体。传播行业的每一次重大变革，都是源自于媒体的变革，互联网时代的到来拓宽了公关关系理论中的主体的概念范畴。传统的媒体时代，公共关系理论中将其主体主要局限在社会组织的范畴内，而今天随着公关关系意识的普及和公共关系手段的简化，一切社会主体都有可能成为公共关系的主体。

社会主体与社会组织的区别在哪里呢？社会主体比社会组织的范畴要更加宽泛，并涵盖了社会组织。社会组织是为了实现特定的目标而有意识地组合起来的社会群体，又可以称之为正式群体，如企业、政府、学校、医院、社会团体等。社会主体包括一定社会关系中从事实践活动的个人及其群体如阶级、阶层、集团、民族、国家等。今天国家公关、地区公关、行业公关、个人公关，公关关系的主体不仅仅局限在传统的组织范畴。❶

在传统的公共关系活动中，公共关系的主体构成主要局限于社会组织有一定的历史根源。传统媒体时代具有公共关系需求、意识和能力的主体一般来说是社会组织。社会组织是一种正式的社会群体，它们具有 ①特定的组织目标；②一定数量的固定成员；③制度化的组织结构；④普遍化的行动规范；⑤社会组织是一个开放的系统。社会生活中实际存在的工厂、机关、医院、学校、商店等都是社会组织的具体形式。❷社会组织是在社会分工中逐渐发展出现的，随着社会分工和组织的多样化、专职化，人类社会形成了既要分工又必须相互协作的社会系统。一个社会组织想要生存并且实现组织目标，必然需要展开与其他社会组织和公众相互沟通、协调与合作的公共关系工作。而在组织内部，由于部门化的组织结构和成员数量的增长，也需要通过内部公关来实现组织的正常协调运作。在传统的媒介时代，媒体资源的稀缺性和垄断性，除了个别"明星"有独立的公关团队的支持外，个人或非正式组织在公共关系意识、公共关系需求以及公共关系手段方面都不具备相应的水平与能力。

而随着互联网时代，公共关系的需求、意识和能力扩展到全民范围。无论是个体还是群体都必须应对复杂的媒介环境，经营各自的"品牌形象。"这是一个全新的媒介生态，塑造了一个人人手里都有一个麦克风，人人都生活在镜头下的

---

❶ 严振书. 转型期中国社会建设问题研究［J］《中共中央党校》2010年.
❷ 徐志旻. 正式组织中的非正式组织——一种社会学的分析视角［J］《海峡科学》2003年.

全新的社会环境。公共关系的需求和意识开始蔓延，无论是个人还是群体都开始注重"品牌"的建设。传统媒体下只有"明星"才能获得的关注度，在网络时代借助自媒体和社交媒体可以轻易做到，草根"大V"网络"红人"拥有动辄几万、几十万的粉丝。即便是普通网民，在经营自己的微博、微信各种自媒体平台的同时，也在自发地树立自己的个人品牌。新的媒体环境，激发了每一个个体和群体的公共关系需求和公关意识，同时网络媒体时代的诸多社交媒体工具如微博、微信也提供了个人或非正式群体进行公关的可用手段。我们真正迎来了全民公关的时代，正如美国前任国务卿希拉里·克林顿在2012年9月召开的社会公益峰会开幕式上说："每个人都可以成为外交家，你要做的仅仅是点击然后发送。"

虽然人人都可以称为公共关系的主体，但并非所有的个人或群体都是或自觉地成为公共关系的主体。公共关系的主体，还必须具备几个条件：①公共关系主体是具有公关认识和实践能力的社会主体，无论是个人、正式群体（组织）还是非正式群体，必须具有公关关系的自觉能动性才具有公关关系主体的资格；②公共关系主体和公共关系活动联系，是公共关系活动中的主要方面，在公共关系活动中具有主动性；③公共关系主体是相对于活动对象而言的，而公关活动的对象也是具有认识和实践能力的人或群体，公共关系主体具有特殊性。公共关系主体的能动性、主动性和特殊性这三个基本特点决定了公共关系主体在公共关系活动中发挥着主动影响公共关系客体的作用。❶

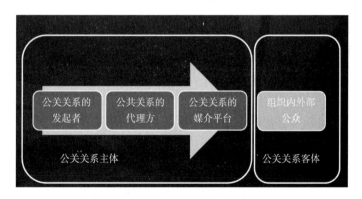

图2-1 公共关系的主体与客体

按照公共关系活动中的主体角色，公共关系的主体可以分为公共关系的发起者、公共关系的代理方、公共关系的媒介平台。在公共关系活动中公共关系的发起者是具有公关关系需求，自行或委托他人发起公关关系活动的个体或群体；公共关系的代理方，是指在公共关系活动中，受公共关系发起者委托，专门从事公共关系咨询或提供公共关系活动的，具有法人地位的独立组织；公共关系

---

❶ 徐美恒. 公共关系与思想政治工作的差异[J].《公关世界》1996年02期.

中的媒介平台，是组织在公共关系活动中与公众进行信息传播和形象树立的媒介空间。在公共关系活动中，公共关系的发起者、公共关系的代理方以及公共关系中的媒介平台三者共同构成公共关系的主体，他们在公共关系活动中致力于影响组织内外公众（公共关系的客体）对组织形象的认知。

第一节　公共关系的发起者

公共关系的发起者是具有公关关系需求，自行或委托他人发起公关关系活动的个体或群体。

一、传统的公共关系发起者——组织

公关关系是现代组织的管理职能之一，因此公共关系的发起者一般是社会组织。

组织的形式、类型很多，根据其社会职能的差异，可以大致分为三种类型：以企业为代表的经济组织；以政府机构为代表的政治组织；以教育机构为代表的文化组织公益组织。❶

组织作为公共关系的发起者通常具有非常明确的公共关系目标，并且具有相对系统和长期的公共关系策略，具有稳定的公共关系的专门机构或者专门人员。组织内部专门从事公共关系的部门被称为公共关系部。在不同类型的组织中，根据其对公共关系的认识不同，公共关系部门在组织构架中的形式不同。比如在有些企业中，公共关系部属于一级职能部门，与总经理办公室、营销部、人力资源部等机构并列，直属总经理或某一分管副总经理领导（如图2-2所示）；而在有些企业中，公共关系部则属于二级部门，附属于某一职能部门（如图2-3所示）。不同的组织架构往往意味着其职能定位的差异，当公共关系部门只是一个二级部门时，公共关系部门的职责范围会受到上一级部门职责范围的制约，如附属于企业营销部，则公共关系的主要任务是服务于销售；如果隶属于总经理管辖的公共关系部门，因处于组织中的枢纽位置，能够着眼于整个组织的每一个经营环节，对组织决策有直接的影响，便于全面展开公关工作。

组织公关部门内部的结构在不同组织中也有所差异，一般来说，可以按照公关关系的运作流程来设置组织结构如调研部、策划部、执行部；也可以按照公关关系的对象分为员工关系部、股东关系部、客户关系部、媒介部、政府关系部、社区关系部。无论何种组织结构设计，公共关系部门作为企业形象和声誉的战略管

---

❶《邓红　政府职能转变：政府职能的导出与非政府组织的职能导入》武汉大学2004年硕士论文．

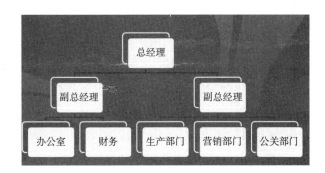

图 2-2 一级职能部门的组织架构

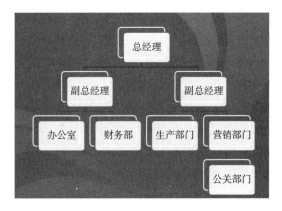

图 2-3 二级职能部门的组织架构

理部门，肩负着企业重要的管理职能。一般来说，所行使的职能包括以下几个方面：

（一）协助决策层建立公关危机管理预案，负责日常监督组织内部与外部的舆论环境，及时发现并排除潜在的舆论风险。传统的公共关系环境相对稳定，组织作为社会公民需要与内部公众和外部公众保持良好的社会关系，因而展开公共关系活动。在今天，组织生存在新媒体环境中，媒介环境更加复杂，需要随时应对公关危机，展开公共关系活动。组织如果不重视新媒体平台中出现的各种舆情发展，可能随时会遇到灭顶之灾。2004年底，网络上一个关于圆珠笔能够轻易撬开kryptonite牌锁的消息被发出，短短几天内，很多博客都登出了一个演示撬锁过程的视频短片，民间对这种锁的不信任大增。随后kryptonite发表公告，称其生产的锁仍能够防盗，并承诺新产品功能将"更加强大"。但网民认为这是"无关痛痒的空话"，每天都有新的博客开始讨论这一问题和他们的经历，成千上万的人阅读了这些文章。在博客的推动下，传统媒体也参与进来推波助澜，《纽约时报》和美联社发表了相关文章，而这又引发了新一轮博客讨论。据统计，阅读了关于kryptonite的文章的人数达万，博客讨论摧毁了一家名牌企业的声名。❶

---

❶ 邢峥. 博客时代的企业公共关系［J］.《商业经济》2006年12期.

（二）信息收集和分析，为组织的营销传播工作提供依据；通过与组织内外部各个部门和机构保持接触和联系，对组织外公众进行调研、搜集信息并及时作出分析和处理，掌握组织内外部公众的要求和倾向，为决策层提供决策的参考。互联网时代，数字技术改变了人类的信息环境。我们今天的时代，信息的产生量非常惊人，1987年至2007年的二十年期间，全世界的数据量提高了100倍，人类从一个模拟信号社会迈入了数字社会。个人或群体的信息传播、公关关系活动可以通过数据挖掘技术来实现，它不仅赋予我们以更低廉的成本获取、储存、提取和分析更多的数据的能力，还能够使我们更精确、更全面的掌握数据，对公共领域的现象理解能力大大提升。在互联网时代，组织内的公关关系部门必须具备较强的数据获取、处理、分析以及决策的能力，才能保障企业的公共关系活动做到有的放矢。

（三）协助决策层制定企业形象的战略规划。公关部门应该深入了解组织的历史、文化，在对组织的品牌形象有深入地了解的基础上，协助决策层规划组织的整体形象和定位，制定长期、中期和短期的传播计划，并通过各种公共专题活动有效传播组织的良好形象。传统的媒体环境中，企业的形象树立，主要的工具和方法是广告。而在互联网环境中，企业与公众的媒介距离拉近，企业单向度的广告传播其作用在不断下降，而具有互动性和趣味性的网络公关手段成为组织和企业树立形象，与公众拉近距离的更有效的手段。换句话说，无论是个人、机构还是品牌，传统媒体上可以是"我说我是谁"，而社交媒体上则是"别人认为你是谁"。杜蕾斯官方微博，人称"小杜杜"，在微博用户眼中，小杜杜的微博形象是什么样呢？可以很性感、也可以很幽默，可以很雷人、也可以很智慧，可以很活泼、也可以很感人，可以很媚俗、也可以很高雅……长期以来，杜蕾斯官方微博的自我定位是一个宅男，但这一定位在于网友互动中逐渐调整为一个亦正亦邪、懂生活又会玩的人，就像夜店里的翩翩公子。在社交媒体上的品牌个性的调整甚至影响了品牌的定位，使杜蕾斯从单纯的"性"向"有趣"转变。

（四）作为组织的新闻发言人，深入把握组织情况，及时向组织内外公众公开信息；公关部门应该根据组织决策，担负对内外公众传递信息的职责，尤其是与媒体沟通，提供相关新闻资料。在互联网时代，组织生存在透明的媒介空间中，组织需要积极主动地通过各种媒介平台向公众提供内外部信息，才能掌握公关关系中的有利位置。通过各种互联网平台终端与公众沟通企业内部信息，是现在很多组织信息沟通中的常规武器。不仅营利性的企业组织需要建立互联网沟通平台，政府组织也需要利用新媒体手段，对外获取和公布信息。2011年，广东省委书记汪洋同志就在中共广东省委十一届八次全会的闭幕大会上，提出要畅通渠道，不断满足群众表达诉求的需要。建立健全网上信访、手机信访制度和全省联动机制，努力构建方便、快捷、高速的"网络信访大厅"，让群众表达

诉求的渠道更多。❶

（五）应对组织出现的突发性公共关系事件，维护组织的品牌形象和社会声誉。当出现突发事件时，公关部门要及时协助组织决策层，迅速客观地调查处理并策划举办各种专门活动，如展览、参观访问、新闻发布会、记者招待会等。营造有利于组织生存发展的有利环境。在互联网时代，社会化媒体的迅速普及，一方面让组织随时会遇到公关关系危机，但同时也给了组织快速回应危机事件，及时披露相关信息，回应和弱化危机影响的机遇。2012年，央视"3·15"晚会曝光，麦当劳北京三里屯店内，食材在保温箱中存放时间超过了麦当劳公司的规定时间没有被扔掉，而是被重新放回了保温箱。有些麦当劳员工会把掉在地上的牛肉饼、过期变硬的芝士片、已经过期的鸡翅当成正常原料使用。麦当劳在问题被曝光后，于一个小时后快速在新浪微博的官方微博上作出了第一个回应。❷

麦当劳这次危机处理，利用了网络社会化媒体，以最快的速度给麦当劳这次的危机处理带来了正面效应。麦当劳巧妙地将问题再次定性为管理问题并承诺"深化管理，确保营运标准切实执行，为消费者提供安全、卫生的美食。"成功地化解了此次公关危机。

二、新媒体环境下的公共关系的发起者——个人

2006年，《时代周刊》的年度人物评选，创造性地授予了"you"和一台电脑，当时《时代周刊》对此的解释为：社会正从机构向个人过度，个人正在成为"新数字时代民主社会"的公民。

网络时代，个人的社会交往方式发生了重要的变革。除了传统的人际交往，网络社交在我们的生活中扮演着重要的角色。个体为了创造良好的人际环境和网络交往环境，从而更好地实现个体价值主动参与和发动公共关系活动，成为公共关系的发起者。在今天作为个人随时会面临各种需要与公众进行沟通和传播，维护和树立自身形象的需要。

案例：世界杯梅西

2014年世界杯期间，在阿根廷对战波黑的比赛前，梅西出现在了球员通道中，一名非常崇拜梅西的小球童热情地伸出了自己的手向梅西打招呼，但是梅西却无视他的存在，尴尬的小球童的手放在半空中，非常失望地走回自己的球童队列。赛后梅西得知了此事，并亲自安排工作人员与这位受到冷落的小球迷会了面，并送给他一件有自己签名的球衣以及一张合影作为补偿，而在各大媒体的版面上均出现了梅西与一名小男孩的合影的照片。球迷们都对梅西的做法表示认可，

---

❶ 广东省委书记汪洋：领导干部要带头开微博 http://wz.wen.oeeeee.com/3g/67210.htm.
❷ 舍予. 麦当劳危机公关反应快[J].《美食》2012年12期.

并对他富有爱心的表现非常钦佩。

大家皆认为此事得到了完美的解决，梅西收获了美誉，球童收获了球衣与合影，一切都是那么完美。但是此事出现了逆转，这名与梅西合影的球童并不是那位在阿根廷与波黑一战前的球童，真正的当事者并没有得到梅西的任何接见，而合影以及签名球衣更是无中生有。据这位球童的父亲在媒体上公开确认了这一子虚乌有的事，并对梅西的公关手段产生了质疑："我想梅西团队的危机公关人员不太合格，他们根本没有仔细的验证照片，更让我困扰的是媒体竟然说梅西送给了我的儿子一件有梅西签名的球衣，还有其他一些东西。我不要求回报，但是我只想媒体能尊重事实……我对媒体的做法非常愤怒，照片里的那个男孩根本不是我的儿子。"❶

图2-4　梅西与小球童在赛前及赛后的照片

传统的公共关系中鲜有个人作为活动的发起者，主要是在传统的媒介环境中，个体利用媒介表达意见、传递信息的能力有限，但在新的媒体环境中，每一个网民都可以利用互联网平台发表个人意见，传递信息的能力，个体公关从被动公关到主动出击的案例在互联网时代并不罕见。

案例：罗永浩砸西门子冰箱

2011年11月20日，微博达人罗永浩再次成为焦点。当天，他在北京西门子总部前手举铁锤，将3台西门子冰箱砸成一地碎片。被砸的冰箱，分别属于音乐人左小祖咒、作家冯唐和老罗自己。这些冰箱都面临同一个问题：冰箱门不易关闭。老罗和其他用户要求西门子公司承认并解决这一问题，但这个一贯被中国人信赖的德国品牌的态度让他们非常失望。这些失望最终随着老罗的一把铁锤，砸了西门子身上。如法国《挑战报》11月22日报道所说："在中国人心目中，德国品牌就是高质量的保证。然而当德国货出现问题时，中国人不会姑息。"

---

❶ 大反转！梅西球衣竟送错人　公关团队再遭炮轰. 腾讯体育微博 http://2014.qq.com/a/20140619/050920.htm　2014年06月19日.

老罗和西门子的这场纠纷始于两个月前。9月27日，老罗在新浪微博中写道，"3年前买的西门子冰箱和洗衣机陆续都坏了，再也不买这个倒霉牌子了，电器还是日本人做的靠谱。"他在回复网友时说西门子冰箱门存在质量问题，"（我）拿完东西随手把门甩上，十次有九次都会自动弹开。"

2011年9月29日晚，西门子家电在微博上回应："近日网友反映西门子冰箱门偶有不易关闭的现象，我们立即与生产、质控等部门进行核查，确认不属于质量问题。尽管如此，我们将对遇到有类似情况的用户，提供上门检测和维护服务。"

老罗并不满意这一答复。此后，老罗在微博上陆续发布了他与西门子公司沟通的情况，指责西门子客服推卸责任，并且拍摄"兰花指关冰箱"视频上传到微博。同时，也有网友跟帖指出西门子冰箱门"力度稍大会弹开，轻一点就干脆吸不上"。

10月15日，西门子家电再次表示，"我们诚恳地接受建议，并对部分用户因冰箱门不易关紧问题带来的不便，表示歉意。"但这一表态依然遭到老罗的攻击。他公布了自己与西门子聘用的公关人员的聊天记录与短信。

从记录中可发现，老罗公开声明方案中的"批评和建议"，在西门子官方公布的声明中被改为了"建议"；而"给用户带来的不便"改为了"部分用户因冰箱门不易关闭问题而带来的不便"。

近两个月的"拉锯战"最终走向了11月20日的"砸冰箱"事件。罗永浩表示，如果西门子不能在一两周内给出答复，他将有可能集合网友到北京798艺术区再砸冰箱。❶

三、新媒体环境下的公共关系发起者——非正式群体

按照其交往方式来区分，非正式群体可以分为两类，一类是传统的非正式群体，它们存在于我们现实的人际交往的网络中，其成员多是熟人关系；一类是网络虚拟的非正式群体。它们通过虚拟的网络平台，以BBS，网页，社交媒体为载体，由兴趣、背景、利益、需求等驱动形成，其成员在现实社会中的人际交往行为较少。虽然如此，网络虚拟群体在社会交往结构中扮演着十分重要的角色，它们的影响力不仅体现在网络世界，对现实生活也产生重要的影响。无论是传统的非正式群体还是网络虚拟的非正式群体，它们在发展过程中虽然不具有固定的组织形式和行动规范，但却同样具有公共关系的需求和意识。

在互联网时代，非正式群体，尤其是网络虚拟非正式群体，具有以下特点：

自发性和相似性。非正式群体的与组织的主要差异就是其自发性，其群体成员根据其爱好、兴趣、利益、需求等原因，自发地参与群体活动，进入门槛

---

❶ 胡素青. 微博达人西门子总部砸冰箱维权 [J]. 《金融科技时代》2011年12期.

和退出门槛较低。

虚拟性和意见领袖不确定性。虽然今天很多社交媒体和网络平台需要实名注册，但是网络空间仍然存在着一定程度的匿名性，网络虚拟群体的群体活动以网络平台为主要依托，具有不真实性和虚拟性。由于网络虚拟非正式群体，通过互联网平台的辐射作用，群体规模远远超越传统的非正式群体，群体中通常存在多个意见领袖，意见领袖在不同阶段、不同时间以及不同事件中常常发生变化。

非正式群体虽然不具有固定的人员和组织结构，但在社会中承担了某些社会功能。网络的普及，给非正式群体更好地实现其社会功能提供了便利的条件。非正式群体为了实现自身的群体目标，会有意识地展开公共关系活动。

案例： 解救乞儿，随手拍照

2011年伊始，"随手拍照解救乞讨儿童"微博引起了全国网友和各地公安部门的关注。这个公益微博是中国社会科学院农村发展研究所于建嵘教授建立的，其宗旨是通过网友的随手拍照，将乞讨儿童的照片上传到微博，来帮助走失儿童的家庭网友。随着这一微博获得越来越多的网友的关注，广州市公安局很快表示他们已经关注"随手拍照解救乞讨儿童"微博，并且利用社交媒体提醒网友，如果发现乞讨儿童有被拐嫌疑的请立即拨打110。根据微博创始人于建嵘教授的介绍，这个"随手拍照解救乞讨儿童"官方微博于建立伊始就获得全国网友的关注和支持目前网站的运营也是由网民志愿者来进行管理。

第二节 公共关系的代理方

所谓公共关系的代理方，是指在公共关系活动中，受公共关系发起者委托，专门从事公共关系咨询或提供公共关系活动的，具有法人地位的独立组织。公共关系的代理方即公共关系公司，是专门从事公共关系活动和咨询的机构。

公共关系代理业务，产生于20世纪初期。1903年艾维·李创立了第一家"宣传顾问事务所"，事务所的主要工作是为企业或者其他社会组织有偿提供传播和宣传服务，协助顾客建立和维持与公众的联系。他在处理洛克菲勒财团的宾夕尼亚公司主干线的严重事故中大获成功。在此事件之前，洛克菲勒财团罢工事件处理不当与公众之间的矛盾十分尖锐，一度声名狼藉。为平息工人的罢工怒潮，改变自身的形象，洛克菲勒财团聘请艾维·李处理劳资纠纷及其与新闻媒介的关系。艾维·李采取了一系列的措施：首先，艾维·李聘请声望显赫的劳资关系专家来核实与确定导致这次事故的具体原因，并将调查结果公之于众；接着，他邀请劳工领袖与资方共同解决劳资矛盾,并且建议财团通过慈善捐赠改善在公众心目中的品牌形象,并且提高工人工资,资助儿童项目和贫困群体。❶

通过这一系列的行动,使工人对洛克菲勒的看法有了微妙的改变,为洛克菲勒集团在内外公众中树立了较好的形象。

艾维·李又应邀协助宾夕法尼亚州铁路公司处理一起意外事故的善后工作。他要求保护现场,然后派车接记者们前来采访,让他们了解事故的真实原因,目睹铁路公司为处理事故做出的种种努力,如向死难者家属提供赔偿,为受伤者支付医疗费,向社会各方诚恳道歉等;安排有关人员诚实地回答记者的提问,向记者们作技术性解释,为实地采访提供种种方便。当首批有关该事故的专稿公开见报后,公司的董事们惊喜地发现,这家公司得到了有史以来最公正、最善意的评价,大大改善了公司的形象。艾维·李所开设的公共关系代理事务所,被认为是现代公关公司的鼻祖,他本人也被誉为"现代公共关系之父"。自艾维·李开设的第一家公关公司至今,公共关系代理行业发展超过100年,随着媒介技术的发展,在互联网时代,公关关系的手段和方式无限丰富化、立体化、个性化,公关代理公司的业务也在不断丰富和拓展,与其他营销传播业务相互融合。惠普在推出产品HP TouchSmart Q500时,其公关代理公司万卓环球帮助其策划在德国的柏林举行全球首发活动,并为惠普制定和实施了整合一体的社会化媒体传播方案,针对惠普的产品特点和现场活动设计,在为客户定制的方案中,万卓环球综合利用博客,社交网络和视频等Web2.0工具作为传播载体,邀请亚洲地区知名的博客作者前往现场进行实况报道,同时在Facebook、Twitter、Delicious等热门的互联网应用平台上建立活动群组,实时发布动态资讯。让现场之外的观众,尤其是亚洲地区的数码产品热爱者们,不受时间和地域限制,第一时间同步收获最新鲜的科技体验,建立起和惠普产品及品牌之间的亲密互动和感性联系。

今天,公关活动称为一种专业化非常强的管理工作,它需要对公众的深入洞察和对公关关系活动内容的精确理解,其形式的多样化和内容的复杂化,更是一般的组织本身难以独立完成的复杂职能。

企业或组织通过代理服务,通常获得以下优势:(一)公关代理公司具有完善的信息情报来源,很多专业化的公关关系公司不仅有专业化的信息情报分析工具,还开发了独特的公众行为的洞察工具和数据库系统用以服务客户的信息情报需求;(二)公关代理公司具有专业的公共知识和丰富的职业经验,可以提供更专业权威的建议,公关关系公司聘请专业的公关管理和实施人员,其人员的素质高,以奥美公关为例,一般招聘所需的教育背景为大学以上学历、懂得经济学基本知识、了解经营管理和传播学等条件,这保障了被代理组织的公关关系项目策划和实施的基本水准;(三)公关代理公司作为第三方机构处理问题

---

❶ 李道平.《公共关系学》[M]. 北京:经济科学出版社 2011年8月64

公正客观，有较强的独立性主动性，公关代理公司是独立于被代理组织的第三方，在处理问题的过程中，作为组织外智囊团，为组织的公关关系提供更丰富的创意来源和更加客观的创意思路；（四）公关公司具有专门的项目执行人员，可以提供完善细致的公关执行，公关代理公司对公关关系中的各个项目管理有专门的工具和方法，一般对政府沟通、品牌管理、危机管理、投资者关系管理、媒体与行业关系、媒介培训、内部沟通、数字媒体策略、企业社会责任等项目有深入和专门的研究可以满足组织不同的公关关系需求。

一、公共关系代理公司的类型

现代公共关系代理经过一百多年的发展，已经形成了一个比较完备的产业链条。按照公关关系代理公司的业务类型可以分为：专项业务代理公司、专门业务代理公司和综合服务代理公司。专项业务代理公司，是为客户提供某种公关关系技术服务的公司，这一类公司的业务专长突出，业务范围专一，如路演公司；专门业务服务公司，是为特定行业客户提供公共关系服务的公司，这类公司对某一行业有比较深入的了解，针对这一特定行业内的客户提供公共关系服务；所谓综合代理型公关，服务于企业或其他类型组织的形象建立、营销传播和客户管理等公关需求，为其提供咨询诊断、方案策划、组织活动、人员培训等综合代理业务的公共关系代理公司。一般来说，综合性的公共关系代理公司需要展开多元化的公关代理活动，在资金、人力资源、管理上要有比较强的综合实力。

综合性的公共关系代理公司可以帮助企业或组织代理日常传播、公关活动、危机公关等一系列公关事宜。

日常公关传播的主要工作内容包括：（一）协助企业或组织制定阶段性的公关传统计划；（二）根据企业或组织要求，策划、组织撰写公共关系稿件，并在指定的媒体上进行沟通、发布、跟踪、反馈以及发布结果汇总收集；（三）进行日常媒体舆论监控以及危机的有效预防与管理；（四）进行媒体关系的日常维护，加强品牌或者组织形象的媒介互动；（五）进行口碑和网络舆论的管理，传统媒体以及网络媒体的信息的调研。

公关活动，是指根据企业或组织的公关目标，组织召开新闻发布会、行业研讨会、高端访谈等公关活动的前期策划，以及中后期的执行落地以及与其他营销传播活动的整合与协同执行。

危机公关，是公关关系代理公司针对被代理企业或组织可能出现和已经出现的舆论负面新闻，制定相应的对策和计划，最大化降低或消除其对公司或者组织经营和发展产生的不利影响。

二、综合性的公共关系代理公司的工作流程

综合性的公共关系代理公司在代理客户的公共活动中一般的合作流程包括

六个步骤❶（图2-4）：

（一）公关活动项目的确立。公关代理公司在这个阶段需要明确被代理的客户的公共关系需求；

（二）根据客户的相关需求，组建公共关系项目组

（三）信息收集的基础上，根据组织公关需求建立公共关系活动目标，提出公共关系策划方案；

（四）在与客户进行沟通的基础上，对现有的公关策划方案进行修订，公关关系方案必须具有一定的弹性，以便在执行的过程中有调整执行的空间；

（五）根据公共关系方案进行项目执行；

（六）在公关项目执行后对执行效果进行评估，并与客户开会进行项目的总结。

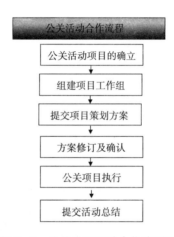

图2-5　公共关系活动合作流程图

三、评价公关关系代理公司价值的标准

作为公共关系的发起者，如何选择一家合格的公共关系代理公司呢？

一般来说应该考察以下几个方面：

（一）公关代理公司是否具备较强的实力。这需要了解公关公司的历史、规模和服务范围以及服务案例。深入了解公关代理公司是否对行业、市场及代理的企业或组织有较深刻的理解，对公众群体是否有比较深刻的洞察，代理公司能否根据企业或组织的要求制定具有原创性的公关传播方案。

（二）公关代理公司是否具备相应的执行能力。被代理方应该考察，公关代理公司是否能够提供分工明确、具有专业能力的服务团队，如项目经理、策划撰稿、媒介人员等为其服务公关公司所提供的执行团队是否具备丰富的服务经

---

❶　熊源伟．《公关关系学（第三版）》[M]．合肥：安徽人民出版社 2004年1月132.

验或背景；公关代理公司是否能够提供独特的资源，以便帮助项目更好地运作

（三）公关代理公司是否具有相应的媒体资源，尤其是新媒体平台资源。公关关系代理公司应该具有与企业或组织的公关需求相配备的传统媒体资源以及 IT 媒体资源。

四、公关关系公司的组织结构

公关公司因为活动行业的特殊性，决定了它需要一个系统的、有组织和训练有素的团队互相协作配合才能漂亮地完成。除了要通过人员优势的重新组合之外，系统化的、差异化的团队组织机构设置也是非常重要的一环，好的团队组织机构能够使团队的各部门中的每个部门都能各司其职，真正做到"人尽其才，物尽其用"。一般来说，公关公司的组织结构方式有两种类型，一种是按职能进行部门划分（如图 2-6），其优点是便于专门化人才发挥其专业能力，避免人力资源的重复配置，但是部门间内部缺乏横向沟通与协调，部门间的信息传递较慢，反馈迟缓；第二种是公关事业部模式的组织结构（如图 2-7），其优点是能够根据客户的要求，迅速适应市场的变化，各事业部能发挥各自优势，其缺点是每一个事业部中都配置相同的岗位，机构重叠，容易造成人员浪费，另外每个事业部各自独立性强，容易忽略企业的整体利益❶。

图 2-6　按职能进行部门划分的组织架构

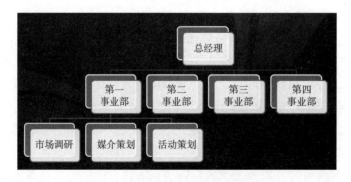

图 2-7　公关事业部模式的组织结构

---

❶ 鄢龙珠.《现代公关关系学》[M]. 北京：北京交通大学出版社 2011 年 5 月 89.

扩展阅读：世界知名公关公司

安可顾问（APCO worldwide）安可顾问有限公司成立于1984年，是美国精信全球集团（Grey Worldwide）下属企业，也是一家全球著名的咨询机构，是一家全球领先的独立咨询机构，在美洲、欧洲、亚洲、中东及非洲的主要城市设有办事处。被欧洲权威公关业期刊《Public Affairs News》评选为2005年度欧洲最佳顾问公司。1997年，安可顾问（中国）有限公司进入中国大陆，在北京、上海和深圳设有代表处，地区总部位于香港。其核心业务涵盖企业传播、投资者关系和员工传播、危机管理、专项议题管理诉讼公关等。

博雅公关（Burson-Marsteller）美国博雅公共关系有限公司成立于1953年，是全球领先的公共关系和公共事务公司。公司在广泛的公共关系、公共事务、广告及与网站相关的服务领域向客户提供战略思维和项目施行服务。公司的全球无缝网络由44个全资事务所及49个子事务所构成，在全球遍布6大洲57个国家开展业务，在全球拥有1600名专业员工。博雅公关公司1979年加入Young & Rubicam Brands扬雅集团，扬雅是全球领先的通讯服务网络公司的WPP集团（纳斯达克股票代码：WPPGY）的子公司。可以横向联结集团内姊妹公司的资源，满足客户的多元传播需求。1986年博雅公关和新华社合作成立了中国第一家专业公关公司——中国环球公关公司。

爱德曼国际公关（Edelman）总部设于美国芝加哥和纽约的爱德曼（Edelman）。公司成立于1952年，是世界上最大的一家提供公关咨询服务的独立公关公司，是全球第六大公关公司，现在世界各地超过45家办事处拥有2,000名雇员。公司在2006年被PRWeek授予年度最大公关公司称号。Advertising Age也在2005年"最佳公司"专刊中评爱德曼为最佳公关公司，同时PR周报在2006初将"Editor's Choice"（编辑首选）奖予爱德曼。爱德曼国际公关有限公司是中国最早的中外合资公共关系公司。1985年，爱德曼国际公共有限公司的雏形——注册在法国巴黎的nterasia PR办事处在北京成立。是当时中国的第一家中外合资的公关公司。爱德曼在中国被称为一家"漂亮女性公司"，因为除了少数管理层之外，中国爱德曼全是清一色的女性。

福莱公关（Fleishman-Hillard）福莱国际传播咨询总部位于美国的圣路易斯，有超过60年的历史，是全球最大的传播服务集团宏盟集团（Omnicom）（纽约证券交易所代码：OMC）的子公司，也是全球营业额最大的专业公关咨询公司。在北美、欧洲、亚太、中东、南非和拉丁美洲设有80个独资办事处。福莱国际在全球范围内在公共政策和公共事务以及政府关系等方面都具有丰富的经验和卓越的能力。在亚太，福莱在北京、广州、香港、吉隆坡、马尼拉、墨尔本、首尔、上海、新加坡、悉尼和东京经营着11家办事机构。北京福莱希乐国际传播咨询有限公司（简称福莱国际传播）的前身是福莱灵克公关咨询有限公司，于2005年8月从中外合资企业变更为福莱国际传播咨询公司的全资子公司,并因此而更名。福莱灵克公关咨询有限公司(FHL)成立于1994年7月,是由世界最大的公关公司之一美国福莱国际传播公司与北京灵克公共关系公司共同投资创立的。

伟达公关(Hill and Knowlton)伟达国际公关顾问公司(Hill & Knowlton)1927年由John Wiley Hill成立于美国俄亥俄州克里夫兰,是世界上最早的公关公司。它的中文名称意为"伟绩遍达"。伟达公关隶属于世界最大的传播机构之一——WPP集团(NASDAQ:WPPGY),拥有全球最大的国际办事处网络,公司总部位于美国纽约。目前,伟达公司在全球五大洲37个国家有31个办事处,客户达1000多家,伟达公关公司曾与国际奥委会有过6年的合作,1997年,伟达公司协助雅典成功申办2004年奥运会,协助伦敦成功申办2012年奥运会,也是北京2008年奥运会和上海2010年世博会的传播顾问。1984年,伟达公关在北京设立办事处,成为第一家进入中国市场的跨国公关机构。1991年,该公司受中国政府聘请,负责在美国国会游说,争取美国给予中国最惠国待遇,从而成为第一家被中国政府聘用的外国公关组织。

凯旋公关(Ketchum)美国凯旋公关公司由George Ketchum创立于1923年,总部设在纽约,是全球第七大公关公司,是传播领域的创新者,业务遍布在北美、欧洲、亚太区和拉丁美洲等全球各地的逾50个国家。凯旋隶属于宏盟(Omnicom)集团。凯旋公关被国际公关业内权威刊物《公关周刊》评为"2002年度最佳公关公司"。美国公关协会的银砧奖自1946年开始评选以来,凯旋共夺得84项银砧奖和38项优秀奖,获奖数目位居所有公关公司之首。凯旋大中华区正式受委托为2010年第16届广州亚运会提供国际公关及海外媒体传播服务。香港先驱公关公司,成立于1980年,与「凯旋」结盟之前是香港最大的独资公关公司之一。结盟之后的凯旋先驱成为美国凯旋公关公司在大中华区的区域机构。2009年6月,凯旋公关公司与欧洲最大的策略传讯顾问公司Pleon在香港宣布合并业务,这是全球公关业界有史以来最大型的合并项目。两家公司合并后,将成为全球最大、覆盖地域最全面的传讯顾问公司之一,更是目前欧洲规模最大的传讯顾问企业,同时巩固了Pleon在欧洲市场的领导地位。整合后的咨询公司将拥有超过2,000名员工,旗下有103间办事处及联系机构遍布全球66个国家。

奥美公关国际集团(Ogilvy Public Relations Worldwide,ogilvyPR)1980年成立于美国纽约的奥美公共关系国际集团(简称:奥美公关)是世界十大专业公关公司之一,它和奥美广告等姊妹公司分享同一企业品牌。奥美公关透过遍布美国、欧洲和亚洲区46个市场的51间办事处,以及隶属全球最大行销传播集团——WPP集团旗下的其他姊妹公司和附属机构,为世界各地客户提供全方位的专业公关顾问服务,范围涵盖医药卫生、策略行销、科技、娱乐和生物科技等产业。奥美公关从事于建设和保护品牌形象的事业,并协助客户进行改革。奥美公关被业内权威刊物《PRWeek》评选为2001年度最佳公关公司,亦曾获

《Asian PR News》颁发年度最佳公关网络（Network of the Year）和年度最佳公关顾问公司（Consultancy of the Year）两项大奖。目前，奥美公关是全球20大跨国公关公司中增长最迅速的一家，亚太区总部设在香港。1995年开始在中国大陆设立分公司，目前已成为国内最大的国际公关企业。2002年，奥美收购西岸公关，这是跨国公关公司向本土公关公司抛出的第一个绣球。奥美在本土化策略上迈出了重要的一步。

培恩国际公关（Porter Novelli）Porter Novelli于1972年成立于华盛顿，是全球知名的营销和企业传播集团宏盟（Omnicom）旗下的全资子公司。伴随着公关行业的蓬勃发展，Porter Novelli已成为全球10大国际公关公司之一，业务遍布世界各主要市场，通过其遍及近60个国家的100多家分支机构，帮助客户成功实现商业目标和创造价值。在亚太地区，PN在澳大利亚、中国、中国香港、中国台湾、印度、印度尼西亚、日本、韩国、马来西亚、新西兰、菲律宾、新加坡、越南拥有合作伙伴。2005年PN进入中国。与其他跨国公关企业不同的是，PN最初采用了与中国本土公司合作的形式，通过与蓝色光标的业务"捆绑"，PN中国向客户提供全面的公关服务。2008年1月宏盟集团（Omnicom Group Inc.）（纽约证交所代码：OMC）收购中国宣亚国际传播集团40%股权，宏盟旗下的Porter Novelli与宣亚国际传播集团新成立合资企业培恩公关，总部在北京，在上海和广州设有分支机构。

罗德公关顾问（Ruder Finn）罗德公关公司成立于1948年，拥有50多年历史，是提供全方位公关服务的跨国公司，现已发展成为世界第二大独立公关公司，总部位于美国纽约，营业额超过5,000万美元，在世界各地拥有1000多位公关专家。其全球范围经营的业务涉及消费产品的营销、企业形象管理、危机管理等。为世界上超过250家公司、政府机构和非营利组织提供公共关系服务。罗德亚洲公司创建于1989年，区域总部位于新加坡。罗德公关公司1996年进入中国市场。罗德公关公司目前在北京、上海、广州和香港设办公室，有在全国各地管理公关项目的丰富经验。

万博宣伟（Weber Shandwick worldwide）万博宣伟国际公关公司是世界上最大的公共关系咨询公司，在全球35个市场设有80间办公室，业务范围涉及全球126座城市。万博宣伟隶属于全球最大的广告及市场营销集团Interpublic Group of Companies（纽约证交所上市代号：IPG）。作为世界一流的公关公司，它的分支机构遍布世界各大经济、政治、文化中心城市。万博宣伟的行销公关、公共事务、企业传播咨询等项目在业内居于领先地位。2001年10月，埃培智集团将旗下的万博宣伟与True North下属的BSMG Worldwide合并，组成当年收入达5亿美元的全球最大的公关公司，并在22个国家雇有2,500名员工。在科技、财经传播、政府关系、公共事务、生活、消费品、娱乐业以及医疗保健等高成长的领域为客户提供服务。新公司沿用了万博宣伟的名称。万博宣伟被

PRWeek 评选为 2005、2008、2009 年度全球最佳公关公司。万博宣伟 1993 年进入中国内地市场，目前在北京、上海、广州拥有 90 多名员工，此外还在香港拥有 30 名员工，在台湾拥有 20 名员工。

五、网络公关与网络水军现象

网络公关又叫线上公关或 e 公关，它利用互联网平台为媒介，以互联网思维指导策划思路，在网络社区中宣传塑造组织形象，提升组织知名度和美誉度的一种公关形式。❶网络公关在 2000 年后在中国兴起，由于网络公关传播的及时性、互动性、多样化、立体化，使得网络公关传播受到企业和组织的普遍青睐，网络公关公司如雨后春笋，迅速发展起来。网络公关公司是专业从事网络公关传播活动的代理公司，其业务主要包括口碑营销、事件营销、网络发稿、网络舆情监测、网络危机公关、微博微信传播等。

网络公关由于其形式的多样性、内容富于创造性、传播速度快捷，往往能够起到四两拨千斤的营销传播作用。上海奥美为知名青少年护肤品牌可伶可俐策划了"向青春告白"活动网站，并在腾讯旗下滔滔微博网站成功策划打造首部网络微博客小说。由人气作家安意如领创，与用户一起 28 天创作大接力，最终汇集成 10000 最原创的绝版青春。此次活动的目的是将品牌精神通过有趣的互动形式传递给更多青少年，向更多人倡导青春就是要找到适合自己的！❷

2008 年 12 月 10 日，国家海洋局极地考察办公室与东风日产乘用车公司联合召开新闻发布会，宣布东风日产与国家海洋局结成合作伙伴关系。同时，11 月初上市的东风日产智能全模式城市 SUV 奇骏，将成为"中国南北极科考独家专用乘用车"及第 25 次南极科考建站活动的后勤保障用车。2009 年 1 月 5 日，奇骏将随同南极科考队员启程奔赴南极。东风日产在奇骏南极之旅活动在网络公关宣传方面以博客营销为主要宣传方式，建立官博 3 个，东风日产随队人员个人博客 3 个。❸本项目核心博客为新浪官博和腾讯官博。在博主推广、BBS/ 社区推广、网站编辑推荐、QQ 群 /MSN 群推广、EDM 推送、博客圈推广、博客底层链接推广等推广手段的综合应用下，新浪官博和腾讯官博的点击量在短短 50 天内达到了 220 万，回复量达到了 1.8 万，转载量达到 8 万。

从以上两个案例我们可以发现，网络公关在今天的组织营销传播中由于其目标精准、成本低廉、效果显著发挥愈来愈重要的作用。企业或组织在利用互联网平台缩短与消费者或公众的距离，树立企业和组织形象的同时，有些企业或组织也可以在互联网上散布一些虚假信息，控制舆论走向，造成了网络秩序的混乱，尤其是以网络水军现象尤为突出。

---

❶ 张春玲. 浅谈信息时代的网络公关 [J].《秘书之友》2010 年 15-16.
❷ 2009 年度十大商业网络公关案例. 来源 http://www.bianews.com/news/28/n-140828.html.
❸ 踏入极地征程.《新商报》第一版 2008 年 12 月 16 日.

网络水军是受雇于网络公关公司,为他人发帖、回帖造势的网络人员,以注水发帖来获取报酬。网络水军源自网络"灌水",最初是网民自发在网络平台上的自娱自乐,后出现了以专职进行网络舆论策划、实施的"网络推手"。他们在网络造星过程中看到操纵网络民意,炒作网络舆论的巨大商机,为了达成目的雇佣大量网民进行灌水刷帖,形成了一支体系庞大的利益链条。它们可以帮助幕后的企业或组织,迅速炒作信息并打击竞争对手,也可以为其产品或形象迅速提高人气,吸引网民的注意和参与。近年来,一些网络热点事件,如"虐猫女"、"3Q"大战等无不隐藏着网络水军的身影,他们善于把握网民趣味,制造舆论话题,操控虚假民意,直接影响公众的判断❶。2009年12月19日,中央电视台的《经济半小时》节目曝光了网络水军炒作舆论的灰色链条。其产业链条分为三个级别:第一级是负责派工作、发工资的网络公关公司;第二级是负责组织和协调工作的包工头;最后一级是在最底端的庞大的"水军"集团。网络水军的主要工作是伪❷装成普通网民或普通消费者,在各种网络平台上发言、发帖。网络水军分布地域广泛、从事不同职业,通过互联网执行任务,完成任务后又迅速分散开,与雇主之间一般使用网名账号来联络交易,身份隐秘,使人难以辨认其真实身份。另一方面,网络水军灵活选择任务,不受时间和地点的限制,入行门槛低。目前我国互联网监管尚处于起步阶段,由于其信息量巨大,其内容监管的难度较大,网络水军和网络谣言现象时有发生。

案例: 乳业两巨头,深陷黑公关

2010年《健康时报》报道"武汉三名女婴性早熟"的病例。道称,武汉三名女婴疑似因食用某品牌奶粉后出现性早熟,乳房开始发育,雌激素水平竟已达到成年女性的水平。在经过医院的一番诊疗之后,家长质疑,三人长期食用的同一品牌奶粉就是罪魁祸首。尽管《健康时报》的报道没有透露该奶粉的牌子,仅发布了牌子已被隐藏的奶粉图片。但神通广大的网友很快通过图片辨认出,该奶粉的牌子正是圣元。有网友迅速发帖质疑圣元奶粉含有激素,一时间,圣元乳业千夫所指,在百般澄清之后,卫生部介入该事件,并于8月15日公开宣布调查结果:湖北三例婴儿性早熟事件与圣元奶粉无关。

然而,在被质疑的一周里,圣元的品牌形象、现实销量以及其在股票市场上的损失,却难以计算。在事件发生期间,北京、济南、海口、深圳、广州等地部分超市的圣元奶粉纷纷下架。在美国纳斯达克主板上,圣元国际也出现"跳水"。圣元国际在上周一开盘时"低开低走",最大跌幅至35.44%,跟该股日均成交量7.1万股比起来,当日暴增至363.27万股的抛盘成交量十分吓人,当日其股价跌幅高

---

❶ 阳翼,徐扬."3Q大战"管窥网络水军的影响.《人民论坛》2013年第五期.
❷ 王宁.《论"网络水军"对网络舆情的影响》.河北经贸大学2001年硕士论文.

达26.94%。有消息称，一周，圣元国际的市值损失超过20亿元人民币。

几乎与"圣元事件"同步，自7月中旬开始，一则有关"深海鱼油造假严重"的新闻开始在网络上流传，攻击添加深海鱼油的产品不能食用。随后，"鱼油事件"的最后矛头被指向伊利集团生产的"QQ星儿童奶"，"鱼油事件"也一度传得沸沸扬扬。

2010年10月19日起，自称来自伊利集团的《蒙牛集团蓄意破坏我公司（伊利）的商业信誉、商品声誉案件侦破进展》（以下简称《侦破进展》）的网贴近日在各大论坛被传播。《侦破进展》则称，包括"圣元奶粉性早熟"事件、伊利"QQ星"及多家婴幼儿鱼油含EPA会导致性早熟等事件都是其竞争对手蒙牛公司策划的新闻，是"蒙牛乳业有组织、有预谋、有计划、有步骤周密策划出来的"。《侦破进展》详解了蒙牛集团诬陷伊利及圣元奶粉的具体步骤和细节，"第一步，操纵利用非主流媒体，攻击深海鱼油产品，引发社会公众对深海鱼油产品的关注，进而产生恐慌；第二步，通过网络推手，开始了以网络为主阵地的深度攻击，引出深海鱼油中的EPA导致儿童性早熟，点名攻击使用深海鱼油产品的企业，开始引出儿童性早熟问题，将矛头直指伊利、金龙鱼、圣元、安利等企业。第三步，通过网络推手集中打击伊利QQ星儿童奶，企图将伊利QQ星儿童奶也拖入"性早熟门"，从而影响伊利QQ星正常销售，以使蒙儿童奶受益。"该帖称，事件发生后，由于伊利公司"反应快速、判断准确、措施果断最终幸免于难"，伊利及时启动了应急机制，并向"一位国家主要领导"与包括内蒙古自治区主席巴特尔在内的多位领导反映情况，得以顺利化解蒙牛的打击，"而圣元则深陷性早熟门"。据《侦破进展》透露，目前，"还有北京戴斯普瑞网络营销顾问有限公司两人在逃，公安部已经发布B级通缉令在全国通缉"，"博斯智奇公关公司网络部负责人赵宁、马野、郝历平、蒙牛集团儿童奶项目负责人安勇等人已经分别被拘留，博斯智奇公关公司的副总经理赵士勇、副总经理兼项目部负责人肖雪梅等7人、蒙牛集团儿童奶副总监赵宇宁、职员刘慧芳接受审讯"。

压力之下，蒙牛公开承认旗下儿童奶事业部经理安勇策划了攻击伊利QQ星的计划，并撇清了与安勇的关系，认为安勇此举乃个人行为，并未报请蒙牛公司高管同意，蒙牛已将安勇除名。蒙牛同时因此事向有关方面致歉。但致歉之余，蒙牛不忘提及数年前的"未晚事件"，蒙牛称，2003年和2004年两年间，伊利集团委托其合作公司北京未晚品牌（国际）传播机构，采取购买媒体版面等方式，广泛制造并传播蒙牛负面信息。伊利为此付出了总额高达592万余元的公关费用。蒙牛公司督促警方尽快彻查此案。至此，中国乳业两巨头蒙牛和伊利都被卷入了一场"黑公关"事件。

网络黑公关和网络水军现象使得网络营销行业的整体声誉受到了严重的危害。如何治理网络水军和网络黑公关等负面现象呢？这既需要政府相关部门制定专门的法律来加强监管，也需要行业自律和行业规范来促进改善。公关发起者和网络公关的从业人员都需要提高行业道德水平，加强行为自律。此外也需要广大网民保持独立冷静的思考和判断，重视网络文明。

第三节 公共关系的媒介平台运营方

"平台"是一种现实或虚拟的空间，其作用是促进双方或多方客户之间的交易。公共关系中的媒介平台，是组织在公共关系活动中与公众进行信息传播和形象树立的媒介空间。传统公共关系的传播主要以大众媒介为平台，大众媒介的优越性非常突出，其传播对象覆盖面广泛，对象众多。❶ 大众媒介主要有两大类：一类是印刷媒介，包括报纸、杂志、书刊等等，其特点是承载的信息丰富、内容深刻；第二类是电子媒介，包括广播、电视、电影等视觉媒介，其传播速度快，形象生动。但随着互联网和新媒体终端的发展，传统媒体的市场份额迅速下滑，截至 2014 年 6 月，我国网民规模达到 6.32 亿，互联网的普及率达到 46.9%。美国《巴尔的摩太阳报》曾刊登过这样一篇文章，名字叫做《互联网应用正在蓬勃发展——以很中国的方式》，其中用了一个很形象的例子来形容中国互联网的影响力：中国春节期间全球互联网的运行速度会下降，因为那一天中国人会通过互联网传送祝福、交换信息。这个例子的意思是说，中国网民的需求已经成了全球最大的需求。❷ 今天，中国网民的人均周上网时长达 25.9 小时，Wi-Fi 覆盖率提升、4G 业务的开通为网民提供了更优质的上网环境，拉动互联网应用丰富性提升，推动我国网民平均周上网时间继续增加。

图 2-8 中国网民规模和互联网普及率

---

❶ 徐晋.《平台经济学：平台竞争的理论与实践》[M]. 上海：上海交通大学出版社，2007 年 5 月. 11-12.
❷ 陈墨.《网络营销应该这样做：制造非一般的网络影响力》[M]. 北京：机械工业出版社 2011 年 1 月 14-15.

今天移动互联网和智能终端的迅速普及成为网民的重要的娱乐载体和信息来源。越来越多的企业和组织都开始重视网络传播平台，网络媒体开始跻身于主流媒体行列，与电视、报纸等传统媒体并驾齐驱，甚至在某种程度上超越了传统媒体对社会的影响力，成为组织公关传播的重要手段❶。

随着互联网技术发展的成熟以及联网成本的低廉，互联网将企业、团体、组织以及个人跨时空联结在一起，使得他们之间的沟通和信息交流变得易如反掌。公关关系中最重要也最本质的是组织和个人之间进行信息传播和交换。如果没有信息交换，那么良好的公共关系也就是无本之源。网络传播融合了大众传播和人际传播的信息传播特征。互联网公关关系平台以数字化为依托，以互联网作为主要的手段，具有一些区别于传统媒体平台的特征：

（一）多元化的媒体形式

互联网媒介平台基于数字化的存储和传输手段，能够传递和展示如文字、声音、图像等多元化的媒介信息，为公共关系活动的信息交换能以多种形式存在和交换，可以充分发挥公关人员的创造性和能动性。

（二）互动化的沟通方式

互联网通过展示组织形象，及时公布企业内部信息，与公众及时反馈来实现组织与公众的双向沟通。还可以进行产品测试与消费者满意调查等活动。互联网为产品联合设计、商品信息发布以及各项技术服务提供最佳工具。

新媒体平台在个人和群体的公关传播中扮演着愈来愈重要的角色，它不仅拉近了公关关系中主体和客体的距离，还泛化了公关关系的活动形式，如微博、微信等社交媒体平台，公关关系传播的形式和内容与广告、促销、销售等营销传播相互结合，形成你中有我，我中有你的整合趋势。

案例："野兽派花店"

"野兽派花店"，这个名字则被更多文艺青年所熟悉。没有实体店，甚至没有淘宝店，仅凭微博上几张花卉礼盒的照片和140个字的文字介绍，从去年12月底开通微博到现在，野兽派花店已经吸引了超过18万粉丝，甚至连许多演艺界的明星都是它的常客。

为什么传统简单的花店生意会有如此新鲜的生命力？

答案是，他们卖的不仅仅是花。

2011年年末，顾客Y先生在野兽派花店订花，希望能表现出莫奈的名作《睡莲》的意境，可是当时并没有合适的花材进行创作。

几个月过后，店主兼花艺师Amber想起日本直捣的地中美术馆，从中获得

---

❶ 官建文，唐胜宏，王培志.《前景广阔的中国移动互联网——中国移动互联网发展报告2013总报告》. 人民网 http://yjy.people.com.cn/n/2013/0608/c245083-21792961.html.

灵感，做成了后来野兽派花店的镇店作品之一，"莫奈花园"。

与其他花店不同的是，野兽派花店倾听客人的故事，然后将故事转化成花束，每束花因为被赋予了丰满的故事而耐人寻味。这其中，有幸福的人儿祝自己结婚周年快乐的、有求婚的、有祝父母健康的、有纠结于暗恋自己的男同事的……在日复一日的寻常生活中，阅读140字的离奇情节，也成为粉丝们的一种调节剂。

野兽派花店所选用的花束绝不是市场上常见的，这些进口花卉品种经过精心雕饰之后，针对不同的人群、送花与收花人的心境、起上颇有文艺范儿的名字，包装完成的花束，只在微博上出售，顾客也都是花店的粉丝，在微博上通过私信下订单，客服通过私信回答顾客的问题最终达成交易。

和传统的花店相比，野兽派花店绝对算得上花店中的奢侈品品牌。从野兽派出品的花卉礼盒少则三四百元，多则近千元，然而即使是如此高的价格，仍然有众多顾客追捧。

从"野兽派花店"的案例中不难发现，公关本身的界限已经模糊，互联网社交平台改变了传统的组织的运营方式，以营利性企业为例，互联网思维使营销活动原本界限分明的产品、价格、渠道、营销传播等环节，今天很多品牌从产品设计、到生产、价格、渠道、营销传播甚至是资金来源都有消费者参与。传统的消费者今天更可能是生产者＋消费者的角色出现。互联网公关也不例外，个人和群体的形象，并不是由个人和群体自我定义，而更多的是在与公众互动中逐渐定义出来的。

第三章 互联网时代公共关系的公众分析

公众是公共关系工作的对象,互联网时代的公众,与传统公共关系有很大区别,具体表现在草根性、匿名性、自主性、互动性、多样性等方面。互联网公众的类型因标准不同而异。本章从对信息处理能力、表达主题明确与否、对公共政策表现不同等三个方面分别对公众的类型展开论述。互联网时代公众有其独特的心理特征,如群体极化现象、集合行为、从众行为等。互联网的发展与普及,推进了公众参与的兴起,公众参与逐渐受到网民普遍而广泛的认同,成为公共生活"民主化"的一个重要标志。

第一节 互联网时代公众的特征

一、互联网公众的概念

新闻理论最早提出者卡雷(James Carey)认为,"公众就是一群聚合在一起讨论新闻的陌生人"[1]。互联网时代的公众就是因为共同关注同一个或者同一类问题而聚集在一起的陌生人。它符合公众形成过程的基本要素:不认识的陌生人(这些陌生人坚持自由和民主的价值)——共同通过网络关注和讨论一个新闻(观点、热点、焦点)——在网上互相交换意见,公开批评(平等、对话、公开)——形成公众(关注和参与公共事务的群体)[2]。

从以上定义将公众定义为这样一类人:他们关心社会问题,自愿参与公共讨论,对社会负有责任感。他们将互联网看成实践社会责任、公共事务的场地,在互联网上,他们才成为真正意义上的公众。可以在互联网上讨论社会公共事件,了解事情真情,可以公开批评社会事件,才是真正的公众的。

在公共关系中的公众指的是,因面临共同的问题与特定的公共关系主体相互联系及相互作用的个人、群体或组织的总和。这里所指的公众,是自觉参与社会公共事务的公民,而非消费者或事件的旁观者,更不是对社会只会抱怨的

---

[1] 徐贲."公民新闻"和新闻的公众政治意识[J],中国传媒报告,2006年第2期
[2] 李岩.网络"公众新闻"实践与"网络公众"的形成——对"关于突发事件应对法(草案)"中有关对媒体的处罚规定的网络讨论分析[J],当代传播,2008年1月.

冷漠主义者。

基于对公众的概念的了解，可以得知：在互联网尚未普及的时候，互联网公众只是少数人的意志的统一，并没有把集体关心的话题真正的让集体公众自由的、平等的表达。

在互联网前期的公众，更多的是意见领袖，是松散的个人或组织，利用传统的媒体和传统的媒介表达自己对共同问题的意见，他们在占有资源、知识丰富的优势下，开始发表作为公众的一部分的相关意见。在现实中大多数的普通人，都是充当着单向传播的接受者。

这样的公众所形成的群体的总和，信息表达的能力和提出的建设性意见等与如今互联网社会不可同日而语。正是因为基于Web2.0的技术的产生，双向的传播开始成为可能，同时普通人开始可以利用网络，便利的得知社会上产生的关于共同生存的问题等等相关的话题，同时，可以在网络评论等平台上表达相关的态度和意见。

互联网时代的公众意见表达的特征在现实生活中，迫于种种压力，人们倾向于保留自己的意见，"察言观色"、"骑墙"是大多数人的态度，由此逐渐形成"沉默的螺旋"规律。尽管在互联网中依然存在"沉默的螺旋"现象，但在互联网这个"拟态环境"里，人们可以很容易地找到自己的意见同伴，更有动力表达自己的观点，从而也更容易形成所谓的"意见的自由市场"。在这个"意见的自由市场"里，公众意见的表达突破了时空的界限，提高了表达主体的自主性，扩大了公众意见的影响力。❶

二、互联网公众的特征

互联网上公众意见的表达也有其有限的一面，由于表达主体能力的差别和"数字鸿沟"的存在，公众在行使网络表达自由的可能性和充分性上存在较大的差异。具体说来，互联网上公众具有以下几个特征❷。

（一）草根性

与传统公众不同的是，互联网上公众意见表达的"平民化"倾向。互联网上的公共讨论，是跨越社会阶层的，社会各个阶层都可以针对当下的社会热点问题表达自己的意见，形成一种双方处于相对平等地位下的意见交流活动。每个人，即便他只是一个普通的民众，都可以拥有自己相对自由的"话语权"，可以利用互联网就他所关心的公共事务或社会现象表达带有一定倾向性的意见或态度。私人话语通过互联网的传播可以迅速发出最强音。

---

❶ 余利花. 试论互联网中的"沉默的螺旋", 现代传播, 2005年4月.
❷ 吴信训, 陈辉兴. 构建和谐的公共话语空间——互联网上公众意见表达的形态、特征及其演进趋势 [J], 新闻爱好者, 2007年6月（上半月）

（二）匿名性

由于互联网上的特性，公众往往以匿名的方式表达意见。每一个网络用户在互联网上可以在不被他人知道自己的性别、年龄、相貌、健康状况、社会地位等真实身份特征的情况下使用论坛，开设博客，参与跟帖讨论，还可以以自己喜欢的任何一种身份出现，并且在完全公开的情况下阐述自己的观点和意见。在互联网这个意见表达平台上，公众是平等的，在一定程度上摆脱了社会角色身份和群体规范、利益的限制，避免了现实社会的群体规范的压力，可以更加直接、真实的表达意见，也为更多的人参与讨论提供了平台，这就使得互联网上的公众意见更具有相对广泛的代表性。

（三）自主性

在互联网上表达意见时，公众往往是自愿的。互联网信息异常丰富，公众只需通过搜索引擎，就可以主动选择所需信息。同时，社会化媒体非常方便公众发布自己的评论和意见，信息交流的话题、对象和方式都可以进行自由的选择。尽管在 BBS 论坛、评论留言板、博客等公众意见表达平台，仍然有网络编辑和版主（在充当"把关人"的角色，但是，由于网络传播的特质，"把关人"的地位受到削弱，对公众言论的控制力减弱，从而使公众享有极大的选择权和主动权。

（四）互动性

所谓"互动性"，是指意见表达者在利用网络平台进行信息交流的过程中能够获得即时的反馈。社会化新媒体的兴盛，进一步加强了互联网的互动性，使得不同的观点、声音在互联网这个"意见的自由市场"里显得异常活跃。公众可以就自己关心的话题，自由地展开讨论、进行交流，意见双方或者多方可以进行充分的互动，并逐渐在互动的过程中，巩固自己已有的意见，或者改变已有的固定成见，形成对某一社会事件或公共事务新的看法和评价。

（五）多样性

互联网上公众表达意见的多样性特征主要体现在两个方面：一是表达形式的多样性，二是议题的丰富多样性。伴随着社会化媒体的进一步成熟，公众可以更加便捷的利用网络平台发表评论和意见，而且在表达形式上也呈现出多样化的趋势。

第二节 互联网时代公众的类型

互联网公众的类型因标准不同而异。我们从对信息处理能力、表达主题明确与否、对公共政策表现不同等三个方面分别对公众的类型展开论述。

一、根据对信息的处理能力的不同分类

在互联网时代公众对信息资源的占有的不同，可以分成不同的类型。因为互联网的信息资源是由每一个相关个体相互之间发生的，同时又由相关的人员进行报道，再传达给每一个关心这些问题的公众。

由于每个人的自身的素质和能力不同，每个公众对相关问题的表达就会不一样。根据每个人的素质和能力的不同，表达时展现出的分析能力的不同，分为以下各种类型：

（一）初级公众

初级公众是指信息处理能力弱，表达主题不够明确，只是简单粗暴的表达出自己态度的一类公众。

在相关议题发生后，由于初级公众获得相关信息的意愿或能力较低，在对信息资源占有较少的情况下，参与相关公共政策讨论。但是由于对信息资料占有不充分，表达主题也不够明确，所以在对相关问题表达时，往往简单粗暴的表达出其中的对错，发泄情绪，缺少对问题的分析能力。

这一类公众，往往也缺乏自己主见，在相关事项明确后，容易被引导。但也容易听信谣言或留言而被误导。

（二）中级公众

中级公众有一定的信息资料占有和处理能力，也能较为明确的表达自己的观点。

在相关议题发生后，中级公众对相关议题有一定的分析能力，对相关问题的信息资料的占有比初级公众要多，所以对问题的表达更多地表现出一种更加理性的角度。

中级公众往往对议题高度关注，也是公众中人数较多的一个公众群体。但是中级公众由于掌握信息不够全面，往往在议题发展过程中，会形成意见的分流，甚至分歧。因此，企业需要关注和监测，对相关意见进行分析。

（三）高级公众

高级公众是指自身素质高，信息处理能力强，对相关议题，能在短时间内掌握全面资料，并得出自己结论的一类公众。

高级公众对信息资料的分析能力要比中级公众更加全面，在问题的表达上会考虑到更多，同时也会找出更多有效的办法和规划，对待问题的同时要求探求本质性的内容。

在参与公共讨论时，由于高级公众表达主题明确，逻辑性强，资料占有丰富，对其他公众具有一定的影响力。所以，有一部分高级公众，会成为某议题的意见领袖。如某领域的专业人士，相关媒体人士等。这一部分高级公众，虽然在整个公众人群中占少数，但往往有可能够引导话题走向，因此也是企业需要重点关注和监测对象。

二、根据表达主题明确与否的分类

网络公众借助互联网互动平台对政府机构、公共部门或权力机构进行的意愿和诉求表达，其中的表达形式有多种，包括论坛、博客、网络问卷调查、聊天室、微博等。按照表达主题的明确与否和集中程度可以将网络公众概括为主题明确集中型、主题无序分散型两种类型。❶

（一）主题明确集中型

主题明确集中型的网络公众主要依靠两种方式表达民意。一是采取在线问卷调查的方式征集民意，这一方式通常出现在政府网站论上，针对性强、主题明确，征集民意效果明显，能够很快得知民意倾向。二是以主题论坛、微博的形式就某个明确的主题表达个人意见。

（二）主题无序分散型

主题无序分散型是公众对自身意愿的自由随意表达，常见的形式为：微博、微信、网络新闻后的跟帖评论及论坛等，这些表达方式的共同感特点是不受主题的约束，发言也不会受到很多限制，可以自由的发表意见和态度。某些话题如果收到公众的高度关注，就极有可能在极短时间能聚合，最终达到倾向性的一致意见，经媒体放大形成社会舆论压力对相关事件产生压力。其中流行于各大门户网站的微博也属于网络公众主题无序分散类型的重要形式之一。

三、根据对公共政策的表现不同的分类

按照公众对公共政策支持的态度，分为支持公众、反对公众和中立公众；按照公众对公共政策影响的程度，分为首要公众、次要公众和边缘公众；按照公众在公众政策中的发展过程，分为潜在公众、知晓公众和行动公众；

（一）支持公众、反对公众和中立公众

支持公众是对政策目标和政策方案持明确赞同态度的公众。当公共政策有可能够满足某一群体公众的利益，那么这部分公众往往会倾向于支持该政策，也有一些特别积极活跃的公众还会主动传播以影响更多的公众，促使政策顺利出台实施。

---

❶ 刘婧．公众网络诉求的类型及其对政府信息公开的影响［J］．湖北档案，2011年06期．

反之，反对公众是对政策目标和方案持明显不赞成态度的公众。因为这一部分公众，能够感知到公共政策出台后，自身利益会受损，因而反对改公共政策的出台，积极活跃的公众也会积极传播相关信息，以影响更多公众。

中立公众是在这一公共政策讨论过程，因与其利益无关，因而不关注、不明确表态，对政策持观望态度的公众。当然也有一部分中立公众不了解该政策或者比较慎重，认为不应草率表明立场。

（二）首要公众、次要公众和边缘公众

首要公众是对公共政策产生和发展有决定性作用的公众，是某一公共政策从提出到讨论的过程中，最核心的公众，如参与政策规划的行业专家、学者以及政策覆盖的公众。一般来讲，这部分公众是政策出台过程中需要高度关注的群体，需要与其保持密切、良性的沟通，密切关注他们的动向，为公共政策的顺利实施创造良好条件。

次要公众在公共政策中并不起决定性作用，是间接影响的公众。但他们在一定范围也需要引起关注，以防他们间接影响政策发展。

边缘公众是与公共政策有一定的关系，但通常不受政策的直接或间接影响公众。但是随着事件的进展，这类公众也极有可能上升为首要公众或次要公众，所以不能忽视。

（三）潜在公众、知晓公众和行动公众

在社会中，已经出现了某种政策问题，但公众尚未意识到问题存在，这一类公众称之为潜在公众。潜在公众已经和决策有了的联系，只是还没有意识到，也没有采取措施。一旦意识到问题存在，他们会快速转变成为知晓公众，公开发布和传播信息、发表意见，以发挥自己的影响力。

知晓公众是已经意识到政策问题的存在，并把它同政策紧密联系起来，但尚未采取相应行动的社会公众。知晓公众此时会观望该事件的变化和发展，一旦社会各方没有及时解决此类政策问题，他们就会付诸行动，就会以自己的方式作用于公共政策，成为行动公众。

行动公众是已经意识到相关政策问题存在，并准备或已经采取行动来解决问题的公众。如果相关部门不能及时解决政策问题，或者解决手段不能满意，则有可能采取相对极端的方式来解决，如示威游行、罢工等等。

第三节 网络环境下公众的基本心理

网络环境下的公众拥有公众的一般心理，其中包括：追求新鲜感，喜欢趣味

性等等。同时，网络上的公众在对待特殊的有关全局的共同的问题时，又表现出不同于一般人的特殊心理。

一、群体极化

（一）群体极化的概念

"群体极化"（group polarization）认为，"团体成员一开始即有某些偏向，在商议后，人们朝偏向的方向继续移动，最后形成极端的观点。在网络和新的传播技术的领域里，志同道合的团体会彼此进行沟通讨论，到最后他们的想法和原先一样，只是形式上变得更极端了。"❶

勒庞对"心理群体"进行了深入研究，指出"心理群体是一个由异质成分组成的暂时现象，当他们集合在一起时，就像因为结合成一种新的存在而构成一个生命体的细胞一样，会表现出一些特点，他们与单个细胞所具有的特点大不相同。"❷在这个心理群体中的个人，不管他们是什么年龄、性别、社会身份，一旦进入某个群体，便会受到群体的暗示、激励和感染，跟群体里的成员分享共同的心理。这种群体心理往往带着极强的情绪化。

（二）群体极化的分类

基于群体极化中的群体是心理群体，可划分为两类：

1. 正式群体

"正式群体"是指因共同的兴趣爱好或人缘、地缘、亲缘等因素自发形成的相对稳定的群体，如网络中的有明确行为规范的群体或现实社会中的政党、工会等群体，他们都具有很明确的纲领、规范等，比临时群体更具凝聚性和群体归属感，具有较强的群体内同质性。

2. 临时群体

"临时群体"主要指在某个公共事件发生和发展过程中，因共同的态度、看法临时形成的群体。当该事件热度过去，这个临时群体也会消散与无形。临时群体无论是在地域、身份还是社会阶层都往往具有很强的异质性。

临时群体是网络群体极化中的行为主体。他们有几个特点：第一、无人组织。网络群体极化中的这种临时群体并非有人事先有预谋、有规划地去组织；二是因某个公共事件发生发展后，通过互联网对某事件进行讨论，在意见充分交流后，自发形成的。余建华在《网络乌合之众：一种社会心理学的分析》中对这一特点做了解读，"网络心理群体的产生无须刻意地组织，只要某件事情触动了大家共

---

❶（美）凯斯·桑斯坦著，黄维明译．网络共和国——网络社会中的民主问题 [M]．上海：上海人民出版社，2003．
❷（法）古斯塔夫．勒庞．乌合之众——大众心理研究 [M]．冯克利译．北京：中央编译出版社，2005．

同遵守的准则,那么,原本散落在各地的网民就可能在这一事件的影响下汇聚起来,从而形成我们所说的网络心理群体。"[1]第二、集结速度快。当今社会化媒体,热点事件的爆发往往只需要几个小时,网民可以在极短时间内,通过讨论大乘一致,并形成一个临时的群体。第三、容易消散。这一类群体无人组织,当社会事件被及时解决,或者被更大的社会事件覆盖,那么这类群体也会快速消散。

二、网络集合行为

(一)网络集合行为的概念

1. 集合行为

集合行为(collective behavior),又称集体行为、火众行为等,是一个来自于社会学的概念。集合行为一词是由美国社会学家帕克(R.E.Park)提出的。他的解释是:一种共同的、集体冲动影响下的个人行为。人们参加一种集体行为,表示对某种行为有一个共同的态度,或类似的行动。但人们在开始时,并没有一个共同的态度,而是由于他们在相互交往时发生了集中于某些事物的倾向性,才逐渐产生了的态度和行为。

波普诺在《社会学》一书中将集合行为定义为:是多个个体在不可预料、相对自发、无组织以及不稳定的状态下,对某一事物对其造成的影响或者刺激产生反应做出的行为。[2]

2. 网络集合行为

网络集合行为,简单而言即是发生在网络虚拟空间中的集合行为。含两层含义,其一是网络集合行为是集合行为的一种,应当被认为具有集合行为所具有特性,比如多个个体、相对自发、无组织等;其二是这种行为的发生所依赖的媒介是网络。

(二)网络集合行为产生的条件

网络集合行为是在集合行为的基础上而产生的新的名词,它产生的条件是在集合行为的基础上形成的。

一般认为,网络集合行为产生的条件如下:

1. 结构性压力

例如,在自然灾害、经济萧条、失业、物价不稳、社会不公、政治动荡、种族关系恶化达到临界点等危机状况下,社会上普遍存在着不安、不满、焦虑和紧张情绪,这些结构性因素是集合行为发生的温床。

2. 触发性事件

集合行为一般都是由某些突发事件或突然的信息刺激引起的。例如,在人

---

[1] 余建华. 网络乌合之众:一种社会心理学的分析 [J]. 当代青年研究, 2009 第2期.
[2] (美) 戴维·波普诺著, 李强译. 社会学 [M], 中国人民大学出版社, 1999年

们普遍对经济萧条感到担忧的社会气氛中，一条"某某银行可能要倒闭"的消息便可能引起普遍的挤兑风潮，而一条"今晚可能有地震"的流言，也会引起大量居民露宿街头的避难行为。近年来频发的网络"人肉搜索"等网名集合行为，也多是由刺激性的网络信息所引发的。

3. 正常的社会传播系统功能减弱，非常态的传播机制活跃化

例如，在大众传媒公信力丧失、政府信息封锁严重或公开度极低的状况下，人们对比报纸、电视等大众传媒的新闻报道和主渠道发布的正式信息，更倾向于相信来路不明的流言等。

4. 网络平台发布

网络集合行为是在集合行为的基础上而产生的，因其凭借的媒介发布平台是社会化的网络，基于对信息传达的快速性，更容易引起公众的情绪扩大化。

网络集合行为是一种非常态的群体行为，在互联网时代，这种群体行为非常态会放大，所引起的骚动也就更大。

三、从众心理

（一）从众心理的概念

从众社会心理学领域的一个重要组成部分。从众心理是指当个体的意见和行为与群体的意见和行为不一致时，个体受到群体的影响（引导或施加的压力）时，由于自身的智力、情感、直觉、意志、欲望等心理因素的影响，会怀疑自己的观点、态度、判断和行为，朝着与群体中大多数人的方向变化，以便与多数人的倾向保持一致，也就是通常讲的"随大流"。

（二）从众心理产生的三个阶段

1. 依从

从众心理的第一步是依从。依从是态度形成的开始。社会中的个体，往往会按社会规范和周围人的期待与他人保持一致，以避免受到社会心理压力。依从是临时的、浅表的、也是容易改变的。

2. 认同

从众的第二个阶段是认同。此时的公众自愿接受他人观点、信息或群体规范。在认同阶段，个体的观点和态度受到他人影响，甚至与他人产生共鸣，所以自愿趋同他人。这一阶段已超越了外部控制的奖惩，受情感因素主导。

3. 内化

内化是态度形成的第三个也是最后阶段。此时的个体发自内心相信并接受他人观点。成为自己的价值体系的一部分。成为自己态度体系的有机组成部分，这时从众心态非常牢固。

综上所述，互联网中的从众心理，基本符合传统的从众心理相关理论，同时又有互联网公众心理的特有部分。

第四节 互联网时代的公众参与

一、互联网时代的公众参与的现状

互联网公众参与的含义，公众参与作为一种现代新兴的民主形式，是民主政治的重要方式，普遍存在于现代民主国家之中。我国的公众参与突出表现在改革开放后。虽然公众参与进入我国的时间不长，但由于市场经济发展的要求和政治上的广泛认同，其发展非常迅速，公众参与逐渐成为公共生活"民主化"的一个重要标志。

二、互联网时代公众参与的模式

互联网时代的公众参与是在社会分层、公众需求多样化、利益集团介入的情况下采取的一种协调对策，它强调公众对城市社会发展的决策和城市规划编制管理过程的参与。它起源于美国、加拿大，相关理论包括 Paul Davidoff 在 1965 年提出的倡导性规划以及后来逐渐形成的交往型规划。早在 1969 年 Sherry Arnstein 就提出了"参与阶梯"理论，并被认为是公众参与经典理论指导。她提出公众参与可分为 3 类共 8 级，可形象地比喻成一个梯子的 8 级。按照公众所获决策权大小，从下向上分别为"非参与"、"象征性参与"和"市民实权参与"每类又各自分为 2～3 级。❶

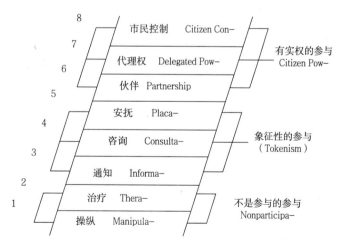

图 3-1 Arnstein 公众参与阶梯理论

---

❶ Arnstein.S.R. .ALadder of Citizen Participation[J].Journal of American Institute of Planners，第 35 卷，1969 年 6 月第 4 期.

1993年，kingston提出了新的参与阶梯理论，与Arnstein阶梯不同是，kingston是基于决策过程中政府区域公众权力的层次而划分的公众参与。共分6层，底部三层为低层次参与，上部三层为高层次参与。❶

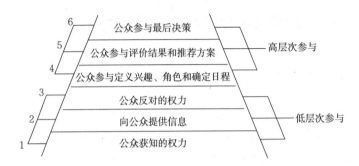

图3-2　kingston公众参与阶梯理论

根据Arnstein的阶梯理论，我国的公众参与基本上还处于象征性参与层面上，如网络公示、新闻发布会等。公众往往是无实权的"事后参与"、"被动参与"的初级状态。一旦出现问题，最后会形成集合事件。

案例：郭美美事件在微博上的传播

2011年6月20日，一个昵称为"郭美美baby"的网民在新浪微博上公开炫富，自称"住大别墅，开玛莎拉蒂"，且拥有不少名表、名包。这本没有什么特别。但是这位郭美美微博认证的身份居然是中国红十字会商业总经理，这就引起网民的巨大反响，怀疑郭美美的奢侈生活的金钱来源与红十字会有关，进而引发民众对红十字会乃至整个中国慈善事业的质疑。

之后，导致社会公众对红十字会产生信任危机，红十字会的捐款数直线下降。同时，公众参与其中，搜索出"郭美美事件关系图"，并要求中国红十字会要对善款进行公开透明化管理等等。

"郭美美事件"由微博引发，微博成为公众参与主渠道，一段时间内，微博和其他社会化媒体如新闻后跟帖评论、论坛等，都充斥着郭美美事件的信息，充分反映了网民对这一事件的高度关注，并通过多种社会力量的协作推动事件进程。红十字会在整个网民的质疑中，回应十分被动，没有得到网民的谅解。相关部门没有及时介入调查，网民对红十字会越来越不信任。通过微博等社会化媒体，网民对红十字会形成强大的舆论压力，红会在数月后，采取了一些整改措施。

通过这件事情我们看到，借助社会化媒体，在时机成熟时，网民十分愿意且有能力参与公共事务，通过参与公共事务推动社会发展。

---

❶ 关瑞华. 基于Internet的广州市城市规划公众参与分析[J]. 现代计算机. 2004.10

互联网时代的公共参与，在Web2.0技术支持下，可以有更多的新形式承载，给公众参与提供更加公开透明的渠道。

三、互联网时代公众参与对企业的挑战

在互联网时代的公众参与很大程度上影响着政府、企业、群体或个人对事件的态度。其中对企业的影响涉及人类生活的一部分，更为引人注目。

生态环境保护是一项涉及多学科、多部门、多利益群体的社会管理系统工程，信息的对称和传递形式决定生态环境保护系统工程的效率和质量。移动互联网的问世和智能手机的运用，为公众广泛参与生态环境保护提供了便捷。

公众参与通过移动互联网建立的互动平台，改变了以前由政府监管部门和治理单位等利益方既当运动员又当裁判员的格局。例如，武汉市中曹水厂取水口和输水渠污染严重影响水质、市政截污大沟多处爆管、多处污水直排南明河、下游水库因水体富营养化形成的水上草原。在官博上的公开举报，惊动了市人大、市政协以及市委主要领导，有数起举报还促成了市人大和市政协的专题调研。

实践证明，充分利用移动互联网的高效快捷功能，并在此基础上搭建官民互动的信息平台，并建立一个体现公平公正、高效的长效工作机制，有利于生态文明城市建设。

这里就以柴静在2015年3月的视频：《柴静的雾霾调查：穹顶之下》为例，在环保问题上，看看公众参与对企业的挑战。

案例： **柴静的雾霾调查：《穹顶之下》**

2015年3月1日，100多分钟的视频，前央视知名记者柴静讲述，在网络上引起了轰动。一时间微信朋友圈、微博等等平台被柴静刷屏。其中视频内容回答三个问题：一、雾霾是什么？二、它从哪儿来？三、我们该怎么办？其中很直白地指出的企业就是中石化和中石油。

中国的能源管理是由国家政策指导的，中石化和中石油就是巨头垄断集团。煤炭、石油等能源在开采、市场流通中各个环节都存在许多弊端，比如，煤炭的燃烧值低，汽油的挥发，天然气的开采率低等。这些弊端都在向大气中排放有害物质，最终伤害的是生活在这穹顶之下的每个人。面对每个人都关心的问题，互联网平台给了每个人发言权：

1 中石油

2015年3月3日，凤凰网资讯平台刊登了立方石油网的《中高层万战翔撰文反击柴静》的文章。以下是文章的主要内容：

1.片子虽然提出了烧煤和汽车尾气是雾霾两个原因，但回避了哪个是主，哪个是次，让人误以为烧煤和尾气对雾霾的"贡献率"是同样的！其实从雾霾最

严重的整个华北地区来讲，烧煤才是罪魁祸首！北京的油几年前就达到"京五标准"了，与欧洲、日本同等水平。所以说华北的雾霾不该算在尾气头上。

2. 她说我国的油品标准不是政府制定的，是油企制定的。她说错了！其实北京的京五标准是北京环保局制定的，国五标准是国家标准委制定的。几次重要的技术指标讨论和审定会议甚至都是国标委副主任亲自主持会议亲自拍板（我是参会见证人）。

3. 她说应该大力发展清洁能源多开发天然气使用天然气，说由于只有几大油企垄断经营，我国的天然气只开采了20%多，而不像美国那样有几千家油企。其实她根本不懂天然气勘探与开发是一个阶梯进行可持续开采的科学道理和技术，也不了解中石油为了加大国内天然气供应，投资建设了"四大战略通道"、努力进口天然气，即使进口气价格远高于国内销售价格造成进口越多亏损越严重的局面，但中石油为了保证清洁能源的供应仍义无反顾！

4. 她说中石油、中石化是副部级单位，国家发改委不敢过问生产油品的成本。这简直就是无稽之谈，纯属其炒作和制造轰动效应的职业习惯在发挥作用！中石油、中石化财务部门每每都是在发改委的要求下详细报告经巨量核算的成本财务报告。

2 网民评论

面对这些环保问题，有很大一部分的网民开始从柴静本人及家庭各个角度开始盘点，各种人身攻击的和支持的都有，从环保问题上去考虑问题的就只占一部分了。考虑到环保问题的那部分人，攻击的对象有中石化、中石油、政府等等，这些都是网民评论的力量。

（摘取至微信公众号上《金融八卦女》）

以下转自一位知名学者的微信：

1. 此片是政治事件，是中国"绿党"势力的里程碑事件，要高度警惕。了解经济史、工程史、企业史的人一般知道西方绿党势力对本国经济尤其是大型前沿工程的压制、拖累作用。

2. 技术上看，此篇做得还比较糙，煽情较重，科学、经济学、社会学硬伤极多，大量行业从业人员，包括能源行业从业者、金融行业（相关行业投资、贷款）从业者都可一眼看出。与西方戈尔等势力的直接控制本国科研机构进行高超包装的手法相比，还有距离。这是好事，及早暴露，及早对其提高警惕。如果等到像西方那样病入骨髓，科研单位也被操弄，那就麻烦了。

3. 从而可以反推，此事尚为柴为核心的小团体所为，还没有俘获国家核心人员。

各方公众的评论其实给政府部门造成了很大的压力，新任环保局部长陈吉宁在各大网站上也作出了回复。同时，这些举措对企业以后的发展道路和方向也会有指导。

第四章 互联网时代公共关系的传播分析

互联网时代的来临，使得现今整体的公共关系传播环境较之以往发生了很大的变化，总体而言体现为以下转变：首先，互联网传播技术在传统媒介之外催生了一大批数量众多、传播特性各异的新型媒介平台，为各类主体开展公关传播活动提供了更为丰富的媒介平台选择；其次，基于这些新型媒介平台的公共关系传播，其基本的传播模式与传统公关传播遵循从"点"到"面"的单向受众覆盖模式有很大的不同，体现出去中心化、互动化、精准化等特征；最后，与以上变化相适应，互联网时代公共关系的信息形态正在从单一走向立体，内容生产正从封闭走向开放和整合。

第一节 互联网公共关系的媒介平台

互联网作为一种新型媒介技术的出现，一方面使得传统媒体可以通过利用互联网技术将自身的影响力拓展到网络空间，如报纸、杂志通过将新闻资讯等信息数字化、网络化后发布到WEB站点和移动终端，以获得受众的关注和使用。另一方面，互联网技术催生了一大批具有不同传播特性的新型媒介平台，如基于WEB2.0交互技术的网络社区平台、微博客平台，基于移动互联技术及社交分享原则的社交媒体网站、微信平台等，这些新型媒介平台通过其特殊的传播模式和传播内容，吸引并影响着不同群体的受众。

值得我们注意的是，传统媒介平台（报纸、杂志、广播、电视等）与新型媒介平台（门户网站、网络社区、社交网站、微博微信平台等）在时空和市场维度上是长期共存和相互交织的，传统媒介平台并不会因新型媒介平台的快速崛起而被完全替代。因此，互联网时代公共关系传播工作中对于媒介平台的选择，应注意把握二者之间的平衡关系。本节重点介绍互联网时代新型媒介平台的传播特征和基本功能。

一、企业或品牌的自有媒介平台

（一）官方网站

官方网站作为企业或品牌所自主拥有的、权威的网络信息发布平台，已成为互联网时代进行公共关系传播的重要媒介平台之一。近年来，虽然移动互联网的发展分流了大量的公众注意力资源,但企业及品牌官方网站依然是 PC 互联网环境中主要的公关传播媒介平台。

总体而言,企业及品牌的官方网站具有以下特点:

1. 自主性。由于官方网站由企业自主投资、开发、运营及管理,在不违背国家互联网法律法规的前提下,其对于网站有绝对的自主控制权,是相关信息披露和回应的权威平台。

2. 便利性。由于对官方网站具有自主控制权,企业或品牌在官方网站发布信息具有很强的便利性,与传统媒体信息发布中的审批过程相比效率要高。

3. 经济性。由于网络媒体采取数字化的生存状态,使得官方网站信息的存储具有海量性,大量多媒体手段的应用成为可能,并且传播成本相对低廉。

通常而言,企业及品牌可以通过官方网站进行以下公共关系传播活动:

1. 常规公共关系资讯的发布。企业或品牌在日常经营活动中有一定的信息发布和反馈的需求,比如新品上市介绍、消费者答疑、经营业绩发布等。由于官方网站具有自主性、便利性和经济性的特点,通过官方网站对外发布相关公共关系资讯已经成为企业或品牌进行互联网公关传播的重要途径之一。

2. 专门性公共互动活动策划与实施。企业可通过前期系统的公关策划,在官方网站开展网络新闻发布会或网络路演等互动传播活动,适合于新产品上市、重大信息披露与反馈、企业形象推广等。❶企业可利用网络现场直播、音视频演示、网络投票评选等手段的立体组合进行互动活动的实施,以使企业及品牌与公众之间达成更深层次的交流与互动,使每一个参与公众都能得到更全面的关于企业或品牌的信息。

3. 其他网络公关形式。除了常规公关资讯发布、专门性公关互动活动之外,企业或者品牌还可以利用官方网站开展诸如消费者论坛、专题沙龙、投资者关系建设等动态性的互联网公关活动。

同时,需要引起我们注意是:部分企业或品牌官方网站存在公关资讯数量少、更新慢、形式单一、缺少及时有效回馈等问题,造成官网公关传播效率的低下。

图 4-1 宝洁官方网站截图

---

❶ 张兴杰等著. 网络时代危机公关手册:理论、实践与案例解析 [M]. 武汉:武汉大学出版社,2012.

宝洁公司的官方网站首页主要包含：关于我们、品牌产品、宝洁创新、企业责任、新闻与观点几个主要频道。公众可以通过这些频道来了解宝洁公司一般性的公关资讯。同时，在"新闻与观点"频道，宝洁公司通过新闻、观点、视频、会客室的形式，重点与媒介公众来进行公共关系互动沟通。

图 4-2　宝洁采用媒体沙龙、新闻会客室等形式进行公关互动

（二）官方微博平台

微博，微型博客（MicroBlog）的简称，即一句话博客，是一种通过关注机制分享简短实时信息的广播式社交网络平台。用户可以通过 WEB、WAP 或移动客户端接入微博，以 140 字（包括标点符号）的文字更新信息，通过基于用户关系信息分享、传播以及获取的方式来实现信息即时分享。

与传统博客相比，微博客具有以下传播特征：

1.终端接入的便利性。微博客突破了 PC 互联网的终端接入局限性，既可通过传统的 PC 端接入应用，也可实现移动客户端的接入，大大拓展了公众获取信息的时空范围。

2.信息传递的即时性。由于采用了广播式的"推送"手段，微博客的在线关注用户可在第一时间获取相关信息。

3.传播方式的裂变化。基于用户关系（收听、互听）和网络社交行为（点赞、转播、评论），单条微博在互联网中的传播呈现出裂变式的发展关系，能在极短的时间内产生巨大的传播效力。

4.内容呈现的多元化。微博客内容的编辑特征体现出主题和素材的多元化，在内容题材上几乎没有限制，既可以是严肃正统的新闻通讯，也可以是个人化的只言片语；在素材上，通常可采用纯文本、图片、语音、视频或以上组合。

现实中，虽然微博客平台有着极明显的、满足个体网络虚拟社交需求的草根传播特色，但并不妨碍企业或品牌利用其强大的互动传播效力开展公共关系传播活动。国内现阶段主要的微博运营商——新浪微博专门开设了企业微博平台，并为企业提供相关的营运服务。微博客平台主要的公关传播功能有以下几点：

1.传递产品特色，建立品牌形象。微博客平台可作为传统线上广告的有益辅助手段，通过补充性的、细节性的显现来传递产品特色。同时，还可通过建立系统的微博客内容编辑发布策略，通过将用户虚拟社交需求与品牌特色相结合，建立品牌形象。

(a) (b)

图 4-3　星巴克中国在新浪微博的官方平台

2.开展互动传播活动，积累优质公众资源。企业或品牌可通过微博客内容和传播层面的互动创新策略，激发和保持公众对微博客平台形成长期、持续的关注和互动，以此积累优质公众资源，为企业公共关系传播环境打下良好基础。❶

案例： 百威：微动中国年　为梦想举杯 ❷

案例背景：

中国农历新年是人们进行社会交往活动的一个爆发期，如何从自身目标公众的社交需求出发，搭建一个传播互动的优质平台，将品牌信息与理念融入其中，这是百威考虑的重点。因此，建立百威与新年欢聚祝福时刻的联接和曝光度和关注度，成为该公关活动的主题。同时，百威关注到目标公众选择使用数字媒介向朋友、家人传递新年祝福是一个热门渠道，创新的问候内容始终是与朋友间分享和谈论的首选话题。而那些时尚领导者们，更喜欢分享和炫耀那些能够让他们在朋友间脱颖而出的新鲜事物。于是，百威选择了新浪微博平台结合用

---

❶ 胡卫夕等著．微博营销 [M]．北京：机械工业出版社，2011．
❷ 该案例源自艾瑞网整理而成．原文网址：http://case.iresearchad.com/html/201208/2801223513.shtml

户的移动客户端创造一个全新的百威新年祝福方式,给公众一个全新的体验以及社交平台上用作和朋友炫耀和讨论的话题素材。

图 4-4 百威啤酒官方微博截图

公关策略及执行:

建立新年祝福与品牌之间的联接,通过最热门的数字祝福平台——手机和新浪微博平台,制造一个全新的百威新年问候方式,让消费者感觉到在与他的朋友之间取得联系的同时,又在众多祝福方式中脱颖而出。

1. 在消费者利用新浪微博帐号登录后,活动网站自动抓取用户微博的好友关系链,个人首页,其他微博用户的页面等信息,自动形成新年电子贺卡的动画视频,动画中的拜年小人由用户及好友的头像共同组成。

2. 拜年小人一方面寓意人类社交的属性,另一方面小人开始行走拜访不同的微博用户,传递一种拜年的概念,画面中百威新年版包装啤酒成为小人拜年的道具,意寓和好友一起带着百威送上新年祝福。

3. 相同的机制运用到了手机平台,让消费者可以通过手机发送拜年信息。

活动效果:

在中国农历新年期间,页面总访问量达到 1,259,067。其中,通过活动登录微博 50,833 人次;共生成拜年视频 40,162 段;分享和转发量 100,677 次。同时,迅速引发广泛关注和热议,成为社会话题,有效覆盖人数达到 1,000,570 人次。

3. 进行公众服务和管理。企业或品牌还可在微博客上进行公众服务,比如通过直接回复一些公众普遍存在的相关疑问,形成以点带面的传播效果。也可通过微博客的数据管理功能研判公众类型,预判公众消费趋势等,比如企业可以从众多的关注者中筛选出具有影响力的关注者,他们可以是产品的重度关注者或使用者,也可能是对行业有着较深了解的专业人士。对于这样的关注者,企业应予以重视，他们所发表的言论对其他用户而言可信度高，对企业或产品的影响也会较大，企业在对待这些关注者时需要更加谨慎。

图 4-5　百威啤酒"微动中国年"活动微博截图

（三）官方微信平台（企业服务号）

微信（we chat）是腾讯公司于 2011 年 1 月 21 日推出的一个为智能终端提供即时通讯服务的免费应用程序。微信支持跨通信运营商、跨操作系统平台通过网络快速发送免费（需消耗少量网络流量）语音短信、视频、图片和文字，同时，也可以使用通过共享流媒体内容的资料和基于位置的社交插件"摇一摇"、"朋友圈"、"公众平台"等服务插件。据腾讯 2014 年发布的第二季度财报显示，微信月活用户数量增长势头不减，微信和 WeChat（微信海外版）合并月活跃账户数达 4.38 亿。❶

企业或品牌可在微信公众平台通过注册和认证"服务号"来进行相关公共关系传播活动，主要包括：

1. 对用户进行消息群发。无论是普通服务号还是认证服务号，每月均可对所有用户进行 4 次消息群发，并且该消息可以直接显示在用户的好友对话列表中，有助于提升消息的打开率，以实现低成本的公关传播。

2. 通过自定义菜单，实施个性化互动。企业或品牌可根据实际情况，通过在聊天页面底部设置相应的服务频道，以无人值守的方式提供查询、下载等互动。

3. 认证服务号还可开通微信支付功能，实现从信息的传递到交易的达成。

---

❶　数据来源于腾讯 2014 财年二季度财报，http://tech.qq.com/zt2014/tx2014q1/

第四章 互联网时代公共关系的传播分析

（a） （b） （c）

图 4-6 好奇品牌官方微信截图

二、第三方媒介平台

第三方媒介平台是指除互联网公关传播活动实施主体自主控制之外的其他媒介平台，其往往能影响到企业或品牌进行公关传播的具体运作，在互联网公关传播中具有重大的作用，一般而言具有以下特征：

1. 受众考量角度的相对权威性。第三方媒介平台在公关传播活动中往往扮演"旁观者"的角色，其对于公关活动的关注角度与普通公众具有相对一致性，因此在信源可信度上具有相对权威性。

2. 相对于官方媒介平台，第三方媒介平台在社会上的受众人数更多，传播范围更广，影响力更大。第三方媒介平台由于其定位的原因，所提供的资讯比官方网站更丰富，受众对于其应用的角度更多样化，导致上述特征的产生。

运用第三方媒介平台进行公关传播有以下几种主要选择：

（一）门户网站

门户网站通常指的是通向某类综合性互联网信息资源并提供有关信息服务的应用系统，是公众到达各类互联网媒介平台的必经之路和停留之处。一般分为综合类门户网站和垂直型门户网站。

1. 综合类门户网站

一般而言，综合类门户网站具备以下特点：

1）资讯量大，服务范围广。综合类门户网站在内容建设上往往具备强大的采、编、播能力，其通过设置不同的网站频道广泛覆盖时政、财经、科技、体育、娱乐等各类新闻内容以及视频、电子邮件、网络游戏等其他互联网应用。

2）访问量大，公众地域分布广，传播影响力大。作为互联网上的信息集散地，门户网站拥有极高的访问量，一般首页日均访问量可达上亿次之多，浏览门户网站的公众地域也遍布海内外。因此，门户网站往往具备较为强大的传播影响力，是公关传播应重点关注的媒介平台。

3）公众对信息的反馈比较活跃。随着 WEB2.0 技术的应用，公众对新闻资讯的反馈开始变得丰富和活跃，门户网站上播发的重大新闻事件往往能够得到公众积极的反馈，其中不乏有代表性的观点，这些是企业进行公关传播应时刻关注的舆论风向标。

图 4-7　新浪网频道设置

2. 垂直型门户网站

相对于综合类门户网站的"大而全"，垂直型门户网站则具备以下特点：

1）"专而深"的特征。垂直型门户网站在内容上往往专注于某一行业或某一领域，并围绕这些行业或领域开展深度的内容建设和相关服务。

2）公众的细分性和专业性。由于垂直型门户网站的内容呈现出细分化的特征，其用户也相应地体现出天然的细分性和专业化，即垂直型门户网站的用户往往是带着明确的信息需求去访问网站，同时，他们往往也对该行业或领域拥有比较丰富的工作经验或消费体验，具备一定的专业性。

3）垂直型门户网站中有一定数量的"专家"、"资深版主"等"舆论领袖"，他们对于行业内的专业问题往往有比较权威的说法，企业如果能够获得这些"舆论领袖"的支持，再借由他们的观点来影响网站其他的受众，应该说是一种操作思路。

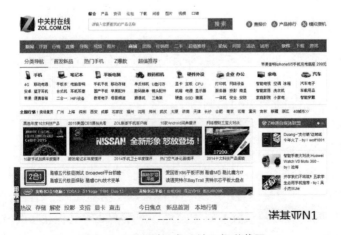

图 4-8　垂直型门户网站及频道截图

如某 IT 类垂直型门户网站有"硬件评测"频道，其中的文章对于普通消费者的购买决策会起到非常重要的影响，企业可以通过免费提供供其进行评测的硬件产品等形式，与其评测团队的成员建立一种长期的、良性的关系，用优良的产品性能来"俘获"这些硬件专家，再通过这些"专家"的客观报道，最终达到影响消费者的目的。

（二）社区论坛

社区论坛（BBS：Bulletin Board System），又称"电子公告牌"，公众可以在上面发布信息、浏览信息和回应信息，是思想交流和社会交往的网络化平台。一般来说，网络论坛具有分众化、匿名虚拟社交等特征，是进行网络公关传播的重要平台之一。就目前而言，国内社区论坛大致有以下几大类：

1. 商业类社区论坛。主要由门户网站类论坛、专门行业类论坛、兴趣爱好类论坛、社会交往类论坛几类构成，其主要目的还是通过用户聚集和交往所产生的论坛内容来吸引企业主投放广告和开展公共关系传播活动。如新浪论坛、天涯论坛、豆瓣社区、QQ 空间等。

2. 校园类 BBS。主要由国内高校自主建设和管理，BBS 里的内容基本围绕校园生活展开，其主要公众为高校学生和教师。同时因为管理较为严格，基本上属于半封闭的参与状态。

3. 企业公司 BBS。主要指政府和企业自建的内部 BBS，它主要用于建立地域性的文件传输、信息发布系统和内部沟通交流所用，因此也是封闭的。

案例： 奥利奥品牌在 Qzone 中的公关互动传播❶

图 4-9　奥利奥在 Qzone 中开展公关活动截图

---

❶ 该案例源自艾瑞网整理而成．原文网址：http://case.iresearchad.com/html/201208/3006103813.shtml．

案例背景：

为了配合奥利奥年度"童真时刻齐分享"的传播主题，增强与消费者的互动。奥利奥开创性地打造了童真 Qzone 日志，让妈妈们通过网络日志来记录孩子们的成长经历，以此达成公众与品牌的互动。

公关策略及执行：

为了让奥利奥根植于妈妈们的日常生活，公司从腾讯累积数亿的用户数据中，针对妈妈人群的行为轨迹、兴趣标签进行洞察发现：用 Qzone 日志来记录和分享孩子的童真时刻，是妈妈们最爱做的功课，而一个有趣的日志产品能吸引更多人加入。基于这一洞察，公司在 Qzone 日志中植入奥利奥品牌内容，借助于她们主动的网络日常行为，品牌实现在目标群体中的快速渗透和好感提升。

针对奥利奥的童真理念开发出有良好用户体验的定制产品"Qzone 童真时刻魔方日志"，让妈妈们可以轻松记录宝贝的童言呓语和异想巧思，更可以通过点名功能直接和密友分享这些平凡生活中的童真乐趣，形成广泛的人际传播。

1. 巧用名人效应：由姚明亲自示范撰写奥利奥魔方日志，激发参与热情，并形成话题效应。

2. 强化社交体验：妈妈完成魔方日志后，可以通过即时的点名分享，影响周围的妈妈用户群，形成社会化传播。

3. 实效销售转化：将积分兑换等促销信息植入互动环节，直接拉动销量提升。

公关互动效果：

1. 200 天活动期间，实现 12 亿次品牌曝光，4300 万 Qzone 用户选择奥利奥模板写下 5300 万篇"魔方日志"，平均每个参与活动的 Qzone 用户完成 1.5 篇奥利奥"魔方日志"，活动参与转化率高达 83%。其中，"魔方日志"好友点名分享超过 1900 万，每三篇日志就有一篇被分享给了好友。

2. 用户匹配精准：写下日志的用户中 54% 是女性，其中 1/2 用户为妈妈受众。

3. 销售促进：兑换促销直接拉动销售额过百万。

（三）SNS 网站

SNS，全称 Social Networking Services，即社会性网络服务，指旨在帮助人们建立社会性网络的互联网应用服务。SNS 网站的出现来自于"六度分割理论"假想，该理论假想指出：你和任何一个陌生人之间所间隔的人不会超过六个，也就是说，最多通过六个中间人你就能够认识任何一个陌生人。❶每个个体的社交圈都不断放大，最后成为一个大型网络，这是社会性网络的早期理解。后来

---

❶（美）瓦茨著，陈禹等译. 六度分隔：一个相互连接的时代的科学 [M]. 北京：中国人民大学出版社，2011.

有人根据这种理论,创立了面向社会性网络的互联网服务,通过"熟人的熟人"来进行网络社交拓展。

其与以往交互性网络媒体(如 BBS)的区别主要体现在:

1. 注册邀请制,更容易形成关系紧密的朋友"圈子";

2. 注重注册信息的真实性,对于用户身份的识别更精准;可根据信任程度选择公开方式,某些信息往往是面向特定群组、特定用户等层面。

案例: 优衣库:网络"in"事,在 SNS 社交网站中排队? ❶

(a)

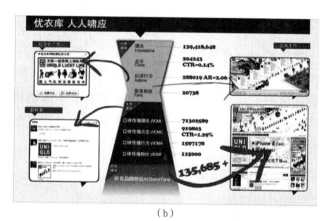

(b)

图 4-10　优衣库在人人网开展公关活动截图

案例背景:

"这几天我的人人网页面上全是排队的刷屏。"自从浙江理工大学大四学生小陶在优衣库的 Lucky Line 活动中得到一部 iPhone,她认识的人几乎都跑去排队了。

12 月 10 日,优衣库在中国内地推出了与人人网独家合作的网上排队活动。截至 12 月 23 日活动结束,排队人次已经突破 133 万,效果大大超出之前预期

---

❶ 该案例源自艾瑞网整理而成. 原文网址: http://case.iresearchad.com/html/201101/0603575913.shtml

的100万。所有参与用户都同步成了优衣库人人网公共主页的粉丝,而粉丝数也从零激增到13万。优衣库负责人表示,这次排队活动不仅为优衣库人人网公共主页赚足了人气,也更有效地在圣诞季期间促进了优衣库实体店的客流导入。

公关策划与效果

此次公关策划利用社交网络中的好友关系,外加互动激励的模式来展开,取得了不错的效果。据统计,由活动带来的参与人数为20738,活动带来的口碑传播互动和参与人数为115000,通过这次活动优衣库共增加了13万粉丝。

活动执行

1. 用户登录官方网站并选择一个自己喜欢的卡通形象代表,发表一句留言并同步到人人网新鲜事,就能与其他参与者在虚拟店面前排起一串长长的队伍。等待的过程中,用户可以把鼠标移到队伍中的其他顾客,将显示此人的人人网帐号姓名和留言。在活动页面还能看到实时更新的人人网好友留言,在线"与好友聊聊"。

2. 用户每隔5分钟即可参与一次排队,而每次排队都有机会抽奖。优衣库除了每天随机赠送出一部iPhone或者iPad,还将价值4999元旅游券或者20件衣服的大礼包送给队伍里恰好排到第20万或者第60万这样幸运数字的参与者,并且中奖率颇高的九折优惠券既能让参与者不会空手而回。同时每天在优衣库的公共主页都会在相册公布得奖者的人人网照片,更加体现了抽奖的真实性,这些都为排队者提供了源源不断的动力。

3. 优衣库在活动开始前期,就在全国各大店面展示了活动的宣传海报,这同时也要归功于传播速度很快的SNS网站用户的自传播。用户参与的每一次的登录、留言、成为粉丝、聊天等行为都会触发不同的新鲜事告知参与者的人人网好友,吸引好友们的参与。

(四)第三方自媒体平台

自媒体(We Media)又称"公民媒体"或"个人媒体",是指私人化、平民化、普泛化、自主化的传播者,以现代化、电子化的手段,向不特定的大多数或者特定的单个人传递规范性及非规范性信息的新媒体的总称。其表现形态各异,如个人博客或播客、微博微信,以及论坛/BBS等网络社区。现阶段体现出以下特征:

1. 传播主体多样化和平民化。相对于传统公共关系传播主体多集中于媒体和各类组织而言,基于自媒体的传播主体要更为丰富,其集中表现在个人或松散型组织能够参与其中,同时也体现出平民化的趋势。

2. 传播内容自主化和多元化。传统媒体的内容生产往往具有明确目的性,自媒体内容的生产目的更为自主化和多元化,即除了信息的告知,态度的影响外,也包含虚拟的社会交往、娱乐等目的性,其内容形态既可以是文字、图片,也可以是音视频等。

3. 传播交互性强。基于社交关系的自媒体传播,打破了传统从点到面的传播模式,其传播交互性通过个体之间的二次传播得到加强。

4. 传播的移动化和平台化。在移动互联时代,自媒体传播将越来越多地依赖移动客户端,为公众获取信息提供了极大的便利。同时,各大互联网运营商也积极搭建了优质的传播和运营平台,使得自媒体传播呈现出平台化的趋势。❶

第二节　互联网公共关系的传播模式

公共关系作为一种典型的传播活动,对于传播环境的变化必须给予高度的重视。就企业或品牌的公关传播活动而言,为了把产品和服务的相关信息顺畅地传递给目标公众,就必须对媒体的新特性和新发展,目标公众对于媒体的接触和使用规律,特别是公关传播模式有比较深入的把握。

一、传统大众传播模式所遭遇的挑战

总体而言,传统公共关系传播活动主要还是采用与传统媒介环境相适应的大众传播模式来进行,其中比较典型的有拉斯韦尔提出的"5W 模式"和拉扎斯菲尔德提出的"两级传播模式"。

美国学者 H·拉斯韦尔于 1948 年在《传播在社会中的结构与功能》论文中首次提出了构成传播过程的五种基本要素,并按照一定结构顺序将它们排列,形成了后来人们称之"5W 模式"的过程模式。该模式首次将传播活动解释为由传播者、传播内容、传播渠道、传播对象和传播效果五个环节和要素构成,即:谁(who)、说什么(says what)、通过什么渠道(in which channel)、对谁说(to whom)、产生什么效果(with what effect)❷。5W 模式表明传播过程是一个目的性行为过程,具有企图影响受众的目的。

图 4-11　"5W"传播模式

---

❶ 井婷婷编. 自媒体红利[M]. 成都:西南财经大学出版社,2015.
❷ 郭庆光. 传播学教程(第二版)[M]. 北京:中国人民大学出版社,2011.

传统公共关系传播实践中，以新闻宣传、公共信息发布为主要目标的传播活动类型即为遵循5W模式的典型。如企业的公关人员与媒体沟通协调后，通过在报纸、杂志、广播、电视等大众媒介上发布有关产品或企业的各类资讯，传播有关的保证或承诺，以达到诱导公众的目的；又或通过大众媒介向公众客观报道有关企业的情况，达到传播信息的目的等。

20世纪40年代，美国传播学家拉扎斯菲尔德在《人民的选择》一书中提出"两级传播"的该理论假说。两级传播理论认为，大众传播的信息和影响不是直接"流"向一般受众的，而是要经过意见领袖的中介，即"大众传播—意见领袖—一般受众"。意见领袖指的是那些对大众媒介保持较多接触，在特定领域能够对他人发挥个人影响的人。❶ 两级传播理论的目的在于揭示大众传播过程中的人际影响，强调大众传播的效果受到人际传播的制约。

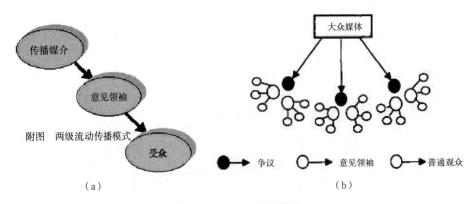

图 4-12 两级传播模式

依据这一原理，在传统公共关系传播实践中，企业开始重视利用和发挥意见领袖的特殊作用，如通过聘请专家学者、名流明星等不同类型的意见领袖为企业或品牌做背书，以此传播和扩散知名度和美誉度等。

采用大众传播模式进行公共关系传播活动，在互联网时代背景下正遭受以下挑战：首先是媒介碎片化。随着各类新型媒介的出现，传统媒介具备的覆盖性强、接触率高的优势正在逐步消解，这使得公共关系传播渠道出现主体泛滥化的趋势，带给公关传播工作直接的影响就是公关传播主体如何进行传播渠道的有效选择和控制。

其次是传者受者边界的模糊。传统模式中被动接受信息的公众，可以通过媒介进行二次或多次反馈行为，出现既是受者也是传播者的现象。这一变化使得以传者为中心，以强调信息的到达和覆盖为目标的单向传播模式，必须转变为以受者为中心，以建立互动和认同为目标的双向沟通传播模式。

最后是传播内容的UGC化。传统公共关系传播内容以企业公关从业人员或

---

❶ 郭庆光. 传播学教程（第二版）[M]. 北京：中国人民大学出版社，2011.

媒体人员编辑生产为主,形式上以新闻稿、宣传片居多,容易陷入同质化、单向化、粗暴化的陷阱,在互联网环境下不易引起公众的关注,甚至会引发反感。同时,由于互联网技术的发展和公众网络行为的变化,UGC(Users Generate Content 用户生成内容)开始成为公众进行网络社交活动中重要的资讯内容,相对于组织生产的内容,更易引发公众的关注和二次传播。这一现象也要求企业必须变革公共关系内容生产的方法和技巧。

二、互联网时代公关传播模式和特征

(一)整合营销传播背景下的公共关系

整合营销传播,即 integrated marketing communication,简称 IMC。美国广告公司协会对其定义为:"整合营销传播是一个营销传播计划概念,要求充分认识用来制定综合计划时所使用的各种带来附加值的传播手段——如普通广告、直接反映广告、销售促进和公共关系——并将之结合,提供具有良好清晰度、连贯性的信息,使传播影响力最大化。"

整合营销传播理论的先驱、美国西北大学唐·舒尔茨教授根据对组织应当如何展开整合营销传播的研究,并考虑到营销传播不断变动的管理环境,给整合营销传播下一个新的定义。"整合营销传播是一个业务战略过程,它是指制定、优化、执行并评价协调的、可测度的、有说服力的品牌传播计划,这些活动的受众包括消费者、顾客、潜在顾客、内部和外部受众及其他目标。"[1]

结合以上定义,我们将互联网时代的公共关系传播至于整合营销传播的大背景之下来考量,并提出以下观点:

首先,公共关系是传播手段组合之中的重要构成部分。在开放、互动、时效的互联网环境中,公共关系的在树立品牌形象、改善消费者关系层面的传播功能正在逐步加强,在整合营销传播中的工具性地位正在上升。

其次,公共关系是能够深入有效与"利害关系者"进行持续互动的传播手段,是实现整合营销传播中"接触管理"的有效工具。

(二)互联网时代公关传播的典型模式

近年来,面对媒介环境的变化以及由此引发的公众生活形态的变化,相关学者和机构从营销学、传播学、消费者心理与行为等领域总结了系列分析模型,这些模型的提出,对于互联网时代公共关系传播实践有着重大的借鉴意义。以下重点介绍 AISAS 模式和 SIPS 模式。

---

[1] (美)唐·舒尔茨、海蒂·舒尔茨著,王茁、顾洁译. 整合营销传播:创造企业价值的五大关键步骤[M],北京:清华大学出版社,2013.

1. AISAS 模式

AISAS 模式是由电通公司针对互联网与无线应用时代消费者生活形态的变化，而提出的一种全新的消费者行为分析模型。该模型提出的背景主要有：

1）传播环境对公众媒介接触和使用的改变。随着 web 技术和移动互联技术的发展，导致公众媒介接触开始从传统媒体向 pc 互联网和移动互联网转移。特别是 web2.0 技术的普及与应用，使得公众不仅可以通过网络主动获取信息，还可以作为发布信息的主体，与更多的消费者分享信息，由此生活者的行为模式和媒体市场也随之变化。

2）针对这种趋势，电通提出了 CGM（Consumer Generated Media）消费者发布型媒体概念：以 Blog、Wiki、BBS、SNS 等为主要形式的个人媒体，不仅停留在个人信息发布和群体信息共享，还涉及将新闻和企业信息进行比较讨论等各种各样的传播形式；信息发布由从前的 B2C——由商家向消费者发布的模式，转化为"B2C2C"——由商家向消费者发布之后，消费者向消费者发布与共享的模式。

3）由于传播环境与生活方式的改变，生活者的购买探讨过程也随之变化。营销者需要重新考虑在消费者购买过程的不同阶段中，信息的来源在哪里？什么类型的媒体适合作为信息的传播渠道？

通过上述研判，传统的 AIDMA 模式（Attention 注意 Interest 兴趣 Desire 欲望 Memory 记忆 Action 行动），消费者由注意商品到产生兴趣，产生购买愿望，留下记忆，做出购买行动，整个过程都可以由传统营销手段所左右。

而基于网络时代市场特征而重构的 AISAS（Attention 注意 Interest 兴趣 Search 搜索 Action 行动 Share 分享）模式，则将消费者在注意商品并产生兴趣之后的信息搜集（Search），以及产生购买行动之后的信息分享（Share），作为两个重要环节来考量，这两个环节都离不开消费者对互联网（包括无线互联网）的应用。❶

图 4-13　AIDMA 模型与 AISAS 模型的区别

---

❶ 张金海，余晓莉编．现代广告学教程 [M]．北京：高等教育出版社，2010．

第四章 互联网时代公共关系的传播分析

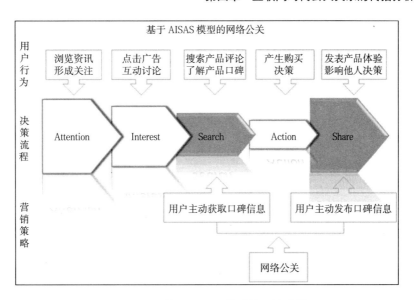

图 4-14 基于 AISAS 模式的网络公关

由上图可以看出，基于 AISAS 模式的网络公关活动，其重点在于依托互联网环境的用户口碑获取和发布。因此，口碑的建立与传播也自然成为企业或品牌关注的重点。

口碑传播（oral spreading）是指一个具有感知信息的非商业传者和接收者关于一个产品、品牌、组织和服务的非正式的人际传播。❶ 大多数研究文献认为，口碑传播是市场中最强大的控制力之一。心理学家指出，家庭与朋友的影响、消费者直接的使用经验、大众媒介和企业的市场营销活动共同构成影响消费者态度的四大因素。

值得注意的是，企业在运用传统广告进行销售促进时，忽略了部分优质的消费者资源——那些购买了企业产品，并形成对产品正面评价的消费者。而口碑传播就是要以这些优质消费者为基础资源，把他们对于产品的正面评价通过口碑传播进行放大。因此，口碑传播相对于其他推广工具最大的优势就是：成本低廉、信源可信度高、效果好。

运用口碑传播进行网络公关传播活动，应遵循以下原则和方法：

1）建立口碑传播管理的公关传播理念

早期企业对于跟企业或产品相关口碑的态度基本上放任自流，虽然明了口碑的重要性，但没有主动进行管理的意识。所以，导致两种情况的产生：有利于企业的正面口碑出现时，不会加以利用和放大；不利于企业的负面口碑出现时，不知道如何应对，坐以待毙。我们认为，口碑是可以进行管理的。对于正面口碑的管理，重点集中在口碑的制造和效果放大层面；对于负面口碑的管理，重点

---

❶ 陈明亮著. 在线口碑传播原理[M]. 杭州：浙江大学出版社，2009.

则集中在口碑的消除和效果降解层面。

2）正面口碑传播的管理：口碑制造与效果放大

第一阶段：口碑的制造

消费者对于产品或服务的体验直接体现在满意度上，一般来说，满意度越好，正面口碑出现的概率就越大，这为我们提供了口碑制造的基本思路，即从消费者能够获得产品或服务体验的环节中去寻找口碑点，这些环节包括：

（1）超出消费者心理预期的品质或体验

产品或服务的品质以及顾客在消费过程中的体验是构成正面口碑的基本着眼点。做好品质和体验的关键和技巧在于：保持品质的长期一致性，不轻易为成本的原因而降低；对核心品质的诉求进行总结和提炼，并在宣传过程中坚持长期性和稳定性，发挥其积累效益；以老带新，在维持好老客户的基础上，通过他们来影响新客户，降低自己新客户开发的成本；让顾客参与到生产或服务的过程中来，变"后台"为"前台"；在消费的过程中加入娱乐元素，加深顾客的体验。

（2）打情感和文化牌

情感因素的应用技巧主要体现在：从细节入手，为消费者提供相应的增值服务，让产品或服务的边际价值最大化；把人类社会的基本情感因素，如亲情、友情、爱情附着在产品和服务中，以引起消费者的共鸣。注重主流文化、价值观和生活方式在口碑中的重要作用，如可根据亚文化和相应族群的关联来形成产品或服务的口碑；在产品或服务的宣传中，加入受社会认可的价值观；或者把产品和服务作为道具，在表现消费者向往的生活方式中来进行表现。

（3）依附热点或重大事件

热点或重大事件往往能够收到充沛的注意力资源，企业在利用相关资源时，不应仅仅看重时机机会，更要抓住属性机会，即把事件的关键属性或社会评议重心有机的、巧妙的和自己产品或服务的特点结合起来，在形成口碑的同时，借势放大。如统一润滑油在伊拉克战争开打时，借助央视国际频道投放"多一点润滑 少一点摩擦"的主题广告，形成了很好的口碑效应。

同时，还应注意以下原则：

（1）口碑点要少而精。口碑点聚焦在一至两个诉求上即可，数量过大不容易形成口碑，整个传播过程会比较散乱，积累效应也不佳。如宝马的"纯粹的驾驶乐趣"，沃尔沃的"安全"。

（2）实施口碑差异化策略。在产品高度同质化的背景下，要找到一个非常实在的差异点往往有较大的难度，但可以从品牌理念、定位甚至是传播方式上去考虑。

第二阶段：效果放大

（1）分析和建立口碑传播源，形成网下口碑的传播。口碑在早期往往从现实的消费者个体交流中形成，聚集和积累一段时间后在更为广阔的社会空间中进行传播，这种状态往往是自发的；同时，我们还可以主动的建立传播源，如借助传统媒体的公关通道（采访稿、通讯和专访等），大型社会活动（文艺演出、体育竞赛、会议展览等），甚至是企业内部（员工及其亲属）等平台。

（2）从网下向网络传播推进。在传播源建立并实际运转后，可以开始考虑把口碑的传播平台向网络媒体推进。首先，把网下形成的口碑点进行网络信息形式的改造，制作成 FLASH 或者软文等形式；其次，根据网络公关宣传的目标受众，选择相应的传播平台，如新闻门户网站、垂直型网站、名人博客、SNS 社区等进行信息的发布；再次，对口碑进行管理和维护，使其保持一定的网络热度，如可以利用老顾客或者舆论领袖的力量来影响新顾客。同时，还应注意竞争对手的故意扰乱，也就是负面口碑的处理问题。

第三阶段：负面口碑传播的管理：口碑消除与效果降解

负面口碑的形成原因一般有二：消费者不满意及竞争对手的主观故意。

在面对前一种情况时，首先要充分利用企业的售后服务体系进行有效的解决，同时改善自身产品和服务的品质及体验，切忌不理不睬、拖延推诿，这可能会为消费者在网络进行负面口碑的传播埋下导火索。其次，如果事态进一步恶化，即消费者已经开始在网络上散布负面口碑，首先还是要设法联系到消费者开展补救措施，在得到妥善处理后可要求消费者停止散布行为。

在面对后一种情况时，首先，要积极协商解决，如果矛盾得不到缓解，在证据充分的情况下，可以诉诸法律；其次，如果对手直接在网络上进行负面口碑的散布，还可以采用一些技术手段来进行处理，比如使帖子沉降，或者提供两面证词等。

案例：小米手机上市网络公关活动

案例背景：

由于近年来通讯产业的发展，智能手机的市场和消费者争夺已趋白热化。如何在市场环境和传播环境发生巨变的今天，在众多品牌中脱颖而出，是小米公司新品上市考虑的核心问题。

公关策略与执行：

依据 AISAS 模型的五个基本环节，小米手机在每个环节都将公关传播的具体策略与活动目标紧密结合起来，特别是在信息搜集（Search），以及产生购买行动之后的信息分享（Share）这两个环节做足了文章。

1. Attension 引起注意

(a)

消费者通过电视等传统媒体以及互联网等媒体终端传播或者口碑传播等方式接触产品信息，以此方法引起潜在消费者的注意，同时也实现普通大众与潜在消费者的分流。

(b)

2. Interest 兴趣产生

在引起注意的前提下，普通大众对品牌的营销传播信息的接触基本终结，而品牌真正的潜在消费者的兴趣将被激发，再通过告知的传播手段，使其产生进一步了解品牌的信息需求，从而卷入更深层次的品牌营销传播。

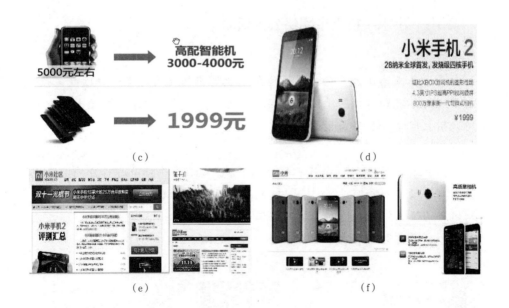

3. 购买 Action

当消费者通过各种排号"艰难"的买到手机后，他们拿到的已经不是一部纯粹意义的手机。

(g)

4. 购后分享 Share

在造势期和热销期,以及部分消费者先行购买完成后,采用各类社交媒体,以点到面以及个体之间的传播方式,不断加以分享和沟通。

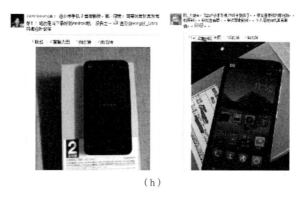

(h)

图 4-15　小米手机的口碑传播

2. SIPS 模式

2011 年,日本电通株式会社发布了数字时代消费者行为分析工具:"SIPS 模型"(Sympathize 共鸣;Identify 确认;Participate 参与;Share& Spread 共享与扩散),该模型是东京电通株式会社对前期提出的"AISAS 模型"的延伸,深入解剖了数字平台消费者行为:"Search-Action-Share"三个环节形成口碑的内在规律。

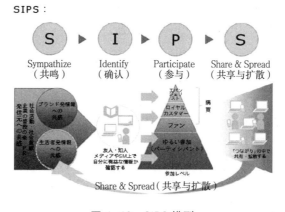

图 4-16　SIPS 模型

该模型中四个环节的基本内涵为：

1）Sympathize 共鸣：把握两个信息来源，即对品牌发出信息的共鸣（转发行为），对生活者（粉丝）发出信息的共鸣（评论行为），通过在媒体链接中共享和扩撒信息（Share& Spread 共享与扩散），以形成信息的回流，最终形成品牌的网络口碑。

2）Identify 确认：把握用户到微博等社交媒体寻找类同者以确认自己的判断，确认哪些是对自己有用的信息这两种动机，通过语义分析将粉丝划分为既有消费者（表达消费体验）、重度消费者（表达再次消费的意愿）、潜在消费者（表达消费意愿或询问相关资讯）三类。

3）Participate 参与：同样通过语义分析来判断用户身份，并可将参与行为划分为四个层级，狂热信奉者、忠实购买者、粉丝、一般参与者，重点把握前两类用户的信息。

4）Share& Spread 共享与扩散：粉丝发布体验——品牌微博进行转发——其他粉丝进行回应分享体验——网民表达明确的行动意愿，形成了闭合的口碑传播圈，将用户体验转化为口碑传播。

从以上模型可以看出：研究数字市场的口碑形成，首先要明确任意社会个体和信息的关系。社会个体可以主动检索信息、分享个人信息；意见相同者可以聚集并形成特定的网络社群；消费者个体权力的增强，表现为主动检索信息、主动分享意见，形成个体间的直接"对话"，或称群体（社群）间的对话。数字营销策划的本质是要运用策略让消费意向趋同的人聚合在特定的信息平台，以形成消费者和品牌的"对话"。

复旦大学新闻学院程士安教授，在 SIPS 理论和实践的相关研究表明：当下的消费者在获得任何一个品牌信息或者产品信息时，都会有两个信息管道：一个是品牌发出的信息，即企业官方渠道发出的声音；第二个信息来源是互联网上生活者发出（分享）的信息。该模型给我们的启示：如何在一开始就逮住我们的消费者。之后，当消费者通过两个信息管道获得了一定的信息，并会面对主流渠道获得的信息、面对网络社群分享的信息，形成自己的初步判断。可是，这个判断究竟是否正确，消费者往往会到媒体当中、到朋友当中，去确认自己的判断是对是错。往往这些"求证"行为，大多是在互联网上的"对话"中完成的。❶

于是，这个行为规律就告诉我们：要用策略来引导人们"参与分享"、"参与对话"、"参与行动"。SIPS 模型把消费者获取信息，产生共鸣后的"确认"、"参与行动"、"分享和扩散"的三个行为环节表达得十分清晰。

程士安教授及其团队参照"SIPS 模型"，采用数据挖掘方法，进一步解读新浪微博的"杜蕾斯"品牌的公关传播策略。通过分析"杜蕾斯官方原创微博"的传播内容及粉丝反馈情况的数据，总结出："站在商业传播的角度来说，要控

---

❶ 程士安，微博"粉丝"行为解读，中欧商业评论［J］.2011年11月，总第43期

制品牌的舆论走向,必须主动推出你想说的,并符合消费者需求的话语,才能达到品牌的预期效果。"

其次,通过数据分析,得知在 51 天的微博传播中,排名 Top100 的微博话题中搞笑、两性、感性等在前三位。分析告诉我们:品牌要从受众喜好之中,寻找值得的、可以被植入的话题,进而嵌入杜蕾斯产品。

第三,品牌信息必须让粉丝参与对话,主动和品牌进行互动。一方面,品牌传播策略要让更多人听见品牌的声音,而且要让他们参与分享,"转发"和"评论"。但是还不够,没有热点就没有高潮,就不会引爆社会话题。杜蕾斯版的蓝精灵之歌,在一定时期内引爆了杜蕾斯的传播,有数据证明蓝精灵之歌 75% 是通过二次转发的。

杜蕾斯策划团队巧妙利用北京暴雨的机会,上传照片:用杜蕾斯的安全套当雨天的鞋套,文案:"大家赶紧学起来,有杜蕾斯回家不湿鞋"。回应:"北京今日暴雨,幸亏包里还有杜蕾斯"。该条微博转发量 90,140 次,评论 17,847 次,涉及用户数 95015 人。

图 4-17 杜蕾斯官方微博内容截图

最后,程士安教授及其团队提出四个步骤并将其总结为"蜻蜓效应"。❶

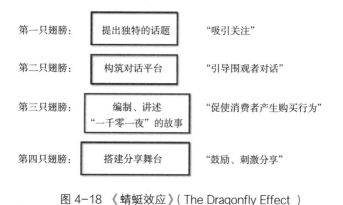

图 4-18 《蜻蜓效应》(The Dragonfly Effect)

---

❶ 程士安,微博"粉丝"行为解读,中欧商业评论 [J].2011 年 11 月,总第 43 期

第一，如何建立聚合目标人群聚集地的品牌官方微博。

第二，设计有效信息吸引目标人群成为品牌微博集聚地的常客，要想尽办法在聚集地设计话题，营造相同需求人群的"信息茧房"。因为，人总是愿意听意见一致的观点，忠言逆耳，所以打造信息茧房是非常重要的。

第三，针对潜在消费者：策划个性化的、独特说服理由。要及时发现核心人群推进他参与直接对话。针对潜在消费者应该说什么、针对一般消费者说什么、针对重度消费者应该说什么，这和原来的策略就不一样了。

第四，刺激消费者在"连接"中分享体验。针对一般消费者、潜在消费者、重度消费者给予不断的刺激，促使消费者产生购买行为后愿意与他人分享。

第三节 互联网公共关系的信息形态与内容生产

互联网时代公共关系传播环境和传播模式的变化，决定了公共关系的信息形态和内容不能停留在以往单一和封闭的状态，而是要依据媒介和公众的变化走向信息形态立体化、内容生产方式开放和整合的新局面。

一、互联网公共关系的信息形态：从单一走向立体

传统媒体环境中的公共关系传播活动，其信息形态由于受限于媒介特性往往显得比较单一，基本上还是采取传统新闻报道的形式，在纸媒上以公关新闻稿、新闻资料或图片的信息形态存在；在电波媒体上以新闻片、宣传片等音视频的信息形态存在。总体而言，传统公共关系的信息形态在构成要素上比较单一，其传播视角还是以企业自身为出发点，传播模式仍然是单向的信息传递。

互联网时代的来临，促使公共关系的信息形态从单一走向立体，并体现出以下特征和趋势：

（一）信息构成元素更丰富，公关信息的对称性极大加强

互联网时代公共关系的信息构成元素，由于数字和网络传播技术的发展，突破了以往局限于单一信息元素的瓶颈，呈现出更为丰富的信息形态，除了传统文字、图片等单一元素之外，音视频等多媒体信息元素日渐在各类媒介平台被广泛利用；此外，信息形态也从传统的公关新闻稿发展到互动化的网络新闻发布会、创意微视频等丰富化的种类。特别是由于互联网的无限链接性和海量的信息存储能力，使得公共关系信息的接触和获取大大的突破了时间和空间的限制，企业和公众之间的公关信息对称性极大加强。

（二）信息发布环节和反馈环节得到并重

传统公关传播比较重视公关信息的发布环节，即依赖大众媒介的覆盖性和权威性来进行公关信息的单向传递及寻求公关信息的公众认同。同时，受制于传统大众媒体的局限，公关信息的公众反馈环节对企业来说，存在反馈信息获取效率低下的问题以及信息反馈难以管理的问题。在互联网时代，特别是WEB2.0及数据挖掘和分析技术得到普遍利用后，以上问题得到了解决的可能性，即企业可以借助技术和管理手段实现对公关信息反馈的掌控和处置。

（三）信息属性的精准化、互动化和社交化

传统公关信息的传播对象为一般公众，其身份构成具有很大的混杂性和不确定性，通过传统大众媒体进行无甄别式的信息传递和覆盖，其中的浪费巨大；同时，传统公关信息的传播立场基本上是企业本位或产品本位，缺乏对公众需求的了解和分析，特别是没有把公关信息的传播放在公众的社会交往环境和交往方式的大背景中加以考虑和实施。

在互联网时代借助数据分析技术，公关信息的传播对象可以更为精准化。同时，公关传播视角的转变，即从公众本位出发的传播立场建立，使得公关信息与公众社会交往活动更紧密地结合在一起，呈现出高度互动化和社交化的趋势。

二、互联网公共关系的内容生产：从封闭走向开放和整合

传统公共关系的内容生产方式，一般为：由企业公关部门的专职人员、公关代理公司或媒体专业记者作为生产主体，结合前期的公关策划和公关目标，通过组织新近的公关信息素材，有目的性的撰写或制作各类公关信息，再通过媒体进行刊播。可以看出，在传统公关理念和环境的制约下，公共关系内容的生产呈现出封闭化的特征，即内容生产的权力基本上由企业自主掌控，媒体往往处于辅助性地位；公共关系的具体内容还是有关企业或品牌自身的信息；公关内容传播平台的选择空间局限于传统大众媒体。

互联网时代的来临，促使公共关系的内容生产开始从封闭走向开放和整合，并呈现出以下特征：

（一）消费者参与到公关内容的生产，UGC成为其重要组成部分

互联网时代公共关系内容的生产，除了企业公关部门、代理公司和媒体的相关人员外，一般公众中的个人和组织也开始参与到其中来，特别消费者通过互联网对产品或服务进行评价和反馈，从而产生了大量的关于企业、品牌、产品或服务的公关信息。同时，这些公关信息可以通过消费者之间的传播互动，大范围、长时间地存留于网络世界，从而对企业或品牌的公共关系产生影响。

UGC，即"用户生产的内容"（User Generated Content）。其概念起源背景依然与互联网时代的来临相关，即用户将自己生产的内容通过社交网络、视频分享、社区论坛、微博微信等互联网平台进行展示或者提供给其他用户。现阶段，随着 WEB2.0 技术的普及，UGC 已成为互联网内容世界的重要构成部分，公共关系传播活动的信息源头，不再仅仅掌控在企业和媒体手中，公众的话语权日益增强。

（二）与其他营销传播信息的边界正日趋模糊，呈现出整合化趋势

互联网时代公共关系的内涵与外延发生了较大的变化，其中一个典型的特征就是公关内容与其他营销传播信息的边界趋于模糊，呈现整合化的趋势。对企业而言，由于硬广告的传播效果日趋衰减，他们在进行营销信息的生产时倾向于更为温和和软化的手法，多采用软文、口碑等形式来间接的影响公众；对于一般公众而言，面对各式各样的营销传播信息，他们也更愿意接触和接受非传统硬性广告之外的信息形式。

第五章　互联网时代公共关系的运作流程

互联网时代新的传播技术的产生发展，在促进媒介融合、改变传播形态的同时，也打破了原有的产业边界，形成一种新型的融合产业结构，使得广告、公共关系和数字营销进一步走向产业融合。

传统的公关传播模式，是依赖报纸、杂志和电视等传统的大众传播媒介，以新闻价值为核心策划传播内容，谋求新闻媒体对相关新闻稿的刊登或对事件的正面报道。而在互联网时代，以社会化媒体为核心的新的媒介平台的成熟，使得传统的公共关系运作模式也随之失效。从当前信息传播技术的发展趋势看，营销传播领域正在远离传统媒介传播模式，走向数字化传播模式和社会化传播模式。

面对急剧变化的传播环境，公共关系行业都在积极探索新的业务模式，以及更符合互联网时代的运作流程，寻求在新的营销传播格局中，占领市场。在互联网时代，公关公司有很明显的优势。首先，传统公关公司以生产内容为主，故有较强的内容生产和传播的能力和资源；其次，公关公司有较强的媒介资源整合能力。在互联网时代，公关公司可以通过资源与技术的整合，重新梳理公关业务，实现互联网时代公共关系的转型。

第一节　新媒体背景下以社会化媒体为核心的传播变革

当前，传播技术环境正在发生重大的变化，这些变化波及了整个传播领域，包括营销传播。传播技术呈现四个趋势：社会化、移动化、电商化和大数据。

一、社会化媒体：营销传播的主要趋势

广义上来讲，社会化媒体包含了微博、微信等社交关系网络、视频分享网站、合作词条网络等多种web2.0时代社交关系的媒体形式。狭义上来讲，社交媒体是基于用户关系的社会化平台所承载的媒体形式，其中以微信和微博为代表。目前，最常见的社会化媒体有六种基本形式：博客、微信、维基、

论坛、社交网络和内容社区。彭兰教授认为,今天的web2.0时代,互联网的重心正在向社会化媒体转移。也就是说,互联网最关键的变革之一,便在于从门户时代转向社会化媒体时代。❶ 社会化媒体大大的冲击了传统大众传播媒介,使得传统媒介不可逆转的衰落。新媒体变革的核心,是社会化媒体。社会化媒体是移动互联网的主要应用,是大数据中用户生产内容的主要来源。在营销传播领域,也呈现出社会化营销的趋势。互联网营销生态的主场正在从门户、搜索引擎为核心向以社会化网络和移动互联网为新兴代表的阵地进行扩张与整合。

二、移动互联网:全面占据消费者的零散时间

随着智能手机的快速普及和无线网络技术的不断升级,中国迎来了移动互联网的高速发展期。根据中国互联网络信息中心(CNNIC)发布的《第38次中国互联网络发展状况统计报告》提供的数据,截至2016年6月,我国手机网民规模达6.56亿,网民中使用手机上网的人群占比由2015年底的90.1%提升至92.5%,仅通过手机上网的网民占比达到24.5%,网民上网设备进一步向移动端集中。随着移动通信网络环境的不断完善以及智能手机的进一步普及,移动互联网应用向用户各类生活需求深入渗透,促进手机上网使用率增长。❷

三、电商化:信息消费和产品(或服务)消费无缝对接

电商化是互联网发展的另外一个特征。随着网民网络购物习惯的养成,电商价格优势的吸引,传统企业纷纷向电子商务转型,电商在未来有广阔的发展前景。电子商务直接提供购买渠道,简化了用户的购买流程,改变了传统的营销理论。用户可以前一分钟看了某个咨询,后一分钟就直接通过电商网站购买。实现了信息消费和产品(或服务)消费的无缝对接。传统的营销理论已经不足以解释电商,包括公共关系和广告在内的促销,在营销中的地位和作用,也将被重构。

四、大数据:数据成为营销的富矿

2011年,麦肯锡在题为《海量数据,创新、竞争和提高生产率的下一个领域》的研究报告中指出,数据已经渗透到每一个行业和业务职能领域,逐渐成为重要的生产因素。而营销传播领域也是大数据冲击最多的行业之一。当电信、搜索引擎以及各大网站拥有了用户上网的数据以及用户每天在网上生产的海量信息,通过对这些海量数据的分析和挖掘,我们能精确的分析网络背后每一个真

---

❶ 彭兰. 社会化媒体、移动终端、大数据:影响新闻生产的新技术因素[J]. 新闻界,2012年第16期.
❷ CNNIC. 第35次中国互联网络发展状况统计报告,http://www.cnnic.net.cn/hlwfzyj/hlwxzbg/hlwtjbg/201502/t20150203_51634.htm,2015-2-25.

实的人的状况和需求。数据成为核心的营销资源，成为营销的富矿。所以，通过数据来分析消费者的行为和需求，将成为未来营销的主要手段之一。

五、产业融合背景下广告、公共关系和数字营销的融合

新的传播技术的产生发展，在促进媒介融合，改变传播形态的同时，也打破了原有的产业边界，形成一种新型的融合产业结构，使得广告、公共关系和数字营销进一步走向产业融合。

传统的广告运作模式，是依托传统的媒介，以广告策划和广告创意为核心的传播。而传统的公关传播模式，是依赖报纸、杂志和电视等传统的大众传播媒介，以新闻价值为核心策划传播内容，谋求新闻媒体对相关组织新闻稿的刊登或对事件的正面报道。

在新媒体背景下，由于报纸、电视等传统大众传播媒介日益失去过去的主导地位，迅速衰落，传统的大众媒介受众不断被新的媒介分割，社会化媒体为核心的新的媒介平台的成熟，使得传统的广告和公共关系运作模式也随之失效。从当前信息传播技术的发展趋势看，营销传播领域正在远离传统媒介传播模式，走向数字化传播模式和社会化传播模式。

面对急剧变化的传播环境，广告和公共关系行业都在积极探索新的业务模式，寻求在新的营销传播格局中，占领市场。在业界，各大广告和公关公司也普遍认为，未来的出路应该是为客户提供整合营销传播价值。广告和公共关系的产业边界，日趋模糊。

国内营业额排前25名的公关公司，都已经布局数字时代的战略。奥美公关、伟达、迪思等都把数字业务作为未来的战略中心。如迪思传媒把自己定位为以公关为核心的强调实效整合营销传播的公司，提出线上整合营销的模式。蓝标公关更名蓝标数字，加速向数字整合营销转型。蓝色光标今年的收购和兼并，其中一个重点是整合广告资源。通过收购和兼并，把广告行业的人才和资源整合进来，成为国际营销传播集团是其真正目标。

无论是广告公司，还是公关公司，都在进行数字化转型，这关系到营销传播领域未来的生存与发展。

新媒体时代的营销运作模式转变为以消费者洞察为起点，以内容创意为核心，撰写、制造消费者欢迎的、感兴趣的或需要的内容，然后根据传播需要，在全媒体平台上应用，最终达到销售促进的目标。

笔者试图构建一个以内容创意为核心的新媒体营销整合运作模式[1]，即下图：

---

[1] 张梅贞，陈媛媛. 新媒体营销整合运作模式研究 [J]. 编辑学刊，2014年5月.

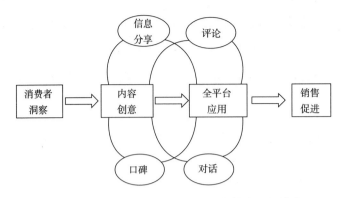

图 5-1　以内容创意为核心的新媒体整合运作模式

第二节　基于数据的消费者洞察

一、消费者洞察：新媒体整合模式的起点

（一）消费者洞察的概念

所谓消费者洞察，即发现消费者的新需求和隐性需求，并将之应用于企业的营销实务，它为发现新的市场机会、找到新的战略战术提供条件，从而成为能够提高营销成效和摆脱市场肉搏的有效途径。❶

消费者洞察是公关运作的起点。通过消费者洞察，可以了解消费者需求，解读市场变化，在此基础上制定公关营销策略。

（二）消费者洞察与消费者调查的区别

消费者洞察和消费者调查不同。消费者洞察是要从心理学角度研究消费者对产品、品牌的态度、心理和行为，进一步深入分析消费者的习惯、经验和价值观，是比消费者调查更深层次的研究和挖掘。它是一种动态的研究，跟踪消费者购买、重复购买或停止购买企业的产品（或服务）的原因，在消费者洞察中，如果某些原因不是个体现象，而是群体行为，那么这些原因就必须引起企业的重视。消费者洞察需要定量研究，更需要定性分析。

在互联网时代公共关系的消费者已经发生变化。在互联网的影响下，公关对象实现了从群体性向个体性的转变。传统意义上的公关对象广泛存在于社会上，是由不同个体所组成的公众群体。而在互联网时代，公关对象具有个体性特征。

---

❶ 包恩和巴图. 消费者洞察：让我们做得更好 [J]. 销售与市场，2006 年 4 月.

传播技术的变化也改变了消费者的信息使用。消费者不再是被动的信息接受者，他们越来越主动。新媒体环境下的消费者，既是信息的使用者，又是信息的生产者。消费者的工作、生活、社交、消费都注入了社会化因素，社会关系建设需求提升，社会关系变得更加紧密。消费者还热衷于塑造"被周围看的自己"，对与人分享的信息格外在意。消费者与群体中的伙伴交流更加密切，分享的同时，也容易受到群体的影响。消费者希望与企业建立平等、朋友式的社会化关系。

了解消费者的变化、需求，是公关组织迫切要做的事情。研究他们的态度、消费行为和消费习惯，并根据这些对公关方式做相应的调整，是公关工作的重要前提和基础，是后面进行新媒体整合营销的起点。

二、数据，更准确、清晰、科学地了解消费者

维基百科对于"数据"一词的定义是："数据（Date）"是载荷或记录信息的按一定规则排列组合的物理符号，可以是数字、文字、图像，也可以是计算机代码对信息的接收始于对数据的接收，对信息的获取只能通过对数据背景的解读。

互联网上，海量的数据承载着用户的信息，这些数据就往往带着用户的生活习惯、职业背景、爱好、家庭情况等等，有着丰富的意义和价值。数据分析专家通过对这些数据的交换、整合、分析，可以获得对企业或组织有价值的内容从而为企业精确的预测用户的需求，乃至对消费者的心理、习惯、态度等可以做更科学的调查，因此，基于数据的消费者洞察成为互联网时代公共关系流程的第一步。

"碎片化"是近年来社会学领域的一个关注焦点，在消费领域同样也存在这样的"碎片化"趋势。大众品牌影响力的下降和大众媒体接触的减少是大众市场"碎片化"的两大特征。2006年，黄升民与杨雪睿撰写的《碎片化背景下消费行为的新变化与发展趋势》一文中也曾经描述过：在阶层"碎片化"的基础上，消费、品牌、媒介、生活方式也正朝着"碎片化"方向发生着相应变化。从消费者的角度来看，这是追求自我、追求个性的必然发展方向。[1]

由于公众被各种新型社会化媒体无限分割，传统的公关效果大大削弱。我们很难再通过单一的媒体平台覆盖目标公众和目标消费者，传统的公共关系运作模式也随之失效。但是，社会化媒体也使得受众重聚，通过监测和洞察，我们发现目标公众和目标消费者又重新聚合到社会化媒体中的新的"区域"，他们因兴趣和需求重聚。只要通过了解新媒体平台，就可以找到，而且比传统媒体时代更加精准。这就为互联网时代的公共关系的操作程序奠定了基石。

大数据时代的来临，让消费者洞察有了进一步发展的可能，数据的捕获、存储、解读和利用可以提供各种尺度上的深刻见解。不用设计问卷，大数据能

---

[1] 黄升民，杨雪睿. 碎片化背景下消费行为的新变化与发展趋势[J]. 广告研究，2006（2）

在不可取样的环境、打破"无时限取样"的限制。过往洞察手段做不到的,大数据可以做到;给不出的,大数据可以给。

第三节 以用户为核心的内容创意

在洞察了消费者行为和心理之后,接下来要做的是寻求内容创意,即撰写和制造消费者欢迎的、感兴趣的或需要的内容。内容创意是公关运作的核心。社会化媒体的兴起,使得用户参与成为常态。传统的单向传播模式正在向以互动为核心的社会化营销模式过渡。在社会化媒体平台上,用户是主角。用户决定哪些信息被看见,被分享和被评论。虽然内容很容易被新生产的海量信息覆盖,但社会化媒体平台的传播机制可以很快地在无数的信息碎片中将有价值的内容筛选出来。内容的优劣,决定着是否能被看见、分享和评论。

成功的内容创意,需要激发用户讨论和传播。想要做好内容营销,就要寻找能够触动和连接消费者的因素,通过这些内容,让消费者感到有趣或有用,并了解企业的产品(或服务)。同时,消费者可能觉得对其他朋友也有用,便会自发地去评论或口碑传播,更进一步分享到自己的好友圈,或者通过社会化媒体平台,同企业展开对话。内容创意需要以消费者为核心,传播知识或有趣的内容,这将为消费者和企业带来巨大价值。

一、内容营销的定义

和内容创意相关的,是以内容创意为核心的内容营销。内容营销作为一种全新的营销理念,目前并没有形成一个一致的定义。根据 Rose 和 Pulizzi(2011)的定义,内容营销是提高顾客忠诚度的核心策略,也是一种关注价值体验创造的策略。在内容营销语境下,企业所建立的内容平台能让人们互相帮助、分享有价值信息、丰富社群,同时能帮助企业在社群中成为思想领导者。平台上的内容是有吸引力的、方便分享的,而且最重要的是能够帮助顾客(自行)找到他们想要的关于产品或服务的信息。❶

彭兰教授认为,今天的 web2.0 时代,互联网的重心正在向社会化媒体转移。而社会化媒体营销正是利用社会化网络,在线社区,百科或者其他互联网协作平台媒体来进行营销,销售,公共关系处理和客户服务及维护开拓的一种方式。一般社会化媒体营销工具包括微博、微信、论坛、SNS 社区、图片和视频分享等。

社会化媒体是 web2.0 时代 UGC 方式(用户产生内容)最重要的产物。报刊杂志,

---

❶ 周敦瑾,陈嘉弁. 社会化媒体时代的内容营销:概念初探与研究展望[J]. 外国经济与管理,2013 年 6 月.

电视，门户网站是媒体，这些媒体的内容是由专业人员编辑产生的，并非用户自主创造；博客和论坛是媒体，其内容又由用户自己产生，他人可以对其内容分享和评价，满足了用户产生内容，但并没有社交关系。所谓社会化媒体就是由用户产生内容，并且用户之间具有一定的社交关系，可以转发，评论好友间分享的内容的平台。所以社会化媒体相比于传统媒体最重要的两个特征是用户产生内容和利用用户间的社交关系传播内容。因此，可以说，社会化媒体营销的本质就是内容营销。

在社会化新媒体越来越成为主流媒体的时代，有创意的内容成了传播制胜的关键。拿当下热门的微博为例，一个企业官方微博的好友和粉丝是在乎你的内容的，内容的体验和质量决定你和品牌的体验和质量，内容展现出的性格和格调，也是品牌的性格和格调。对于微博营销，内容更加重要，repost 的基础是内容设计的精巧，大账号只是传播渠道。回归内容，这是品牌公司价值的回归。现在的内容营销和传统媒体时代相比当然是有变化的。过去内容往往是 blogger 和记者们的拿手活儿，所以我们会看到从事公关行业的大多数是媒体记者出身，而社交化媒体营销时代变了，文艺青年成为抢手货，记者们更擅长吵架和骂战，在面对普通网民的生活情趣需求时候，小青年们更接地气儿。接地气儿的内容正是以用户为核心而产生的创意内容。

二、内容营销的特点

（一）内容营销形式多样化

内容营销不拘泥于内容的形式。只要能体现品牌信息，文本、作品、图像和视频都可以。详细来讲，内容既包括企业在官方网站、官方微博、官方微信等自有媒体上发布的视频、文章、电子书、图片、白皮书等，也包括知名人士微博、拥有庞大粉丝群的微信公众号等这一类公共媒体上发布的内容。

（二）为消费者提供价值

内容营销的核心，是为消费者提供有价值的信息。这个价值可以概括为：第一，有学习意义的信息；第二，对购买决策有帮助的信息；第三，有娱乐性，能带来快乐的信息。

再者，内容营销是一种拉式的营销。与传统公关或广告恰好相反：通过打断消费者思考或感官体验来硬性传递信息的推式策略。内容营销一定要从消费者角度来向消费者提供有益有利的信息，降低消费者的厌恶和排斥，使有趣的、有价值的信息更易被消费者主动接受、搜索和传播。

（三）与消费者良性互动

要想提供有价值的内容，企业首先要聆听消费者需求。有价值的内容"激发有益的顾客互动",使顾客更愿意提出他们的意见和建议。来自消费者的反馈又能反过来能够帮助企业提供更有针对性的内容。这就在企业—内容—消费者之间建立一种良性互动。这一良性互动要求企业必须在战略层面转向顾客导向。

（四）激发顾客的交互和参与

与传统营销不同的是，内容营销强调把消费者和公众作为一个平等的个体来看待，会认真聆听公众的想法和意见，从而创造一种良性互动的对话平台，这种平台的核心价值在于，从最初由价值的内容的吸引到建立关系和信任的过程，但是所用的工具则是对消费者来说有价值的内容。在这个信息爆炸的时代，价值＋娱乐是最优质的内容。

（五）重视消费者的情绪

在内容营销中，企业需要沟通过程中引导顾客的情绪，激发消费者的情感共鸣，并关注价值体验的创造。也就是说，在内容营销语境下，企业的品牌建立和管理方式开始从以往理性的心理认知资源占领转向更加感性的情感唤起甚至文化共鸣。

三、通过用户发掘内容的操作方法

过去传统媒体时代的公关在创作内容上，更多是单方面的为了企业、品牌或服务的目的去缔造口碑。而互联网时代，自媒体的数量越来越庞大，各种不同的声音来自四面八方，"主流媒体"的声音逐渐变弱，人们不再接受被一个"统一的声音"告知对或错，每一个人都在从独立获得的资讯中，对事物做出判断。因此，在公关与消费者的关系上，更注重的是双向传播，在进行内容创作时，应以用户为原点，对用户的需求进行判断并向四周发散创意。

（一）关注用户特点

将用户按一定特性进行区分，根据不同的用户特点、需求，也可以对产品的主要用户和非主要用户区别开来，分别撰写不同的创意内容，追求内容的专注性、差异性和创意性，充分维系现有用户和吸引潜在用户。

（二）把自己当作用户

互联网时代是一个信息爆炸的时代。公众每天接收到的信息很多，有相当一部分无力消化，最多看个标题。所以我们判断好的内容的标准是：满足公众或者用户的需求。顾客需要什么，企业就提供什么；从公众的需求，而不是企业的需求出发。我们以海尔微信公众号为例：与传统的企业官方平台不同，他的内容基本与海尔企业本身无关，而是用户感兴趣的，非常人性化的内容。

（三）让用户自己创造有价值的内容

公共组织可以创造机会让用户与内容进行互动，产生体验，例如微博、博客等，评论、转发、收藏、分享，用户可以根据自己的兴趣，自发地进行互动体验，更能产生二次传播。当然为了让内容分享更容易，在内容的发布传播渠道中，企业需要考虑用户传播的需求，提供类似邮件下载，RSS，分享到微博客，社交媒体等平台的按钮。

体验可以建立认知。在苹果手机（iPhone）诞生之前，人们都觉得，手机就应该是诺基亚的样子。但，当新技术带来新体验时，认知随之变化。全新的表现力，完美的体验，是苹果手机迅速占领整个手机市场。不得不说，苹果是成功，但诺基亚却不能归结为其是失败的。互联网时代，新鲜事物唾手可得，人们的需求变得模糊不清，苹果的出现，改变了需求。需求有了，如何使受众持续需求，体验就变得重要起来。极强的视觉体验，极好的操作体验，最终带来的才是真正苹果手机的市场绝对占有，品牌才真正建立。

互联网时代还有一个例子，尤为明显。淘宝。上淘宝的人大致分为两种，一种是需要买个东西，一种是看哪个东西我需要。但是无论哪种消费者，都有一个特性，会在多家商品中对比，然后根据评论，照片等信息再次确认。即便开始心中认定的目标，当再次体验时，变化也可能随时产生。评论、照片来自别人的体验，通过形式的转化，变为自己可感知的体验，决定消费的目标。

Tips：如何进行内容创意[1]

（1）Recycle What You Know 回锅你所知道的

回锅是什么意思？你可能在许多场合讲过很多内容，有些可能没有经过整理，有些可能零散的在各个内容中。回锅就是你把一些已经讲过或是写过的概念，重新做一个有系统的论述。

（2）Interview the Industry Leaders 访谈业界的领袖

在每个业界都一定有些比较突出的领袖或是思想前进的趋势家，这些人未必都会把他们的想法很完整的公开出来，就算是经常撰写部落格，有些想法都可能没有被挖掘出来。如果你能够对于业界比较突出的人进行访谈，就可能有机会获得比别人更多的一手资料。

（3）Curate the News 将新闻内容整理后进行策展

许多部落格虽然随时都在注意业界动向，但是不可能所有讯息都能够最快速的跟上，但是如果报道别人已经说过的新闻，似乎就感觉有点落漆，这个时候就必须发挥「策展」的精神，把别人说过的话或是写过的内容，经过有系统

---

[1] Brad Miller. Research& Thought Leadership: Top 10 Content Creation, Ideas http://searchenginewatch.com/sew/how-to/2213412/research-thought-leadership-top-10-content-creation-ideas Oct 1, 2012.

性的整理比较，以不一样的面貌呈现出来。

但是有一个要点必须注意就是，不能整理别人说过的话或是写过的内容，当成自己的内容而不清楚标示内容来源。

（4）Conduct a Survey 进行调查

这是比较不容易做的事情，但是如果你能够针对某个业界关心的现象去进行深入研究调查，这些内容就可能会被其他业者引用。例如 SEOmoz 就经常做这些调查的工作，因此他们的内容越来越有公信力，别的网站也越来越会引用他们的调查结果。

（5）Create Visual Appeal 创造视觉上的诉求

指的是以图文并陈，就是除了文字说明之外，加以图表的方式来展现资讯，创造出不一样的视觉效果出来。

（6）Become a Reporter for Your Industry 成为业界的播报员

也就是撰写产业动态，当然最好是大家都还不知道的事件内容，或是至少是经过汇整的产业讯息。如果没有办法拿到最独家的讯息，至少也可以通过大量阅读国外讯息来产生比别人更快的网站内容。

（7）Share Presentations 分享你的演说或展示内容

许多撰写部落格的人，可能也都会经常有演说或是教学的经验，因此把你的演说内容的档案透过 SlideShare 来分享给其他读者，也是不错的主意。

（8）Conduct an Interview… With Yourself 访谈你自己

上面说到你可以访谈业界比较突出的人，但是这个机会并不是人人都有，因此你不妨把自己当成业界突出的人，自己访谈自己，这个也是很酷的作法。

（9）Answer the Burning Questions 回答热门的问题

网站可以通过整理收集内容，并且经过权威来源的证明，把热门的问题的答案解说给读者知道，可使网站能够持续受到读者支持。

（10）Showcase Your Talents through Video Tutorials 以影音内容展示你的特长

这个项目就必须有其他资源配合才能够进行，你必须有不错的录影设备与人才，或是你必须有不错的演员或是讲者，或是必须有时间进行影片的剪辑。但是切记的是，如果你的网站还没准备好，就再慢慢研究，千万不要推出影音内容变成自曝其短。

案例： 看微博如何为内容营销创造新机遇❶

3月13日，新浪网在北京举办了2011年内容营销案例评选的颁奖典礼，主办方邀请业界众多意见领袖评选出汽车、日化、服饰、医药、旅游等多个领域的19个可作为标杆的案例。该评选活动自去年11月21日启动，经过4个月的

---

❶ 穆磊. 社会化媒体当道，内容营销迎来新机遇[J]. 中国广告，2012年4月.

筹备，共有403家各行各业的企业微博账号报名参加，其中117家企业入围。

在社会化营销时代，内容营销呈现了强大的潜力，微博作为国内最主要的社会化媒体平台，体现出内容营销的巨大潜力，方便营销专业人士制定内容营销策略。而此次新浪内容营销案例评选，一方面让更多人了解内容营销，另一方面也发掘了内容营销的潜力。

案例分析：

（1）社交平台使内容营销能量加倍

微博平台作为目前国内最主要的社交平台，同时也是内容营销的优质，它可以实现社会化营销传播，让营销价值最大化。

（2）鼓励用户生产内容

随着微博这样的社交网络的兴起，传统营销正在向社会化营销模式过渡，消费者也成为媒体，不仅从内容的角度而非创意的优劣去评估、接受营销信息，从企业购买商品，获取商品信息，还需要评价商品功用、购买经历、使用过程，向其他消费者传播。

第四节　线上线下全平台应用

在完成内容创意之后，接下来要以内容创意为核心进行形式拓展，进行全平台应用，全方位、立体化的传播。新媒体环境下的媒介特征可以描述为传统媒体与新媒体互补共生。

在完成内容创意之后，接下来要以内容创意为核心进行形式拓展，进行全平台应用，全方位、立体化的传播。新媒体环境下的媒介特征可以描述为传统媒体与新媒体互补共生。

传统媒体，包括报纸、广播、电视、户外媒体，传统门户网站等形式。依托新技术，传统媒体营销传播也可以打破传统，呈现互动性，调动受众主动性。新媒体的平台包括：微博、微信、易信、各类App，自媒体等，形式有：微视频、微电影、新浪看点、微博企业版、微博广告、长图等等。

新媒体整合模式呈现出和传统的媒介投放不同的特点。传统的媒体投放结束后，传播基本完成。在新媒体整合模式下，在将信息发布后，接下来的信息互动才是核心：内容二次创造和二次传播。

在全平台应用以后，消费者会对企业发布的内容有所反应。这种反应可能是内容分享、评论、口碑或者对话。内容分享、评论、口碑或者对话都是消费者的自发反应。评论或口碑是消费者的一般评价。内容分享或对话则是更高质量的内容二次传播，互联网的开放分享会实现对用户体验分享碎片的自动分发和动态聚合，且效应远胜一般的口碑营销。

在全平台应用以后，消费者会对企业发布的内容有所反应。这种反应可能是内容分享、评论、口碑或者对话。内容分享、评论、口碑或者对话都是消费者的自发反应。评论或口碑是消费者的一般评价。内容分享或对话则是更高质量的内容二次传播，互联网的开放分享会实现对用户体验分享碎片的自动分发和动态聚合，且效应远胜一般的口碑营销。

消费者在互联网上制造的内容，成为企业内容创意的延伸，成为企业内容的一部分，又反向达到消费者。消费者对企业在互联网上传播的内容，正面的反馈（包括阅读量、点赞、转发、评价）越多，说明企业的内容创意越成功。相反，如果消费者对企业在互联网上传播的内容没有反应，或者反应的均是负面，则说明企业内容创意并不成功。消费者的反馈，是测量企业互联网上内容营销成功与否的标准之一。

线上线下营销模式的以上特点是互联网产生、发展和实体经营模式发展相接的产物，其模式定位也不是一蹴而就的，是多种因素相互促进、相互结合的结果。

一、线上线下的概念

线上线下，即O2O（Online To Offline），对于O2O模式来说，其核心是把线上客户引入到实体商铺中，并通过在线支付，实体提供优质服务，以及实时统计消费数据提供给商家，再把商家的商品信息，准确推送给消费者。[1]

O2O模式与传统电子商务的概念差别较大。传统电子商务依靠互联网销售产品，这中间不需要消费者参与其中。O2O模式则是线上推广交易，加上引擎带动线下交易，通过消费者充分参与来实现销售，同时，消费者在参与过程中，留下海量信息，又成为企业洞察消费者的宝贵资料。

二、线上线下的发展现状

目前，O2O营销模式主要通过电子凭证实现。例如，淘宝聚划算团购网站等这种线上和线下对接的模式，即在线上订购后，卖方会向买方发送一条包含二维码的信息，买方再通过二维码到对应的服务网点经专业设备验证通过后，享受对应的服务。这种方式还有一大优点，就是还可以后台统计服务的使用情况，同时方便了也商家和消费者。

O2O营销模式主要服务于本地生活服务需求，如餐饮、养生、娱乐、旅游等。因为人们更多的支出都花在了本地生活服务上，而不是线上消费，所以这一市场要大于简单的B2C行业，另外这些服务无法通过快递公司装到包装盒里送到

---

[1] 张玉泉. O2O线上线下协同发展新模式研究[J]. 计算机光盘软件与应用，2014年.

消费者家中，这些正是 O2O 营销模式的独到之处。

第五节　公关效果的量化评估

一、公关效果量化评估的背景

一直以来，并没有特别有效的手段来评估公关传播效果，曾有人以"广告等同价值"来计算，这种测评方法基本上等同于直接用声量来测评。这样的方式，导致企业和公关公司都把追求最大的发稿量当作一个最终目标。行业内，甚至因此诞生了一批以发稿为核心竞争力的公关公司。这显然并不科学。

二、互联网公关传播效果评估的主要内容

在 20 世纪 70 年代末，在美国电报电话公司（AT&T）的资助下，美国公共关系效果测量联合会（The National Conferenee on Measuring the Eetiveness of Public RelationS）要求申请加入的组织，提供对其公共关系活动进行详细评估的具体方案。这是可以追溯的公关行业效果评估的行为，这次事件也被认为"标志着这一行业成熟时期的到来"。

美国雷金斯·麦肯纳（Regis McKenna）在为杰弗里·摩尔（Geoffery A.Moore）的《未来飓风—高新技术产品营销策略》一书作序时强调："市场营销要重新改变策略，要将重点从'售货'转移到建立'公共关系'上"，"市场关系的核心是建立和维护与所有建立高新技术市场的成员的公共关系"。[1]

三、互联网公关传播效果评估方法

（一）新闻传播效果（NEI）评估方法

新闻传播效果评估指数 NEI（Internet news media effect index），是以指定时间内发生的指定关键词的所有新闻为范围，根据评分标准对评估要素评分，并与相应权值相乘所得分数之和。

（二）互动传播（CEI）的效果评估方法

在互联网时代，企业以官方身份，通过官方网站、官方微信公众号和官方微博等平台，直接将信息传递给受众，受众也直接在平台中通过评论功能将信息反馈给企业。新媒体直接连接企业和受众。

---

[1] （美）杰弗里·摩尔，钱跃，张帆译. 未来飓风—高新技术产品营销策略 [J]. 北京：中国长城出版社，1999 年.

互动传播主要研究的对象是企业官方微博、和企业官方公共主页。企业互动传播效果指数为方便管理统一简称为 CEI（Index of corporate communication effects）。互动传播效果指数 CEI 是指对指定时间内，企业的所有官方互动主页或账号进行数据监测，并根据评分标准对评估要素进行评分，然后与相应权值相乘获得分数之和。

（三）口碑传播效果（PEI）评估方法

在 SNS、微博中，以网友身份发言并在好友中传播的是口碑传播：区别于以企业官方身份与网友的互动传播。判断的标准主要是在媒体中的受众名和媒体平台给予的身份认证。

口碑传播评估是对网友与网友之间关于企业品牌关键词的传播效果信息收集、统计、分析。口碑传播突破传统传播模式中的"把关人"的模式，每一个网友既是传播的主体，又是传播的客体。口碑传播的效果评估主要从网友传播内容、传播绩效两方面进行评估。为方便沟通，口碑传播效果指数简称为 PEI（public effect index）。传播效果指数 NE 一是所有口碑内容，按照评估标准对评估要素进行评分，并与相应权值相乘得分之和。口碑传播主要以论坛、SNS、微博三种传播为评估对象。另外，由于互联网传播快速、突发群聚性的特点，及时发现互联网口碑中有负面情感等内容，为企业找到负面源、预防负面新闻的意义也非常重大。

第六章　技术驱动的公共关系

技术是一个重要的社会命题,在人类历史的长河中,技术的每次革新都从根本上推动了社会的前行。公共关系活动对技术有着深深的依赖,公关信息的获取、分析、传播和呈现都受到不同时期技术进步的影响。互联网时代的技术革新主要表现为数字技术的发展,这一技术体系具体包含什么内容,对公共关系活动产生了怎样的影响,数字技术驱动下的公共关系活动与传统的公共关系活动相比有什么显著的变化,我们应怎样把握互联网时代技术驱动下的公共关系活动等将会成为本章探讨的重点。

第一节　数字技术与公共关系

在传播领域,主要经历了三次比较重大的技术变革,第一次是印刷技术,其发展推动了报纸和杂志的成熟;第二次是电波技术,促使广播和电视媒介的兴起;第三次即是数字技术,这个以数字媒体为主导的时代,彻底颠覆了人们的生活方式,人们对电脑的依赖越来越大,信息传输变得高速便捷,时空距离和维度空前压缩,超文本、交互、嵌入和个性化成为数字时代信息传播的基本属性。

一、数字技术的概念和优势

数字技术是一项与电子计算机相伴相生的科学技术,它是指借助一定的设备将各种信息包括图、文、声、像等,转化为电子计算机能识别的二进制数字"0"和"1"后进行运算、加工、存储、传送、传播、还原的技术。由于在运算、存储等环节中要借助计算机对信息进行编码、压缩、解码,因此也称为数码技术、计算机技术等。❶数字技术可以将连续的模拟信号转换为对应的数字形式——一组二进制的代码,每一个信息点都是一组独一无二的二进制代码序列,如010,101,110等,而且用来进行数字模拟的数字词组可以非常长,足以包含模拟对象中的所有相关信息。数字技术一般包括数字编码、数字压缩与存储、数字传输、

---

❶ 姜帆. 数字传播背景下广告的生存与发展研究 [D]. 武汉大学博士学位论文, 2010: 33.

数字调制与解调等技术。

数字技术在很多领域都得到了广泛的应用。在计算机技术方面，数字技术的应用使电子计算机从以前的模拟计算机转为了现在的数字计算机，体积越来越小，价格越来越低，运算速度越来越快，功能不断增加；在通信领域，数字技术的应用提高了信息的传输效率，可以高保真和再现语言、文字、图像、声音等多种媒介信息，并能有效清除杂间和噪音，提高通信质量和抗干扰能力；在电子商务领域，数字技术的发展拓展了物流的时空维度，打通了虚拟和现实世界的通道，给人们的生活带来了极大的便利；在安防领域，数字技术的应用使监控技术、报警技术、智能识别技术等更加完善，能更准确的捕捉生活中的危险因素并及时预警和防范，有力保证了整个社会的稳定和和谐……

数字技术在应用中表现出来的优势主要有：第一，抗干扰能力强，信号质量高，还原效果出色。采用数字技术可保证信息素材在经过多代复制后仍具有很高的质量，并且经多次切换后以及在远距离传输时不会造成失真的积累。数字技术可以大大减小"噪音"和失真的干扰，这就保证了信息的完整性，满足了现代媒介和受众对高质量信息的要求。

第二，可根据要求使用压缩编码技术减少数据率，降低存储空间。模拟信号数据量非常大，如果不进行压缩处理，占用传送带宽和存储空间都比较大。而数字技术采用数字信号离散式记录信息，不仅使信息量得以减少，而且可以根据要求任意对采集到的信息进行压缩以便于存储和传输，可以在相同容量的介质上存储更多的信息或者是在同样时间内传送更多信息。

第三，频谱利用率高，传输效率高。数字信号经过压缩后将图像信号和伴音信号通过时分多路复用的方式进行传输，并采用信道编码调制，不仅纠错能力及抗干扰能力强，而且原来只能传送一路模拟电视的带宽现在可传送到多路不同清晰度的数字电视节目。

第四，数字技术可以与计算机、通讯等其他领域的技术融为一体。因为技术基础一样，计算机和通信设备可以与传播设备很好地兼容，从而使原来在不同传播设备上才能进行的各种处理统一由计算机来负责，并能通过数字处理技术产生多种以前无法实现或者很难实现的特技效果和动画效果，信息传播的质量可以得到大幅度提高，趣味性增强。

第五，便于实施加密/解密和加扰/解扰技术，为军队等专业部门服务，也可以开展各种收费业务，如交互电视等。人们可以依据个人的意愿去控制新闻节目的播放，真正实现了双向互动，资源共享。❶

数字技术的优点非常明显，一套29卷的《大不列颠百科全书》的内容用一张光盘就可以全部存储起来，一根头发般细的光纤在不到一秒的时间里就能将

---

❶ 黄琳. 数字技术对新闻传播的影响 [D]. 湖南师范大学硕士论文，2008：5～8.

其全部内容从波士顿传到巴尔的摩。更为重要的是，数字技术相较模拟技术可以获得更高的技术性能，开发出更多的新功能，极大地丰富了信息传播的时效性和可视性。❶

二、数字技术在公共关系活动中的应用

人类社会已经进入了一个前所未有的数字化、网络化、信息化时代，数字技术与国民经济和社会生活的关系日益密切，计算机、网络、通信、自动控制、医疗和测量等领域莫不因数字技术的发展获益匪浅，与信息交换密切相关的公共关系领域也不例外。

（一）公关调查与数字技术

公关调查是公关活动开展的前提。主要是指用科学的方法，有计划、有步骤地收集与公关活动相关的信息资料，并对收集的资料进行分析，及时掌握公关组织的情况，为后期工作顺利开展奠定良好基础的实践活动。传统公关调查的方法主要有抽样调查法、访问调查法、问卷调查法、观察法等，这些方法需要耗费大量的人力、物力和财力，并且所得到的资料也只是局部的、片面的和不确定的，而互联网时代数字技术支撑下的公关调查则表现为基于数据的消费者深刻洞察，数字技术在公关调查中的应用主要体现在数据资料的采集和处理上。

当前，数据采集与处理的新技术、新方法，不断地革新和变化，Hadoop 平台的开发与应用、基于 CYUSB3014 的高速实时数据采集系统、SmartDAC+GM 数据采集和控制系统、网络爬虫技术等能将互联网活动中产生的海量非结构化数据转化成结构化数据，挖掘和分析透视数据背后隐藏的信息。通过这些手段采集的公关信息具有全面、适时、动态的特征，能有效保障公关调查环节的可靠性和科学性。

（二）公关策划与数字技术

公关策划是组织为实现形象战略目标和获得公共关系活动成功而事先进行的有科学程序的谋划、构思和设计最佳文案的过程。传统公关策划主体单一，内容单调，数字技术的参与使公关活动的策划更灵活、质量更高、更有效率。数码相机、数字摄像机、数字编制技术、数字压缩技术、数字传输与接收技术等的发展大大丰富了公关活动策划的内容和表现形式，UGC 技术的发展将受众变成策划活动的行为主体，公关策划不再是"孤掌难鸣"，而是变成"全民的盛宴"。

---

❶ 朱强. 广播电视新技术［M］. 杭州：浙江大学出版社，2004.

（三）公关实施与数字技术

公关实施是将公关策划变为实际行动的过程，主要是对计划的检验和修正的过程，是整个公共关系活动的中心和关键环节。传统公关实施过程主要包括三个阶段：计划的传播阶段、反馈阶段和修正阶段，并且这三个阶段是呈线性发展的态势，因此传统公关活动的实施耗时长、见效慢，数字技术的介入一方面缩短了公关活动实施时长，另一方面实现了平台的多样化选择。

O2O为线上及线下提供实时连接与一站式的管理，包括客户、产品、库存、营销、交易、交付配送、服务与安装的管理，还支持电子目录管理，营销内容管理，产品库管理，零售管理，批发业务管理以及商业智能分析。数字新媒介使公关活动的实施有了更多的选择余地，门户网站、微博、微信、播客等相对于传统媒介而言能产生瞬时连锁效应，公关实施活动不再是直线式的单向进展，而是线上与线下、传播与反馈、修正与完善同时、同步、双向的沟通过程。

（四）公关评估与数字技术

公关评估是公共关系活动的第四个步骤，主要是通过相应的手段对公关效果进行分析评测，肯定成绩，发现问题，适当地调整公关目标、计划和传播实施方案，以保持公关实务活动的协调性与连续性。

传统公关评估方法主要有民意测验法、专家评估法、访谈法和观察法等，主要是在公关活动发生之后进行，而数字技术实现了对公关实施效果的量化与质化的同时评估，一方面通过相关数据的挖掘与抓取获得公关活动实施的表层效果，另一方面通过质性分析总结深层次的经验教训，达到不断改进完善公共关系活动的目的。

第二节 大数据：发现问题与匹配策略

一、大数据的概念、产生与特征

随着移动互联网、物联网和云计算技术的迅速发展，开启了移动云时代的序幕，大数据也越来越吸引人们的视线。正如1982年世界预测大师、未来学家约翰·奈斯比特在他的著作《Megatrends: Ten new derections transforming our live》一书中所提到的："我们现在大量生产信息，正如过去我们大量生产汽车一样，人类正被信息淹没，却饥渴知识"等等诸如此类的预言均在当下得到了充分的证实，这也恰恰说明，世界正处于一个信息爆炸的时代。数以亿计的互联网、移动互联网用户已经并将继续创造海量数据，大数据时代已经来临。从日常行为和相关调研数据我们可以深切地体会到信息技术带给人们行为方式的变化：早先的一份报纸、茶楼聚会、电视新闻播报等人们几十年形成的习惯，正在被搜索引擎、新闻门户浏览、手机客户端和微博、微信、自媒体的社交行为所取代；身边的数据设备，也从一家一、两台电脑和手机，变成每人三五台智能设备；U盘的容量，从32MB变成32G；数码相机的像素从100万变成1600万；一张照片的数据量，从10年前的100KB，变成现在iPhone照片的2MB。技术领域的飞速发展让人炫目，ADSL被光纤入户取代，2G已经过时，4G正在如火如荼地上演，电商和物流，甚至双十一消费节，都成为大数据时代的清晰符号❶。

（一）大数据的基本概念

什么是"大数据"？目前来说并没有对其做出共识性的界定。百度将大数据定义为：或称巨量资料，指的是所涉及的资料量规模巨大到无法透过目前主流软件工具，在合理时间内达到撷取、管理、处理、并整理成为帮助企业经营决策更积极目的的资讯。亚马逊网络服务（AWS）、大数据科学家John Rauser提到一个简单的定义：大数据就是任何超过了一台计算机处理能力的庞大数据量。

虽然对于大数据的理解阐述和描述不一，但都存在一个普遍共识，即"大数据"的关键并不在于其表面的"大"，而是在于从这种海量数据中所能获取到的有价值的信息，这种信息，可以给我们创造出新的价值，带来新的机遇，带来"大科技"和"大智慧"。

那么，数据量究竟有多大才能称为大数据？其实并没有普适的标准。全球著名的麦肯锡公司认为，我们不需要给出划分大小数据的分界标准，因为随着技术的进步以及处理能力的增强，这个分界线会不断变化，但不变的是，我们总会遇到当时难于处理的巨大数据量。因此，对于大数据概念的把握不能仅仅只抓住数据量大小这个关键点，从宏观场面来看，大数据是一种新的生活场景，一种新的生活模式，它开启了一个新的时代。

（二）大数据的产生

互联网的广泛使用是大数据产生的源泉。网络的普及缩短了人们之间的时空差距，人们通过网络交流情感、交换信息和协同工作，在网络空间里，这种交互的信息以数据的形式得以保存，而随着数据库技术的成熟和普及、高内存高性能的存储设备和存储介质的出现，保存的信息正以指数形式增长，呈现"爆炸状态"。日积月累的结果，便促成了"大数据"的产生。

人们把2013年称为大数据元年，但"大数据"一词并非新鲜词汇，早在1980年就由当时著名的未来学家阿尔文·托夫勒在其《第三次浪潮》中提出，

---

❶ 邹玉萍．整合营销遇上大数据［J］．国际公关，2014（1）：50.

并且热情洋溢地赞颂大数据为"第三次浪潮的华彩乐章"。不过直到2009年，大数据一词才在欧美国家逐渐流行。❶

随着网络技术和数字存储技术的发展和成熟，数据量正在以几何级的方式快速增长，美国互联网数据中心（IDC）指出，互联网上的数据每年将增长50%以上，每两年便翻一番，而目前世界上90%以上的数据是最近几年才产生的。这些数据除了人们在网络互动中产生的信息，还包括工业设备、汽车、电表等机器上面的数码设备在工作中所产生的海量的数据信息。

从目前来看，大数据的产生途径主要有三个方面：互联网、物联网和科学研究。

作为数据产生的主要阵地，互联网是当仁不让的。互联网搜索的巨头Google现在能够处理的网页数量是在千亿以上，每月处理的数据超过400pb，并且呈继续高速增长的趋势；Youtube每天上传7万小时的视频；淘宝网在2010年就拥有3.7亿会员，在线商品8.8亿件，每天交易超过数千万笔，单日数据产生量超过50TB，存储量40PB；新浪微博每天有数十亿的外部网页和API接口访问需求，每分钟都会发出数万条微博；百度目前数据总量接近1000pb，存储网页数量接近1万亿，每天大约要处理60亿次搜索请求，几十pb数据；据IDC的研究结果，2011年创造的信息数量达到1800EB，每年产生的数字信息量还在以60%的速度增长，到2020年，全球每年产生的数据信息将达到35zb……所有的这些都是海量数据的呈现。随着社交网络的成熟、传统互联网到移动互联网的转变、移动宽带的迅速提升，除了个人电脑、智能手机、平板电脑等常见的客户终端之外，更多更先进的传感设备、智能设备，比如智能汽车、智能电视、工业设备和手持设备等都将接入网络，由此产生的数据量及其增长速度比以往任何时期都要多，互联网上的数据流量正在迅猛增长。❷

物联网是新一代信息技术的重要组成部分，简而言之就是物物相连的互联网。其核心和基础仍是互联网，只是其用户端延伸和扩展到了任何物品和物品之间，进行信息交换和通信，在这种信息交互的过程中，催生了从信息传送到信息感知再到面向分析处理的应用。通过互联网终端设备分析处理之后的信息便直接汇入了大数据的长河。目前，物联网已渗入社会的每个角落，遍及智能交通、环境保护、政府工作、智能消防、水系监测、敌情侦察、医疗保健、照明控制等多个领域，巨大连接的网络使得网络上流通的数据大幅度增长，从而催生了大数据的出现。

现今在科研工作中产生的数据也不容忽视。这是一个生产知识的领域，和以往相比，如今的科研工作更加依赖大量的数据信息交流处理，尤其是各大科研实验室之间研究信息的远程传输，比如类似希格斯玻粒子的发现就需要每年

---

❶ 孙雷．透视大数据时代的营销变革［J］．国际公关，2014（1）：54．
❷ 转引自刘智慧，张泉灵．大数据技术研究综述［J］．浙江大学学报，2014（6）：959

36个国家的150多个计算中心之间进行约26PB的数据交流。在过去的10年间，连接超过40个国家实验室、超级计算中心和科学仪器的能源科学网（Esnet）上的流量每年以72%的速度在增长。

（三）大数据的特征

大数据时代的一个显著特点就是人们的日常生活发生了翻天覆地的变化，大数据彻底改变了人们对社会以及与社会中其他成员联系和沟通的方式方法，人们之间的交流手段更加丰富多彩，内容也瞬息万变。营销人员在研究消费者行为时，已不仅仅是对表面现象的一些追踪，还有建立在数据资料上的分析与判断，消费者行为变得更加清晰透明；同样，消费者在依赖这些设备和手段消费的同时，也为产品和服务的供应商留下了清晰明确的足迹。例如，消费者购买一台手机，这部手机虽然经过交易成了个人的物品，但其实从开机到关机，一直都在运营商的网络里，消费者在使用、不断获取信息的同时，也把自己的位置、信号强度、忙闲状态告诉了运营商的系统；通过对这些信息的分析，运营商就可以知道这位消费者的作息时间和方式、交通方式、工作地点和性质、家人亲戚和朋友的号码、社交活动的模式和频次等，一定意义上，运营商会成为最了解这位消费者的人，甚至超过其亲人和配偶，甚至超过消费者自己……

与以往的小数据相比，如今的大数据表现出如下几个特征：第一，量大（Volume），即数据数量巨大，从TB级别跃升到PB级别。国际数据统计机构IDC预估2011年和2012年的全球信息总量分别达到1.8ZB、2.8ZB，到2020年将是40ZB；谷歌前CEO施密特指出从人类文明开始到2003年的近万年时间里人类大约产生5EB数据，而2010年人类每两天就能产生5EB数据；第二，多样（Variety），多样是大数据的结构属性，即数据类型繁多。除了标准化的结构化编码数据之外，还包括网络日志、视频、图片、地理位置信息等等非结构化或无结构数据；第三，低密度（Veracity），低密度是大数据的内容属性，在大量的数据中有价信息是很少的，但这些有价信息是通过分析挖掘才能发现的。虽然价值密度低，但商业价值高，以视频为例，在连续不间断的监控过程中，可能有用的数据仅仅有一两秒；第四，高速（Velocity），1秒定律，高速是大数据的时间属性，即处理速度快，实时在线。各种数据基本上实时、在线，并能够进行快速的处理、传送和存储，以便全面反映对象的当下状况。这一点也是和传统的数据挖掘技术有着本质的不同；第五，汇聚性（Aggregate），大数据是将现有各信息系统所产生的数据采用分布式方式进行存储，汇聚后的数据主要用于统计分析和挖掘；第六，大基数，大数据的处理单位具有大基数的特征。基数是军事术语，是指弹药等军械物资供应的一种计算单位，例如，7.62毫米半自动步枪的一个弹药基数量为200发枪弹。即大数据的处理单位不能以常识来认定。

二、大数据在公共关系活动中的应用之一：发现问题

大数据的技术基础集中表现在数据挖掘，通过特定的算法对大量的数据进行自动分析，从而揭示数据当中隐藏的规律和趋势，即在大量的数据当中发现新知识、新问题，预测事件可能的走向，为决策者提供参考。这种基于网络数据的挖掘，和传统的调查研究方式相比具有极强的优势，一是成本低廉，不需要制定问卷，也不需要实地调查，可能只是需要一台电脑和一名操作人员即可完成；二是分析的快捷。这种分析是实时的，没有滞后性；三是自动调整与更新。大数据挖掘技术能够随着计算、挖掘次数的增多，不断自动调整自己算法的参数，使挖掘和预测的结果更为准确。

公共关系活动发生的前提在于信息的不对称，其本质就是通过信息传播有效地达成组织机构与公众之间的沟通和交流，避免由于信息不对称带来的混乱与无序。在传统公关活动中，公共关系作为组织的信息情报中心，所面对的信息不局限于与组织专门业务直接相关的业务信息，还包括社会的政治、经济、文化、科技、军事、民情等全方位的社会情报资料，比如政治信息、立法信息、舆论信息、市场信息、消费者信息还有组织形象信息等。大量信息的存在往往会干扰公共关系活动的有效开展。数据挖掘技术可以帮助公共关系主体迅速识别有效信息，抓住主要矛盾，实现精准的传递。

大数据重视数据，预测前景，探索未知，关注现象，发现机遇。例如沃尔玛超市经过大数据技术分析海量交易数据，察觉周末如果男人买婴儿尿布的同时会顺便买啤酒的独特现象。通常数据挖掘不做刻板假设，具有未知性，但结果有效并且实用。

案例：啤酒与尿布的故事[1]

"啤酒与尿布"的故事产生于20世纪90年代的美国沃尔玛超市中，沃尔玛的超市管理人员在分析处理销售数据时发现了一个令人难于理解的现象：在某些特定的情况下，"啤酒"与"尿布"两件看上去毫无关系的商品会经常出现在同一个购物篮中，这种独特的销售现象引起了管理人员的注意，经过后续调查发现，这种现象出现在年轻的父亲身上。

在美国有婴儿的家庭中，一般是母亲在家中照看婴儿，年轻的父亲前去超市购买尿布。父亲在购买尿布的同时，往往会顺便为自己购买啤酒，这样就会出现啤酒与尿布这两件看上去不相干的商品经常会出现在同一个购物篮的现象。如果这个年轻的父亲在卖场只能买到两件商品之一，则他很有可能会放弃购物而到另一家商店，直到可以一次同时买到啤酒与尿布为止。沃尔玛发现了这一

---

[1] 该案例源自百度文库，原文网址：http://wenku.baidu.com/view/f2d41559ad02de80d4d840ad.html?re=view

独特的现象,开始在卖场尝试将啤酒与尿布摆放在相同的区域,让年轻的父亲可以同时找到这两件商品,并很快地完成购物;而沃尔玛超市也可以让这些客户一次购买两件商品、而不是一件,从而获得了很好的商品销售收入。

在大数据技术的支持下,众多企业在收集海量的用户数据的基础上,可以发现出用户的喜好与购物习惯,做到比用户更了解用户自己。每当用户上网浏览信息时,企业针对每个用户的兴趣爱好,推送个性化的广告内容或者产品信息。"我就在1号店上看了下女鞋,接着一个多星期,上网看到的广告,就以鞋子为主。肯定是我的数据被共享了。"如今,网络已成为人们日常生活的一部分,但这背后始终有一双"看不见的眼睛"无时无刻地注视着人们的每一个行动,因此有人戏称"大数据面前,人人皆裸体。"

同时,在发现问题基础上的预测未来也是大数据的本质特征。在大数据时代,预见行业未来的能力成为企业追求的目标。有了大数据的支持,相关行业科学准确的预测未来也成为一种可能。一度火爆的《纸牌屋》,之所以取得成功秘密就在于通过大数据进行预测,即通过采集其3000万用户的播放动作,包括打开、暂停、快进、倒退等动作,分析400万条评论还有300万次的主题搜索,及时关注分析受众的反映,探索观众欣赏节目的习惯,以此为基础,设计剧集的内容与形式,从而一举成功。更有意思的案例是商场居然比父亲更早得知未成年女儿的怀孕信息,由于商家依据客户的购物行为进而通过大数据分析预测到其有很大的怀孕可能性。大数据预知社会问题的应用功能目前已得到广泛的关注,在社会科学领域将发挥越来越突出的作用。

三、大数据在公共关系活动中的应用之二:匹配策略

发现问题是为了解决问题,挖掘出的数据也只有在经过分析加工后才能产生价值。目前,数据的分析、使用技术已渐趋成熟,例如数据仓库、多维联机分析处理(Multi-dimension OLAP)、数据可视化、内存分析(In-memory Analytics)等都广泛地应用到了这一过程中。现在的大数据技术已经可以把一件产品从发货、收货到使用的情况都记录下来,再通过数据分析,为客户量身定制,匹配个性化的营销和服务。大数据匹配策略在公共关系活动中的形象塑造、咨询决策和协调沟通过程中都有体现:

(一)公共关系活动中的形象塑造

形象对于任何组织或者机构来说都是非常重要的元素。良好的公众形象是一笔无形的财富,它可以创造消费信心,可以吸引优秀人才,有助于寻求可靠的合作者,增加投资者信心,促进他人对自身的了解,得到公众的赞美和支持。所以,塑造良好的形象是公共关系的一项重要职能。

大数据技术让公共形象的塑造更便捷,更科学。大数据时代,形象的塑造

和匹配都由"数据驱动",公共关系传播目标的设定和效果衡量更加精准。小至个人公众形象的塑造,比如奥巴马在大选中成功战胜对手,实现连任,取胜秘诀就在于充分利用了大数据,他的竞选团队在竞选前期进行了大规模与深入的数据收集、挖掘与分析,将获得的数据资料提供给竞选筹划者,制定出确实可行的方针,助力竞选的成功。

案例: 揭秘奥巴马成功竞选背后——数据挖掘团队成支柱

奥巴马竞选团队背后的数据专家注意到,明星乔治·克鲁尼(George Clooney)对于年龄在 40～49 岁的美西地区女性颇具吸引力,她们也是最愿意为了和克鲁尼——当然还有奥巴马共进晚餐而掏钱的人,于是促成乔治·克鲁尼为奥巴马举办竞选筹资晚宴,成功募集到 1500 万美元。

数据还帮助奥巴马竞选团队进行广告购买决策。在选择广告投放渠道时,他们没有依靠外部媒体顾问,而是基于内部数据。一名官员表示:"我们可以通过复杂的建模来找到目标选民。例如,如果迈阿密戴德郡的 35 岁以下女性是我们的目标,那么这里有如何覆盖她们的方式。"因此,奥巴马竞选团队在一些非传统节目中购买了广告,例如 4 月 23 日的电视剧《混乱之子》、《行尸走肉》和《23 号公寓的坏女孩》。此种广告投放的效果可以根据芝加哥的数据来判断:"在电视平台上,我们的购买效率提升了 14%,确保与能够被说服的选民保持交流。"❶

在集体、组织或者机构的形象塑造上,大数据也被广泛应用。比如城市形象的塑造。

案例: "多彩贵州有多彩"——大数据时代贵州形象再造

贵州是中国西南重要的内陆省份,因其多彩而著称,有丰富的自然资源,良好的生态环境,神奇的自然风光和浓郁民族风情,厚重的历史文化,为了推介贵州文化,提升贵州形象,让外界更好地了解贵州的发展,贵州省互联网信息办公室主办了"多彩贵州有多彩"系列网络文化传播活动。该活动旨在通过互联网,利用大数据全方位、立体式地讲述城市故事,相继举办了圆桌会议、网络名人贵州行、网络名人沙龙、微视频作品征集大赛等四个子活动,通过大数据技术全面、快捷地传播贵州。"来势迅猛的大数据时代为贵州科学发展提供了新的历史机遇,同时也为贵州文化传播搭建了新的桥梁",活动主办方希望借助网络的力量,创新话语表达方式,多角度宣传贵州省推进全面深化改革的新举措、新进展和新成效,提升贵州形象。

---

❶ 该案例源自互联网的那点事,原文网址: http://www.alibuybuy.com/posts/77482.html

（二）公共关系活动中的咨询决策

无论是个人抑或组织，面对瞬息万变的外部环境，做出决策都需要参考大量的信息资料，听取不同的立场意见。作为组织决策参谋和智囊的公共关系部门在其中扮演着重要的角色，运用公共关系专业知识和方法，向决策者和各部门提供解决纷繁复杂问题的有关信息资料和咨询建议，为决策提供科学的依据，参与组织决策的全过程，这是公共关系部门的重要职能，组织的公共关系工作假如不能渗透到经营决策中去，就不会显示出的它的生命力和存在价值。

传统的咨询决策过程是出现问题、逻辑分析、找出因果关系、提出解决方案，属于逆向思维模式。管理咨询界奉行的大都是根据主观视角和经验看待信息，做出判断的"谋划"、"凭感觉"模式，而大数据时代竞争战略咨询流程则是收集数据、量化分析、找出相互关系、提出优化方案，是正向思维模式。时代杂志更是断言，依靠直觉与经验进行决策的优势急剧下降。

大数据时代最大的转变是放弃对因果关系的探寻，取而代之关注相关关系，这是舍恩伯格在《大数据时代》中的描述，也就是说只要知道"是什么"，而不需要知道"为什么"。这与现有科学研究思维惯例不同，为人类的认知和与世界交流的方式提供了全新的模式。舍恩伯格指出大数据应用的三个思维变化：随机样本到全体数据；精确性到混杂性，尤其是大数据的简单算法比小数据的复杂算法更有效；因果关系到相关关系。❶

案例：蓝色光标——用大数据看2014年SUV消费者购车 ❷

蓝色光标传播集团大数据部联合百度司南共同发布了《2014中国SUV消费者购车决策研究（精简版）》（以下简称"报告"），从已经购买SUV的一批抽样真实消费者入手，通过技术手段精确定位和追溯到这些消费者在SUV购买决策过程中在多个平台上的购车相关网络行为，在业内首次成功利用大数据分析技术，针对真实SUV消费者的购车决策过程进行了细致客观的分析。

该报告以抽样SUV真实消费者为样本，围绕消费者的购车决策过程展开分析，并且在车主（决策者）、购车关注点（决策要素）和购车所需时间（决策周期）几个大的方面获得了非常有价值的洞察结果。

该研究在以下几个方面获得了宝贵的发现：

1. SUV车主：四线城市潜力巨大

在本次调查的车主中，不出意外的来自一、二线城市的车主人数最多，分别占总人数的38%和30%，同时值得关注的是，来自四线城市的车主人数比例

---

❶ （英）维克托·迈尔—舍恩伯格. 大数据时代：生活、工作与思维的大变革 [M]. 杭州：浙江人民出版社，2013.

❷ 该案例源自中国公关网，原文网址：http://www.chinapr.com.cn/templates/T_Second/index.aspx?nodeid=4&page=ContentPage&contentid=9102

也非常高,占到总数的27%,四线城市的购买力不容小觑。

2. 购车关注点:阶段关注点的明显差异

研究发现,SUV车主在购车过程中最关注价格、口碑以及配置,但是具体到不同的决策阶段又有差异:初期最关注价格和口碑,中期时最关注配置和外观,后期时最关注动力和保养。

3. 购车决策周期:女性在买车时相比男性可能有更高的决策力

从数据来看女性往往购车决策时间更短,更容易在短时间内决断并下手。对于广大车企来说针对女性的销售策略可能需要有相应的调整。

该报告作为蓝色光标与百度司南合作的阶段性成果,聚焦在中国乘用车领域近年来备受关注的SUV车型。此次研究,主要采用蓝色光标自助研发的Blue View大数据分析与营销平台以及百度司南大数据营销决策平台两项产品工具,本次研究通过技术手段打通了SUV真实消费者的新浪微博、主流汽车垂直网站、百度搜索几大平台的用户口碑、行为、搜索数据,从而能够真正帮助广大汽车企业和营销传播从业者,更加深入的了解实际购车群体,更好地把握消费者需求。

2014年蓝色光标与百度司南联合行业研究、联合数据服务及产品等方面多线展开合作和探索,在高科技、能源、汽车、快消等多个行业已有成功的合作案例,非常好地满足了企业主的营销诉求。

随着双方合作的深入,未来会继续在大数据领域展开更多合作,甚至包括联合数据商业产品的设计和开发。相信也会有更多产品化大数据解决方案、创新大数据产品诞生,为有营销诉求的企业主提供更多高附加值的大数据服务。

(三)公共关系活动中的协调沟通

组织环境具有不确定性、可变性、复杂性等特点。社会组织时常与各种环境因素发生摩擦和矛盾,作为公共关系部门,其中一个重要职能就是要协调组织公众之间的关系,解决各种矛盾和冲突,这是公共关系的重要职能,社会组织的良好形象就是在协调沟通中建立起来的。

公共关系的协调沟通的内容主要包括两个方面,一方面是组织内部的协调沟通,比如人与人之间、部门与部门之间;另一方面是组织外部的协调沟通,公共关系部门是组织的"外交部",在对外交往方面具有独特的功能,比如消费者与公众、政府与公众、社区与公众之间等,还有各种职能部门之间,国家与国家之间等都在此沟通范围内。

公共关系协调沟通的方式多种多样,常用的有:直接对话、电话交流、咨询服务、谈判、利用新闻媒介进行宣传解释、举办开放日、会议交流等。采用何种协调沟通方式取决于组织所面临的环境因素、公众关系的复杂程度和实际需要。❶

---

❶ 张岩松,李健等. 现代公共关系学[M]. 北京:经济管理出版社. 2014.

在传统的公关活动中,对事件抑或公众的刻画是粗线条的群体式的,而大数据能提供更详尽的资料,根据所得的较为详尽的资料可以进行更科学、更高效的协调沟通服务,比如"智慧城市"的建设。

案例: 发展智慧城市成为国家战略

李克强总理在 2015 年政府工作报告中明确提出:发展智慧城市。近 2 - 3 年来,智慧城市领域的战略性部署陆续出台,从顶层设计、信息基础设施、云平台、城镇化、经济、民生应用、信息安全等领域作出部署,智慧城市建设成为各省市的重要战略任务。

据估计,一个中大规模的城市,一个季度就能产生 10PB 到 100PB 级别的数据,这样量级的数据规模,是一般信息系统无法有效处理的。因此,一个智慧城市的建设,是离不开强大信息处理后台系统的建设的。只有建立起相应的处理能力,才可以将这些收集到的信息用于更加有效、科学的城市管理和建造环保、绿色的居住环境上来,才有可能在安防、医疗、交通、教育、环保等各方面提供更好的服务,从而真正实现智慧城市的目标。

一般来说,智慧城市通常需要两大智能系统:一是集智慧交通、智慧安居、智慧应急、智慧城管、智慧能源等功能为一体的城市管理系统;二是集教育、医疗、宽带(WiFi)、位置服务、智慧旅游等生活服务为一体的城市服务系统。而这两大智能系统又是有机关联的,成为智慧城市的大脑。

为了更好地完成这两大系统的功能,必须在大规模数据收集基础上,进行快速分析和智能决策。这种分析和决策,已经成为建设智慧城市的关键。例如,智慧城市的重要组成部分智能交通,需要对大量的车辆数据和道路状况进行快速的智能分析,从而解决道路预测、路线计划、流量管理等时效性较强的问题,并对突发事件有效地响应。再例如,如何对海量视频图像进行快速检索和匹配,从而找到特定的人或物体的行踪,也是平安居住方面需要解决的当务之急。

第三节 Web2.0 与媒介融合:互联网时代公关信息传播与呈现

一、Web2.0 与公关信息传播

(一)Web2.0 的概念及组成

Web2.0 时代是相对于 Web1.0 的新的时代。指的是一个利用 Web 的平台,

由用户主导而生成的内容互联网产品模式，为了区别传统由网站雇员主导生成的内容而定义为第二代互联网，即web2.0，是一个新的时代。

Web2.0 技术主要包括博客（BLOG）、RSS、百科全书（Wiki）、网摘、社会网络（SNS）、P2P、即时信息（IM）等。

Blog——博客/网志 Blog 源于 Web log，也是网络日志。它是个人或群体按照时间顺序对身边的人或事作下记录，并且可以不断更新。以 Blog 为阵地，不同时空的人可以无障碍、无距离感的交流，交流方式主要是通过回溯引用和回响/留言/评论。

RSS——联合组织规范技术 RSS 是站点用来和其他站点之间共享内容的一种简易方式（也叫聚合内容）的技术。最初源自浏览器"新闻频道"的技术，现在通常被用于新闻和其他按顺序排列的网站，例如 Blog。

WIKI——百科全书 Wiki 是一种超文本系统，主要是通过提供"共同创作"环境的网站来支持那些面向社群的协作式写作,同时也包括一组支持这种写作的辅助工具。Wiki 系统属于一种互动的人类知识集成网络系统，以 Web 为基础可以对 Wiki 文本进行浏览、创建、更改，而且这种操作的代价远比 HTML 文本小。Wiki 的写作者自然构成了一个社群,Wiki 系统为这个社群提供简单的交流工具。与其他超文本系统相比，Wiki 有使用方便及开放的特点，所以 Wiki 系统可以帮助我们在一个社群内共享某领域的知识。如著名的维基百科，就提供了一个开发、交互、大型的百科全书平台。

网摘——"网页书签"起源于一项叫做"社会化书签"（Social Bookmarks）的网络服务，这项服务是一家叫做 Del.icio.us 的美国网站自 2003 年开始提供的，网友们称之为"美味书签"。

SNS——社会性网络服务 Social Network Service，社会性网络服务依据六度理论，以认识朋友的朋友为基础，扩展自己的人脉。这是一种可以无限扩张自己人脉的网络交往方式，能通过认识的人结识朋友，在需要的时候，可以随时获取一点，得到该人脉的帮助。❶

P2P——对等联网 P2P 是 peer-to-peer 的缩写，peer 在英语里有"（地位、能力等）同等者"、"同事"和"伙伴"的意识,P2P 也就可以理解为"伙伴对伙伴"、"点对点"的意思，或称为对等联网。P2P 对于加强网络上人的交流、文件交换、分布计算等功能显著。

IM——即时通讯，即时通讯（Instant Messenger，简称 IM）软件可以说是目前我国上网用户使用率最高的软件。聊天一直是网民们上网的主要活动之一，网上聊天的主要工具已经从初期的聊天室、论坛变为以 MSN、QQ 为代表的即时通讯软件。大部分人只要上网就会开着自己的 MSN 或 QQ。❷

---

❶ 朱德利.Web2.0 的技术特点和信息传播思想[J].现代情报，2005（12）：74-75
❷ 该内容来自网上营销新观察，原文网址：http://www.marketingman.net/FAQ/0052.htm

（二）Web2.0 的技术特点

Web2.0 的核心不是技术而在于指导思想，是互联网理念和思想的升级换代。因此有人说 Web2.0 是用并不具有革命性的技术手段来承载革命性的信息传播方式，这种方式虽然不产生和依赖于革命性的技术，但它也不能离开技术上的支持。归结起来，Web2.0 具有以下的技术特点：

1. 用 XML 处理 RSS/ATOM/RDF/FOAF 等数据。XML 即可扩展标记语言。XML 能够分离文档的内容和格式。XML 使用 DTD 定义 XML 标记及其相互关系，用 CSS 或者 XSL 表现格式。XML 连接语言 XLL 提供 XML 中的连接。它包括两部分：X link 和 X pointer。使用 XLL，可以多方向连接，且连接可以存在于页面层级和对象层级。由于用 XML 处理 RSS/ATOM/RDF/FOAF 等数据，这些内容能被自由的组合，被各种应用程序呈现和处理。数据是独立的，个性化的，不再和页面和网站混粘在一起。

XML 的这些特点很符合 Web2.0 的信息传播理念，因此得到了广泛的使用。如 Blog 大量采用了 RSS 技术，要求所有的 RSS 文件都必须符合由 W3C 发布的 XML1.0 规范。对读者来说，可以通过 RSS 订阅一个 Blog，确知该 Blog 作者最近的更新。对 Blog 作者来说，RSS 可以使自己发布的文章易于被计算机程序理解并摘要。RSS1.0 版标准就是与 XML 标准严格兼容的。

2. 用 AJAX 来综合 Web 信息发布技术。AJAX 并不是一种技术。它实际上是几种已经在各自领域大行其道技术的强强结合。AJAX 混合了 XHTML/CSS、DoM、XML 和 XSLT 等技术，并通过 Javascript 来对这些技术进行整合。

AJAX 能够实现不刷新浏览器窗口，更不用安装额外的插件就能满足用户的操作，实现动态显示与交互、数据交换及处理。现在设计好的网站，很多是用这项技术实现的，其中 Google 推出的个性化服务，如 Gmail、Google Group、Google Suggest、Google Maps 等就是这种技术的典型代表。

3. 开放的 Web 应用 API。在 Web2.0 环境下，Web 成为一个开发环境，借助 Web 服务提供的编程接口，网站成了软件构件。信息孤岛通过与 Web Service 的对话，能够被自由构建成适合不同应用的建筑。这完全依赖于开放的 Web 应用 API。Amazon、Google、Msn、Yahoo 等都提供这类 API。通过开放的 Web 应用 API，Web 变得可编程，可以执行的 Web 应用。❶

（三）Web2.0 时代对公关信息传播的影响

Web2.0 强调的是由用户的集体智慧和力量主导网络，这对于公关信息的传播会产生必然的影响。我们不难发现，在 Web2.0 环境下，正在由固定化传播走

---

❶ 朱德利．Web2.0 的技术特点和信息传播思想 [J]．现代情报，2005（12）：75

向智能移动化传播；正在由传统媒体传播走向数字化传播；正在由单向性传播走向互动化和深度社会化传播。具体表现如下：

1. 公关信息传播环境从固定互联开放走向移动互联开放

随着网络技术的成熟，2009年，我国3G开始大规模商用，公关信息传播得以从固定互联网传播阶段进入到移动互联网传播阶段。在移动互联开放进程中，宽带网络、移动通信网络、物联网、云计算、智慧城市、大数据等网络等进入一个叠加、融合、渗透的新阶段，移动互联网应用和智能移动终端的普及，使得基于移动互联网的社会化传播成为公关信息传播环境最为重要的发展趋势之一，并逐渐成为公关信息传播的关键组成部分。这种变化也促使公关信息传播环境彻底走向了移动互联开放，微博、微信、虚拟平台社区等成为公关信息传播的重要渠道，而由于这种传播平台的无时空界限性，极易导致公关危机，对于危机的化解，也只有充分利用好开放化的社会化传播方式，如果以封闭的方式、传统的方式，很可能会雪上加霜，事与愿违。

2. 公关信息传播内容从互联网图文走向互联网视频

基于移动互联网传播平台的内容形态大致经历了以下三个阶段：

第一个阶段是以图文为主导的微博传播阶段。Web2.0时代，新的媒体形态层出不穷，每一种新媒体形式的出现都意味着Web2.0的普及和进步，微博就是Web2.0狂飙突进的产物。2009年8月，新浪启动微博测试，成为国内最早推出微博服务的门户网站，至2015年9月，新浪微博月活跃用户已经达到了2.2亿。虽然这一传播平台获得了飞跃式的发展，但其在传播内容上仍然是以图片和文字为主，且对于文字还有字数限制，这一特点也就决定了其成为以图文为主导的传播方式的代表。

第二个阶段是以音频为主导的微信传播阶段。微信是腾讯在2011年1月21日推出的一款通过移动互联网快速发送语音短信、视频、图片和文字，支持多人群聊的手机聊天软件。至2015年6月，微信注册用户已近9亿，日活用户约5亿。微信已经覆盖了90%以上的智能手机，其最大吸引力在于它可以依托手机关联用户和QQ关联用户进行语音聊天。目前来看，其对于海量视频内容传播的能力还有待进一步完善，因此微信算是语音的社会化传播的代表。

第三个阶段是以视频为主导的微视频传播阶段。2012年2月28日，首届华语大学生微电影节开赛。2012年9月，首届"中国国际微电影大赛"启动。2012年12月18日，"中国梦——中国网络电视台原创系列微电影展"正式发布。这些都表明以微电影为代表的微视频正在经历风生水起的探路阶段。这一年轻的传播形式正在逐渐得到受众的认可，可以预见，随着技术的不断完善，微视频将成为社会化传播的主导内容。那么，公关信息传播也将从图文主导的传播阶段逐渐演进到以视频为主导的传播阶段。但是，未来以微视频为主导的传播，自然也会融合图文传播和语音传播等传播方式。

3. 公关信息传播模式从单一、单向传播到多元、互动、深度社会化传播

在 Web2.0 时代，公关信息传播模式的变化主要体现在两个方面：一是主客体关系的变化。传统公关信息传播只注重信息的提供，各种服务是分散的，更缺少用户的参与性和创造性。Web2.0 时代的一大特征是用户创造内容，用户通过博客上贴文字、图片，通过播客上传音视频文件和影视剧，通过微博发表碎片化感言、评论，通过电子杂志软件制作多媒体、个性化的电子杂志。因此，Web 2.0 时代的公关信息传播特别重视个性化用户，而不是笼统的用户概念，同时，更注重与用户互动和交流，强化用户的主体性地位。

二是传播形态的变化。该变化的实质是社会关系互联网社会化和大数据化。移动互联网环境下的社会化传播日益普及，不管是基于内容导向和开放交往导向的微博，还是基于关系导向和封闭交往导向的微信，都不再是单一化的社会化传播形态。基于内容导向的微博，同样也可以具有关系拓展的功能；虽然微博总体上是开放的，但是也附带了具有封闭交往功能的私信和密友等功能。微信也是如此，虽然它基于关系导向、封闭导向进行社会交往，但是其本身也具有传播非私人内容、进行开放交往的可能。因此，对于微博和微信而言，关键就看传播主体群落在这个传播平台上来如何进行具有创新意义的传播活动了。Web 2.0 时代给了公关主体更大的传播自由。撇开传统的传播形式不说，近两年微电影、微博、微信、病毒视频、互动游戏等成了企业公关的新宠。❶

案例： 微电影营销成功案例之天创时尚《爱的定制》❷

图 6-1 《爱的定制》影片截图

《爱的定制》是由广州天创时尚鞋业联合现代传播打造的微电影，获得"年度最佳时尚短剧"奖项，并获得极佳的传播效果。这部微电影与传统单向的品牌理念灌输不同，而是充分发挥了微电影互动的特性，并从内容制作到微电影

---

❶ 付玉辉，郭燕溪. 从社会化大数据传播视角看公关传播 [J]. 国际公关，2013.6
❷ 该案例源自梅花网，原文网址：http://www.meihua.info/a/36596

推广上强化微电影的互动基因。

这部微电影的互动基因全部围绕着"谁才是最佳女主角",下面就让我们来看一下这部微电影的互动基因地图吧。

先是剧情设置上,《爱的定制》并没有设定明确的结局,男主角思念的神秘女孩一直没有曝光,这种悬念式的留白让人充满遐想,也为接下来所有的互动设定了背景与前提。

接下来,关于结尾的悬念引申为与观众的互动。在微电影首发式上,同时宣布了"寻爱之旅"开启。所谓"寻爱之旅",正是寻找最佳女主角。在首发式现场,主办方就设立了【爱的定制-谁是林骏最佳履伴】互动区,邀请在场嘉宾及观众投选心目中的最佳女主角。同时,微博线上投票活动也同步进行。

与此同时,"寻爱之旅"活动也在地面全面铺开。北京首发式之后,在上海电影博物馆,微电影的制作团队和香港作家素黑小姐和资深影评人藤井树小姐一起与观众探讨该剧玄妙的情感线,体会女人与鞋子的微妙关系。到深圳则掀起快闪活动,八十位顶尖舞者,身穿粉红芭蕾舞衣和白色蓬纱裙,手捧着天创时尚KISSCAT,ZsaZsaZsu,tigrisso,KissKitty,Patricia五大品牌的明星鞋款共舞,吸引数百人驻足围观。现场,大荧幕上滚动播放《爱的定制》吸引无数途人纷纷驻足观赏。

从剧情设置到线上线下联合互动,《爱的定制》通过巧妙地互动策划和有效的执行,构筑起强黏性的互动地图,提高了目标群体的参与度。

二、媒介融合与公关信息呈现

(一)媒介融合的内涵与表现

随着各种传播技术尤其是数字技术和网络技术的迅猛发展,原来泾渭分明的几种媒介之间已经悄然兴起一场大融合,即"媒介融合"。在当前阶段主要表现为内容的融合和渠道的融合。

1. 内容融合是指通过数字技术打破媒介内容产品在技术上的壁垒,将不同介质的内容产品进行数字化处理和传输,使原有各种形态的内容都成为两种简单的脉冲信号"0"和"1",文字、图像、声音、影像都可以通过编码技术转化为数字形式,通过这种转化,使不同媒介的内容能够多渠道传播,一方面降低内容生产的成本,释放内容生产力,另一方面节约了媒介资源,提高了媒介的利用率。

2. 渠道融合就是指通过数字技术打破媒介信息传播中的时间和空间的壁垒,实现传播渠道的"兼容"与"连通"。如此,各种不同领域的信息传播渠道,如广电网络、电话交换网络、卫星通信网络等,通过发生融合来满足消费者零时空特性的媒介内容需求。渠道融合的本质是实现同一内容或大致相同的内容在多个不同的终端上使用,通过多种渠道与公众进行沟通与交流。

（二）媒介融合给公关信息的呈现所带来的影响

媒介是公关信息呈现的载体，数字技术推动的媒介的变化必然影响公关信息呈现方式的变化。

1.媒介内容融合改变了公关信息呈现的范式，出现了一种新的信息呈现模式——"融合信息"。这种"融合信息"就是将多种媒介的公关信息传播活动整合进行，传统媒介和新媒介在信息传播方式和受众特点上都是有差别的，即使在传统媒介内部，也存在不同程度的差异，"融合信息"就是根据不同媒体的需要对信息进行分类加工，发挥各自的传播优势，精准高效的传输给特定受众。如某地发生了突发性事件，公关活动主体采集到的素材可能是文字、图片，也可能是录音或视频等，那么在进行危机公关时可以先是在网站上发图片并用文字说明，同步通过广播播报新闻，紧接着通过电视再现事件现场视频和录音，公关活动结尾可以推出以文字为主要载体的深度报道进行总结。

2.媒介渠道融合拓宽了公关信息呈现的视野，运用不同的传播渠道和信息技术，灵活地发布和呈现公关信息和内容，有助于及时呈现公关事件中的细节和真相，引导社会舆论，化解公关危机。伴随着新旧媒体的日益成熟和完善，现今的公关活动越来越注重公关宣传的渠道融合。且融合方式通常是报纸与网络合力行动，共同策划、举办各类论坛、研讨会等，辅以电视和广播，强化宣传，共同推广，最终实现渠道与渠道的互通，平台与平台的叠加，达到优化组合的目的。《瑞丽》杂志所举办的封面女孩大赛，已经发展成现今期刊界和时尚界的年度盛事。其成功的秘诀即在于充分利用了媒介的渠道融合进行赛事公关。从赛事筹备开始，报名到比赛的各个环节都与互联网密切结合，感兴趣的人可以通过电子邮件、网上填表方式报名，通过博客、社交网站渲染该话题，开设专题网站随时公告比赛信息，比赛中的精彩内容和现场声像制作成电子杂志及时传递，并在纸质杂志上不断精彩呈现，起到了很好的公关宣传效果。

案例：第7届瑞丽封面女孩大赛网络传播方案（节选）[1]

传播宗旨：宣传节奏紧凑，确保整个传播过程经网络媒体不断向公众传达的瑞丽女孩大赛是一种时尚标志！

传播渠道：①50个视频（按赛程选择各阶段的经典视频上传在各门户网的播客频道，增强直观性、立体性与真实性）

②腾讯专题多角度、全方位展示，丰富的图文配合报道使活动更添异彩

③320篇网络新闻（将大赛报名启动、区域赛、网络投票、落幕仪式等赛前赛后报道贯穿整个赛事，进行大规模传播，形成强大的舆论声势）

---

[1] 该案例源自朗创网络营销，原文网址：http://www.7374920.com/case/1004.html

图6-2　活动网络图片截图

④12000条帖子（海选帖、投票帖、造势帖、粉丝帖、娱乐八卦帖，美女争霸帖、广发英雄帖，炒火论坛）

⑤选手自建博客，做排行榜，粉丝招募，并定期维护

推广内容：①全面介绍赛事进程与内容②流行意见领袖充分融入时尚元素③时尚达人职业与业余性点评大PK④娱乐抢眼、亮点炒作、八卦翻新的同期跟踪报道

推广形式：①原创体验②BBS/视频内容随时监控

论坛/博客选取：流行时尚类、社会大众类、点击量超过十万以上

论坛/博客数量：总量91个论坛/博客/视频网站或频道；每月平均投放18～20个BBS/博客左右，5个推广周内交替轮换使用，增加软文/视频推广范围和信息传达可信性。

第七章　公共关系的 O2O 模式

随着移动智能终端以让人瞠目结舌的态势崛起，O2O 成为近年来互联网和商业领域的热词，O2O 推动着传统商业形态的互联网和移动互联网生存，改变了人们的购物方式和生活方式。O2O 也改变了传统的公共关系模式，形成了公共关系的 O2O 模式。

第一节　O2O 模式的兴起与发展

O2O 的概念最早由 Trial Pay 的 CEO 与和创始人亚历克斯·兰佩尔于 2010 年 8 月 7 日提出，并由 36 氪于 2010 年 10 月 31 日引入国内，从这之后掀起了一股 O2O 理论和实践的浪潮。[1] O2O 最初是 Online To Offline 的缩写，即"线上到线下"，随着 O2O 的运用与发展，O2O 的含义也不断地发生着变化，演变成 Online To Offline 与 Offline To Online 双重方式。

一、O2O 模式的概念、特点及流程

（一）O2O 的概念

O2O 既 online to offline，指的是线上到线下的消费方式，消费者在线上挑选、支付、下单，继而到线下实体店中消费。O2O 实现了线上线下的联结和联动。线下商家通过 O2O 将商品信息、预订服务、打折促销等信息推送给互联网用户，进而转换为实际的消费者。线上平台帮助商家找到消费者并将消费者的需求传递给线下商家。消费者在 O2O 中也能更便利的消费。

数据显示，美国线上消费只占 8%，线下消费的比例依旧高达 92%；而中国的这一比例，分别为 5% 和 95%。[2] TrialPay 创始人兼 CEO Alex Rampell 的说法很形象："线上的网络购物者，消费者每年花费约 1000 美元，假使普通美国人年收入为 4 万美元，那么剩余的 39000 美元到哪里了？答案是，大部分都在本地

---

[1] 张夏恒．O2O 模式下电商物流对策研究［J］．物流科技，2014 年第 5 期．
[2] 吴勇毅．O2O 营销模式，传统企业的新蓝海［J］．《信息与电脑》，2012 年第 9 期

实体店消费了，人们会把钱花在餐厅、酒吧、美容店、KTV、电影院、美发店、干洗店等。"❶O2O 的使命就是要改造升级目前占 90% 以上的这部分，创新工场李开复说，O2O 模式作为新媒体可谓商机无限。你如果不知道 O2O 至少知道团购，但团购只是冰山一角，只是第一步。

（二）O2O 模式的特点

O2O 是将线下实体商业与线上平台相结合的方式，线上平台通过推广和成交成为线下实体商业的交易前台，线下商业成为线上平台的体验和消费中心。

1. 有实体商业

消费者最终要到实体店里进行消费。OTO 相对于纯电商来说的突出特点在于 OTO 是有实体商业的参与，这是 OTO 的基本特征之一。❷

2. 更适合本地生活服务

由于消费者最终需要到实体店消费的这一特征，无论是打车、KTV、美容院、洗发店还是干洗店等 O2O 盛行的领域，大多为本地生活服务类。与 B2C 专注于传统零售业相比，O2O 专注于消费者所在地的本地生活服务。

3. 无物流

传统的电子商务，消费者在网上下单、网上购买，最终通过物流快递到消费者手中，所以传统的电商，如当当网、亚马逊、京东等的仓库和物流队伍成为其核心竞争力。O2O 模式消费者完成了线上支付以后只需要到店完成消费，不需物流这一过程。❸

4. 在线支付 / 预付

相对于传统商业，O2O 的重要不同在于在线支付 / 预付，无需线下支付现金。通过在线支付 / 预付实现线上平台和线下商家的收益分成，也实现了线上平台对线下商家的服务质量制约。也确保了消费者交易安全、用户对商家服务质量的约束。

（三）O2O 与 B2C 比较

1. O2O 与 B2C 的相同点

两者都是商业服务形式：过去 B2C 在商品购物上发展迅猛，淘宝、京东服务于传统零售业。O2O 把本地生活服务与网络结合，衍生出了 O2O 模式。

交易主流程都是闭环：B2C 模式消费者在网上下单，网上支付，快递发货、网上评价这个过程是个闭环的过程。O2O 网上支付、实体店消费、网上评价也是一个闭环的消费过程。❹

---

❶ 池莲．谈电子商务 O2O 模式面临的机遇与挑战 [J]．《商业时代》，2014 年第 9．
❷ 伍景芳、刘念．论 O2O 模式的博弈论基础 [J]．企业研究．2013 年第 3 期．
❸ 彭惠，吴利．O2O 电子商务：动力、模式与前景分析 [J]．华南理工大学学报（社会科学版）2014 年第 6 期．
❹ 王召义．O2O 模式与 B2C 模式比较研究 [J]．安徽商贸职业技术学院学报．2013 年第 3 期．

2. O2O 与 B2C 的不同点

消费方式不同：B2C 为在线消费，B2C 通过网上下单、网上支付、快递发货，所有的消费环节都在网上完成，无需实体配合。O2O 为到店消费。O2O 通过网上支付、到实体店消费、消费过程中无物流配送、需要实体配合。

与线下商业的关系不同：B2C 与实体商业是竞争关系，B2C 通过减少门面租金、拦截实体店收益，与实体商业竞争激烈。O2O 与实体商业是合作关系，O2O 与实体商业是利益共同体、线上平台帮助线下实体扩大销售额、扩展市场空间，与实体店分享增值收益。

服务的侧重点不同：B2C 通过改变消费者的购物方式服务于传统零售业，所以 B2C 的重点是网络购物，通过物流配送完成消费环节。O2O 的侧重点是本地生活服务业如餐饮、电影、租房、打车、健身等，O2O 将线上的消费者带到线下消费实体店消费。

推送内容不同，B2C 主要推送的是商品描述，比如商品的基本属性、使用方法、保养维护等等消费者所需掌握的购前信息，以商品描述促成消费者购买。B2C 主要是推送促销打折信息，如优惠券、免费体验券、打折信息等，通过促销打折信息使消费者到店体验或消费。

用户体验不同：目前虚拟现实技术还没有达到 B2C 需求的情况下，B2C 的都无法为消费者带来身临其境般的用户体验。O2O 通过到线下实体店消费可以为消费者带来更加完善的消费体验。

（四）O2O 的交易流程

O2O 的交易流程可以分成以下几个步骤：

网上推送：即通过 O2O 上线平台推送信息，消费者根据相关信息作出购买决策。

线上支付：消费者不与线下实体商家发生现金流动，而是通过支付平台进行在线支付或预付。

实体消费：消费者通过支付凭据到线下实体店进行消费。

消费反馈：消费者消费结束后通过线上平台对线下做出描述、评价、打分等消费反馈。线上平台根据消费者的消费反馈对线下实体进行控制和制约。

二、O2O 模式的产生

（一）O2O 模式的推动因素

O2O 电子商务之所以迅速发展受到以下几个因素的推动：

1. 移动互联网和支付手段的发展。O2O 主要服务于本地生活服务，消费者需要随时随地在线上查看商品打折、促销信息、商品信息、下单、支付，移动互联网及支付手段的发展使得这些成为可能。

2.实体商业扩展的需求。随着本地生活服务业的竞争加剧，缺乏大量资金宣传的生活服务业依靠传统的人人相传口碑传播的方式竞争方式难以快速的吸引消费者、占领市场，通过O2O推送促销、打折信息和商品信息吸引消费者的消费体验，能够快速吸引消费者并占领市场。

3.线上企业向实体平台扩张的趋势。随着B2C发展的成熟，竞争愈加激烈，B2C的诚信问题、消费者体验等问题使得B2C发展遭遇到瓶颈，亟需结合线上与线下的优势，例如，近年亚马逊、汪氏家具等纷纷开线下实体店。

4.消费者需求。消费者在足不出户的情况下通过线上筛选服务到线下体验，既节省了消费者实地选择、等待消费的时间。王艳江认为在线选择，查看评价和商家信誉、获得更多关于产品的参数和信息，这种线上浏览筛选、线下有目标的体验更符合现代年轻人的消费习惯，既节省了时间，又减少交通成本。❶比如消费者通过O2O可以选择餐馆、查看菜单并在线下单，而后直接到店消费，既节省了消费者选择餐馆的时间和到店点餐时间。

（二）O2O模式的产生过程

2006年沃尔玛公司提出SitetoStore战略，消费者通过B2C在线支付和订单汇总之后到4000多家连锁店取货，这就是最早的O2O模式。Alex Rampell在2010年8月份提出了O2O的概念。之后随着Groupon（即高朋网）的火爆，O2O模式被越来越多的人关注。之后，国外许多公司都开始布局O2O领域，比如Uber、Jetsetter、Getaround、JHilburn、Zaarly等。国内，携程是O2O的前身，携程通过线上提供景区景点信息、吃、住、行、乐、购等全方位旅行信息吸引游客，收购线下旅游公司提供酒店预订、机票预定、旅游预订等旅游服务。早期的携程实行的是线下支付的方式，所以只是O2O的前身。2003年之后，大众点评、赶集网等生活服务类网站的兴起启动了生活服务市场的互联网化。这些堪称前O2O时代。随着互联网与在线支付的发展，2010年团购市场的火爆开启了电子商务的O2O时代。O2O概念在2011引入国内，在团购和生活服务类的电子商务营销活动中快速规模应用。2012年，O2O逐渐成为社会商业热点，收到线下实体商业的青睐。

三、O2O产生的发展前景

（一）市场规模快速成长

阿里巴巴创造了B2B的商业神话，之后的当当网开创了B2C的先河，淘宝

---

❶ 彭惠,吴 利.O2O电子商务：动力、模式与前景分析[J].华南理工大学学报（社会科学版）2014年第6期.

网开创了C2C时代，在B2B、B2C、C2C使电子商务走向成熟和稳定，然而这些电子商务模式在交易链条中线上商业与线下各自占有自己的领地，互不干扰，宛如两条平行线，无法控制线下，更无法改善用户体验。所以当O2O最初产生时，人们凭借直觉认为O2O就是线上将线下作为销售前台，线上购买，线下完成消费体验。随着O2O实践的发展，人们发现O2O不仅于此，它是线上与线下这两条平行线的交汇。2010年，Alex Rampell首先引入了O2O概念，并预测在未来的10年里，移动互联网模式下O2O的经营规模将快速发展，超过现有互联网电商规模的十倍。"O2O让信息与实物之间、线上与线下之间的联系变得更加紧密。"中国电子商务研究中心分析师吴雪飞对《中外管理》说。《2012年度中国O2O市场研究报告》显示，2012年中国O2O市场规模达到986.8亿元，同比增长75.5%，预计2015年，中国O2O市场规模将达到4188.5亿元。其中，餐饮服务业发展令人瞩目，增速比肩O2O市场整体发展速度。2015年两会期间，国务院总理李克强作了他任职后的第二份政府工作报告。在政府工作报告中，李克强总理还首次提及"把以互联网为载体、线上线下互动的新兴消费搞得红红火火"，❶这是中国政府总理第一次提及鼓励O2O线上线下互动消费，这对目前大热的O2O行业将起到促进作用。

（二）电商与实体巨头加盟

李开复说"O2O未来会改变中国"❷这也许并不夸张。由于O2O的巨大前景，电商与实体巨头开始布局O2O平台。腾讯通过微信为O2O提供了平台，使得餐饮O2O、社区O2O、家居O2O能够利用微信平台开展。阿里巴巴通过团购、支付宝、一淘等业务显现了步入O2O领域的决心，百度通过百度地图周边服务（美食、酒店、旅游景点和休闲娱乐）、百度外卖等等悄然成为O2O的巨头。苏宁则通过苏宁易购布局O2O平台，期副董事长孙为民说"苏宁易购的开放平台未来将成为苏宁O2O的重要环节"。

（三）涵盖领域越来越多

近年来O2O已经从原来的零售和餐饮等本地化生活服务全面扩展到第三产业并形成了互联网医疗、互联网教育、互联网交通等新的业态，并且正在向第一和第二产业渗透。

四、常见的O2O模式举例

O2O在中国兴起以来，2013年发展迅猛并覆盖了生活的角角落落，2014年

---

❶ 卢益清、李忱. O2O商业模式及发展前景研究[J]. 企业经济.2013年第11期.
❷ 王晶. O2O的远大前程[J]. 新疆界.2011年第8期.

被公认为是 O2O 元年。

（一）餐饮 O2O

餐饮是 O2O 较为成熟的领域，O2O 也涵盖了餐饮的各个方面，比如以饿了么等为主的外卖平台；以好豆网等为主的菜单、点菜平台；以厨易时代为代表的生鲜半成品平台。

（二）打车软件

从早期的滴滴打车、快的打车到后来的易道、Uber 受到乘客和司机的喜爱。乘客足不出户即可输入出发地和目的地，司机接单后与乘客联系，顾客乘车后在线支付进行付费。

（三）团购

许多消费者在开始一天的娱乐活动前都会通过团购网站进行预订，餐饮、电影、KTV、健身、旅游涵盖了娱乐的方方面面。消费者在网上下单并支付，到实体店中进行消费，最后还可以通过网络对商家进行评价。

兴起于 2010 年的团购已经成为很多消费者的消费习惯，通过团购网站预订餐饮、电影、旅游、KTV 等生活服务并在网上下单支付，之后到店消费、评价。

（四）电影在线购票

消费者通过猫眼、百度生活服务等 App，在线预订电影票、选择座位并支付，之后去电影院取票观影已经成为大多数人看电影的方式。

第二节　公共关系 O2O 模式的概念与特点

随着 O2O 模式的兴起与发展，O2O 模式改变了传统的公共关系模式，形成了公共关系的 O2O 模式。

一、公共关系 O2O 模式的概念

公共关系 O2O 模式指的是社会组织通过有计划、有目的地运用 O2O 模式，塑造组织形象、加强组织与公众之间的了解和沟通，以达到社会组织与公众之间建立良好关系和促进组织自身的和谐发展。公共关系 O2O 模式是公共关系的方式之一，具有传统上公共关系的特征。从公共关系 O2O 模式的概念出发，公共关系 O2O 模式的首要公众包括以下几类：

（一）第三方支付工具合作商

随着第三方支付的成熟，O2O平台可以自由选择与第三方支付公司的合作运营。没有在线支付，O2O平台就难以控制商家的服务质量，确立消费者信任机制。第三方支付工具合作商是公共关系O2O模式的首要工作之一。

（二）实体商业

到店消费是O2O与B2C的最重要区别。公共关系O2O模式中，与商业保持良好的关系才给消费带来良好的消费体验，进而不断吸引消费者到平台上来，O2O才能够取得成功。

（三）用户

O2O平台要汇集起规模用户基础，才具备和线下商家博弈，吸引商家参与平台。所以O2O平台必须吸引规模用户滞留在平台上。

二、公共关系O2O模式的特点

（一）独立、律己、平等的主体

独立的主体：长期以来，公共关系的运作通常要依靠大众媒体。公共关系主体本身缺乏大规模发布信息的渠道，其运作缺乏独立性。公共关系O2O模式赋予了公共关系主体独立而强大的传播武器。能够使公共关系的主体在传播信息时更具有主动性，同时能够增加人际影响的作用。

律己的主体：在传统的大众媒体时代，容易出现沉默的螺旋，在公共关系的O2O模式中，大众媒体的力量将减弱，沉默的螺旋也将会减弱。公共关系客体能够通过亲身体验的方式形成自己的判断，同时减少了舆论压力，公共关系客体对于"舆论孤立"的恐惧将会减弱，能够自主的发表自己的意见。在公共关系的O2O模式中公共关系的主体要做到律己而不是愚弄大众才能获得大众的认可。

平易的主体：在大众传播时期，公共关系主体凭借媒体本身的传播优势高高在上。公共关系主体是公共关系活动实际上的中心和主宰者，公共关系客体只是宣传的对象或是理念的接受者。公共关系客体，由于缺乏多元的信息源和公开表明立场、态度的媒介渠道，而始终处于弱势地位。在公共关系的O2O模式中，新媒体的存在使权力的天平发生了偏移，公共关系的主体与客体间更加平等。更重要的是，在公共关系O2O模式中的客体，客体通过体验更具有权威意见表达。在公共关系O2O模式中，主体的控制力不断减弱，公共关系的客体话语权不断增强，获得更为平等的传播沟通地位。

（二）主动、聚集、议事的客体

主动的客体：在公共关系的O2O模式中，在公共关系的主体发布了信息以后，公共关系真正的开始在于公共关系客体主动地搜集信息。与信息获取的便利性一同到来的是，公共关系客体在公共关系运作中将变得更为主动。在公共关系的O2O模式中，公共关系客体相对而言更容易获得关于主体或是其活动的资讯，因此其"阻力认知"相比在传统媒体环境中显著降低。依据格鲁尼格的情境理论，可以合理推断，在公共关系的O2O模式中，公共关系客体在公共关系运作中将扮演更为主动的角色。

聚集的客体：在传统传播环境中，大众传播与人际传播泾渭分明。大众传播被认为是一种"点对面"的传播，而人际传播则是"点对点"。在公共关系的O2O模式中，客体之间建立了广泛而紧密的联系。对主体中的每一个信息而言，他们可以通过不同的渠道获得信息，同时，也可以自行决定将信息传给广泛的他人。网络中的公共关系客体将更倾向于彼此聚集，分享共同的观点和爱好。这种聚集（现实或虚拟空间）使客体之间产生亲密感和认同感，将彼此视为"我们"，从而聚为群体，进而形成较强的凝聚力，形成特殊群体。谢里夫在群体规范研究中发现，在不确定的环境下，人们依靠别人的指导。它同时显示，群体的影响能够超越群体本身，出现在没有群体的环境中。在种种模糊不清的领域里，群体对人们的态度具有极大的影响力。阿施对群体压力的研究显示，有些人情愿追随群体的意见，即使这种意见与他们从自身感觉得来的信息相互抵触。即使是以前人们从未接触过的偶然群体，群体压力仍会发挥很大影响。

议事的客体：在公共关系的O2O模式中，分散的、彼此没有发生联系或很少联系的个人能够开始形成舆论，并以O2O平台为载体进行传播，当个人意见进入群体传播阶段，群体舆论就形成了。参与群体传播意见的人群构成舆论群，这是产生群体舆论的主体，是一种诉诸传播行为的自动群体。抱着相同意向的个人聚合在一起交换意见，求同存异，彼此呼应，舆论的各项要素开始形成。舆论处在社会讨论状态将呈现出无数舆论圈，各个舆论圈又以辐射的方式向四周扩展，使意见讨论的范围不断扩大。个体在所属的不同舆论圈中将自己所知道的时间或意见引起更多人的关系和讨论，这就扩大了舆论波及的广度和深度。

（三）定制、精准的信息传递

针对不同的受众设计、传达不同的信息能够提高公共关系的运作效率。通过公众的行为分析，公共关系主体需要考虑、受众需要什么样的信息、受众收到自己的信息后有什么样的反应，公共关系主体需要确保呈现在公众面前的信息订制化的、精准的符合不同公众的需要和要求。让不同的受众能够从中获得满足，这样公共关系运作也能够更为个性化、人性化。

（四）即时的公共关系效果

在公共关系的O2O模式中，通过客体的主动信息搜索进而进行即时的体验，这个过程中，将潜在公众转换为行动公众，通过行动产生了体验，并将信息反馈到O2O平台，对其他的公众将产生较为权威的意见，进而影响到其他公众的选择，最终快速形成公共关系的效果。

三、公共关系O2O模式的优势

公共关系O2O模式的优势主要体现公共关系成本的降低及公共关系效果的提高上。

（一）公共关系成本的降低

1. 时空成本

降低公共关系时空成本不仅是公共关系主体的诉求，也是公共关系客体的现实要求。传统上，一个社会组织要建立起良好的公共关系需要耗费较长的时间周期。而公共关系O2O模式能够迅速的将信息推送到公众面前，通过让利等方式使公众参与其中，公众通过体验能够根据自己的判断建立起全新的评价，时间周期较短。从空间上讲，传统的公共关系模式受制于空间的限制，一些服务好的商家由于地域等原因，很难建立起公众认知，而公共关系O2O模式能够消解地域的不足，进而减少空间传递成本。

2. 经济成本

从经济成本来看，公共关系O2O模式需要投入的成本仅仅为平台让利成本与销售让利成本，并能够快速的使知晓公众转变为行动公众，而传统的公共关系则要耗费大量的成本在培养认知公众上，之后又需花费大量的成本在转化知晓公众到行动公众上。

（二）公共关系效果的提高

1. 效果的即时性

在公共关系的O2O模式中，通过客体的主动信息搜索进而进行即使的体验，这个过程中，将潜在公众转换为行动公众，通过行动产生了体验，并将信息反馈到O2O平台，对其他的公众将产生较为权威的意见，进而影响到其他公众的选择，最终形成即时的公共关系的效果。

2. 效果的可测性

通过用户的评价、评分，公共关系的主体能够快速的知晓公共关系的效果，同时通过行动公众的流量能够得到现实的反馈。

四、公共关系O2O模式失败案例

以到家服务为例，外卖、家政和洗衣是家政O2O里需求比较旺盛的领域，但由于消费者满意度不高、公众评价较低使得这些业务目前仍然无法获得消费者的青睐。比如外卖平台等餐时间过长、家政服务中阿姨很难预约服务质量不稳定，这些平台产品问题的存在及公共关系处理的实效，使得消费者怨言满满，进而影响了平台的发展。

比如家政服务领域。目前的58同城、阿姨帮都可以提供家政人员上门服务，但消费者很难选择自己喜欢的阿姨，也很难做到随叫随到，预约来的阿姨服务质量参差不齐，同时还有很多消费者抱怨在进行促销活动中服务订单会被无故取消、客服电话也很难打通。这类失败案例，在公共关系O2O模式中既没有处理好与线下平台的关系，也没有很好的解决公众的质疑和问题。

在比如上门洗衣服务。目前，e袋洗、泰笛洗涤、无止净等都提供北京地区上门取衣服和洗衣的服务。但在下单后发展，这些服务并不是自己标榜的那样能够随叫随到、上门取衣，而是下单后经过无数次电话催促才来取衣，之后又经过漫长等待才能拿到洗好的衣物。这类失败案例在于线下的服务量达不到O2O平台的订单需求。因此使公共关系陷入舆论的漩涡。

第三节 公共关系O2O模式的操作方法

根据O2O商业模式的不同种类，将公共关系O2O模式的操作方法分为以下几种，线下公共关系的操作方法、线上公共关系的操作方法、交易型公共关系的操作方法、顾问型公共关系的操作方法。

一、线下公共关系的操作方法

在O2O商业模式中往往存在这样的问题，线下商业实体、消费者和O2O平台三者之间看似亲密无间、密不可分实则缺乏忠诚度。表面上看，线下商户依靠O2O平台作为自己的销售前台争取更多的客户、消费者通过O2O平台能够更便利的消费，O2O平台通过促成线下实体与消费者的交易而获取利益，三者关系亲密无间。实际上，消费者对O2O平台的忠诚度较低，选择打折、便宜甚至免费的产品，且偶发性访客较多。线下实体对于线上平台收取的高额的费用不满，也由于打折、促销信息的过多推送，使得实体在打折促销时订单量大、服务跟不上、消费者不满意，影响后续消费。正常价格销售时订单量较小。更为严重的是，如果线下上商业服务不周到、质量不过关，一旦有客户在网络上投诉，影响其他消费者的体验，同时负面口碑很可能迅速传开，负面口碑蔓延，商家

的生意因此一落千丈。由此，线下公共关系就显得格外重要

根据线下公共关系的复杂程度，可以将线下公共关系分为两种，轻型线下公共关系与重型线下公共关系。轻型线下公共关系实体商业的公共关系难度较小，例如大众点评、布丁优惠券、美团、摇摇招车、易到用车、逛街助手、航空管家上的商家，这种O2O流量购买相对容易，重在线下公共关系的维护。重型线下公共关系，例如安居客、美餐、神州租车、到家美食会、齐家网、右道车品等。O2O流量购买相对较难，对线下服务要求较高。

（一）增强公共关系黏性

以消费者为中心提供超越竞争对手的价值（服务、产品），进而争取到消费者。在O2O模式下，消费者选择范围扩大、选择成本降低，在搜索、选择、评价的主动参与性增强，并通过O2O加强亲和力和消费者归属感，以此增加消费者黏性。

（二）以数据挖掘技术来维护公共关系

以数据挖掘技术为基础，对线上导流的消费者进行分析，深度挖掘消费者的产品需求、信息需求及生活品质需求，从而利用这些知识与消费者建立公共关系，提升消费者的忠诚度。

二、线上公共关系的操作方法

线上平台是O2O生态系统中的开端，既线上发展、同意体验，也是生态系统中的结束（评价、分享体验）。因此，线上公共关系的操作显得尤为重要。O2O模式的优势在于互联网无地域限制、信息量大、可进行用户数据分析等特点，可以更好的解决公共关系中存在的问题，促进公共关系的良性循环。然而，线上公共关系也面临着很多问题，比如用户评价过多无法一一回复，缺乏体验功能、大数据处理也需要耗费较高的人力物力。如果仅仅将其等同于广告传单这样就降低了O2O的实际意义；商家的产品和信誉难以保障，最终影响O2O平台的公共关系建立；线下到线上的信息提供需要大量的人员，例如，24券从创办初期的二十多人发展到几千人只用了不到一年的时间，随即也需要巨大的资金来保证这种增长速度，大量的资金难免出现断档，因而不断地给团购型的O2O网站带来问题，这种粗放式的增长中人员资金双不足必然面临着线上公共关系的失败。

（一）完善信用管理体制

规范线下商家信用评级和信用服务的工作流程，并加强各信用机构的合作，对于具备资格的信用中介机构，应鼓励其信息共享，协同合作，分险共担，以信用管理体制来保证线下商家的信誉和质量，建立淘汰机制，形成公共关系良性循环。

当消费者看到一份几近完美的商品服务描述，兴冲冲的要到线下店面"体验"时，才发现真实情况并非如此。这种情况在O2O平台中非常常见，出现这种情况一方面可能是线上平台"美化"了商品服务信息，也有可能是线下实体信用出了差错向O2O平台提供了虚假的商品描述，也有可能兼而有之。这些都会导致公共关系O2O模式的失败。

（二）更新模式，满足客户个性化需要

建立个性化接口和用户个人数据库，并让客户根据自己的需要和爱好从信息资源中选取数据建立具有个人特色的数据库。企业针对客户需求进行过滤和分析，获得用户的消费模式、需求偏好，准确把握信息用户的个性和需要，调整系统服务的角度和内容。

（三）用数据挖掘技术维护公共关系

用数据挖掘技术建立用户的需求、消费习惯、评论信息，同时提供更精准的发现、导购、搜索、评论等信息服务。

（四）加强内部公共关系管理

O2O服务链条厂，责任主体不明确。内部公共关系管理不完善可能会导致公众在消费中发现了质量问题，会出现踢皮球似的处理方式。通常遇到这种公共很少使用法律途径来解决，坚持解决只能在线上平台与线下商家之间来回奔波寻求处理，耗时耗力，这必然会导致公众的不满。所以，O2O平台需要建立一套完善的机制来平衡商家和消费者利益。这就需要内部公共关系的建立，通过内部公共关系的建立，保证工作人员达成选择、保护优质商家，倾听、用心解决消费者困惑的氛围。

三、交易型公共关系的操作方法

交易型的公共关系主要针对的是交易型O2O模式，交易型O2O模式其典型范例是团购。团购是通过打折、订购等把线下实体的信息推动给互联网用户，将互联网用户转换为线下顾客。团购的这种方式适合当前国内中间环节不透明、存在暴利的领域。交易型销售有两个特点：第一产品同质化，要抱团采购，产品就不能差异太大；第二价格几乎是交易的唯一焦点。然而，从公共关系的角度，交易型的公共关系建立也有一下几种方法：

（一）与位置服务相结合，强化用户关系

基于位置的团购是能够让消费者高效、便利的解决生活所需。在打折领域团购已经走向了极致，商家和平台的利润都压缩到了极致，通过基于位置服务

为用户提供更多的方便,从而赢得消费者的好评。

(二)让买家做主建立关系

这种类似于国外的 Priceline,消费者给出一个能接受的价格,网站来提供符合需求的产品。消费者形成杀价帮,杀价帮提出一个产品的团购,能够提供该产品的实体进行更出价的竞争,出价最低的商家赢得此次订单。通过多个经销商的竞争,从而有机会最终让消费者获得利益。

(三)与 SNS 社交相结合

口碑传播在商品买卖、体验服务中起着非常重要的作用,所以如果能将社交与购物联系在一起,的确非常符合中国人的消费心理,与 SNS 社交相结合能够是其建立起口碑效果,公共关系的建立会更加牢靠。

四、顾问型公共关系的操作方法

顾问型公共关系主要是针对顾问型 O2O 模式,顾问型 O2O 主要目的是强化品牌、广告和体验。顾问型销售与交易型销售相反,它考虑的核心不是成本,而是利润。顾问型销售的法则包括:产品或服务与竞争产品有所差别;产品或服务按客户需要细分或定制;客户对产品或服务如何提供解决方案或增加价值并不是完全了解;产品或服务要让人感到以客户为中心;产品或服务的较高成本可以被证明是合理的。例如,以"O2O 联动"为目标的福建七匹狼实业股份有限公司,原先是一家拥有 3000 多家线下实体店铺的传统服装企业,从 2010 年开始,开始进行线上营销。七匹狼的营销战略建立在产品差异化、服务差异化基础上。七匹狼为了避免同质性,采用了差异化营销的手法。在产品上,七匹狼对相同的产品用营销方式进行区隔,相同的营销方式用产品进行区隔。比如有 50 款销量超过 800 件以上的 T 恤,就要把款式分配给各个分销商。不同店铺 20%~30% 的产品都是有区隔的;在服务上,对分销商按电子商务的 7 大块基础点分拆出来,使服务差异化。此外,O2O 模式在品牌营销、广告营销和体验营销三个方面,具有满足顾问型销售的优势。强化网络品牌宣传,品牌的电子商务化,利用 O2O 强化企业在互联网上的品牌,以此带动线下销售。通过 O2O 营造广告效应,由于 O2O 推广能获得精准的反馈效果,同一般无目标地投放广告相比,对于商家来说有强大的吸引力。对于 O2O 来说,由于是先下单再进店,所以很容易评判线上推广的效果好坏。从商家来说,加入 O2O 相当于定向广告推广。营造良好线上体验,O2O 线上服务本身,可以通过信息方式,提供良好的用户体验。

第八章　互联网时代的公关新闻传播

就公关与广告的不同之处而言，简言之，广告是自己说自己好，公关是别人说自己好。虽然这种说法有缺陷与偏颇之处，但可以给我们最清晰最直观的感受。如何让别人说得更可信？新闻作为新近发生的事实和评论❶，在长期的发展中受到职业与社会的双重压力，传统新闻把关比较严格，因而形成了自有的较高声誉和公众的信任度。同时，新闻能够将特定的信息及时的传递给受众，以有效的宣传和塑造社会组织的公众形象，实现组织与公众的良好沟通。

因而，自大众传播时代开始以来，新闻就是公共关系最重要的传播途径，也是和受众进行沟通最便捷的方式，受到社会组织和企业的偏爱。

到了互联网时代，基于技术平台之上的传播方式给整个社会带来了翻天覆地的巨变。新媒体如雨后春笋不断生出，传统媒体纷纷嫁接线上，以其低门槛、高互动、低成本、高传播等特点紧紧地抓住了公关从业者的眼球。公关新闻也在时代感召下纷纷关注线上，携手线下共同为社会组织和企业的公关做出不可忽视的贡献。

第一节　互联网时代公关新闻的特点、内容和类型

互联网时代的公关新闻，指的是个人和社会组织在网络媒体上发布的带有新闻性质的信息，向相关利益公众传递特定信息，实现沟通，从而创造出有利于内外发展的环境，以达到既定目的的活动。在业界实际操作中，也被称为互联网新闻发布、网络新闻公关、网络媒体发稿、网络新闻营销等，频繁的出现在公众的眼前。虽有称呼上的差异，究其实质却相差无几。不过是不同行业、不同参与者、不同视角下的称呼不同。

网络公关新闻是传统的公关新闻在互联网的时代下，与网络相互独立又逐步融合的公关形式，发展迅速。然而对其理解也并非是简单的一加一等于二，

---

❶ 陆定一. 我们对于新闻学的基本观点 [N]. 解放日报，1943-9-1.

需要关注到互联网时代下,公关新闻的特点。

一、网络公关新闻的特点

(一)网络公关新闻的主体为个人和社会组织

狭义的公共关系主体是专门执行公共关系职能的公共关系机构和人员。从广义来讲,在传统大众传播时代,由于我国媒介资源的稀缺性和操作的专业性,公关新闻工作的主体是社会组织。所谓合法"社会组织",又分为社会团体、民办非企业、基金会等;另一类则更多被称为草根组织,它们大部分没有在政府部门登记,数量日益增长但难以统计。❶是被有目的、有系统的组织起来的具有社会行为能力的组织,通常具有特定功能。

社会组织是公共关系主体,是公共关系活动的发起者和受益者,是向公共关系客体主动施加影响的团体。❷从社会组织类型上,有不同的划分方法,从公共关系的视角来看可以根据组织的性质划分为公益性组织、营利性组织、互益性组织、服务性组织。包含了政府、军队、法律等公共事业管理机构,工商企业、金融机构、广播电视等以生产、流通、咨询等盈利为目标的经营性组织,工会、妇联等以本组织利益为目标的非营利性组织,医院、学校等为全社会公众服务的非营利性组织。当然,专门执行公共关系职能的公共关系机构也包含在营利组织之内。即当政府、企业和其他社会组织有公关新闻的需求时,主动自发的联系,自主写稿或请新闻从业者根据需求写稿,再由媒体发布。或在需求产生后,将业务交与公关机构,由公关机构负责处理后续写稿和联系媒体发布的工作。

在互联网时代,网络公关新闻的主体加入了个人,如芙蓉姐姐、凤姐、奶茶妹妹等网络红人的包装和推广在互联网上层出不穷。网络技术平台之上给每个网民带来了公平的发声权力,网络红人的号召力甚至不亚于许多社会组织。在个人层级需求的促使和经济利益的驱动下,个人的公关新闻占据了网络公关新闻的不小比例。

总体来看,呈现出网络公关主体自主性增强,传播效能得到提高的特点。❸

(二)网络公关新闻是以网络新闻为手段的互联网时代下的公关活动

采用网络新闻为手段是网络公关新闻不同于其他互联网时代背景下公关活动的一个最主要的特征,也是其核心价值的体现。

---

❶ 纪莺莺. 当代中国的社会组织:理论视角与经验研究 [J]. 社会学研究,2013,05:219-241+246.
❷ 鄢龙珠. 现代公共关系学 [M]. 北京:北京交通大学出版社,2011.
❸ 郑小兰. 完善和发展网络公共关系的途径 [J]. 地方政府管理,2001(12).

什么是新闻？新闻学者通常认同，新闻是对新近发生或正在发生的事实的报道或评论。网络新闻虽然有着与大众传播时代的新闻不同的新特征，却也不能脱离新闻的本质，即充分体现对象主体的价值，凸现出来报道对象的新闻价值和体现评论对象的议论价值；严格遵守新闻的真实性原则，不能无中生有也不能张冠李戴，要求从业者对细节的把控，尽力做到客观公正；注重发挥事实的作用，要用有价值的事实说话；在真实的前提下追求时效性。这也是公众认可新闻的价值，且认为其可信度高的缘由。

网络新闻受到互联网技术发展制约和网络媒体监管制度不健全的两方面影响，其可信度已远远不能与大众传播时代相比。网民质疑中国网络新闻可信度的五个主要原因是：不独立、来源不可靠、报道不专业、过度商业化和管理不规范。❶

在网络媒体背景下，将网络新闻作为手段，就是要利用公众对于新闻价值的认可来将信息传递给目标受众，同时则要规避造成其可信度不高的因素来提升传播效果。公关新闻是一门高超的公关艺术也是一门科学，只有全面地掌握其特点、抓住良好的时机，才能达到使组织与公众建立良好的信息沟通和双向交流，达到公关新闻的效果。

（三）网络公关新闻是为实现既有目的的特殊活动

网络公关新闻是通过传达特定信息来实现公众沟通，从而创造出有利于内外发展的环境，以达到既定目的的活动。是带有明确的目的性的特殊活动。

普通性质的新闻由于事件及事件相关人员的随机性，被报道事件和事件相关者一般处于被动的地位。新闻是在现实生活中已经发生或正在发生的自然而然发生或是偶然突发的事件，遵循事物发展的客观规律，且通常不以人的意志为转移。而公关新闻则带有主观性和人为性。新闻事件和事件相关人员是经过公关从业者的精心策划和推动出来的。即时抓住可利用的社会热点事件或公众关心的热门话题结合公关主体，将事件转而成为新闻。有些公关新闻甚至是尚未发生，通过公关组织精心策划而来的事件，以促使网络媒体将事件作为新闻内容，进行宣传报道。

为了达到既定目的，公关新闻的内容和写作方式通常还比一般新闻更具趣味性和戏剧性，以达到吸引目光，增强传播效果的作用。

（四）复合式传播路径

网络新闻传播不再是由报刊、广播、电视新闻媒体为源头的一对多的路径，而变为一对多、多对多、多对一的复合式传播路径。

---

❶ 岳修科. 网络新闻失实问题探析[D]. 郑州大学，2013.

传统媒体的网络版保持着品牌优势，继续在新闻领域独领风骚；互动媒体不断将互动体验优化，所占网络媒体比重不断上升；垂直媒体将内容做精做专，成为特定信息获取的主流；分众媒体牢牢抓住目标受众，在传播效果上占据主动。各个网络媒体统统成为互联网络之中独立存在于空间之中立体的节点，新闻信息则通这一个个立体的节点进行着纷繁复杂的交叉传递。一则优秀的新闻报道常见于被多家网络媒体转载，这是在传统大众传播时代不曾出现的新现象。如何获取更多网络媒体资源，通过复合式传播路径将信息更精准地传递获取直接和间接影响力，是每一个网络公关新闻主体需要思考的问题，也是需要掌握的技能。

同时，互联网时代颠覆了传统媒体的精英模式，舆论话语权逐渐转移到草根阶层，由此而生发了一个新兴词汇"草根新闻"。"草根新闻（Grassroots Reporting）也称公民新闻（Citizen Journalism）、参与式新闻（Participatory Journalism）、开放信源新闻（Open-source Journalism），主要指公民个人或群体借助新技术手段发布新闻的一种方式，由此形成一种新的传播模式。"[1] 在社交媒体中经常可见，一条新闻得到关注是由名不见经传的草根的发起，同时通过影响力层级递升的网民进行呼吁与评论，结合网络媒体的助力，最终成为互联网上乃至整个社会热议的话题。公关新闻如果能利用好这种话语权的转移，则将极大的节省公关费用支出，以付出极小的成本获取更大的传播效果。

然而，作为公共关系从业者，也需要警惕的是，复合式传播路径所带来的不只是机遇，也存在挑战。即是说负面新闻也将在复合式传播路径中进行传播，所带来的网络舆论风险以及可能产生的危机将远远大于传统大众媒体时代。

（五）多样化的新闻形式

网络公关新闻的形式较之以往丰富多样，且随着互联网技术的发展不断增加新的表现形式。总结来说就是讲多媒体技术与公关新闻进行优化组合，不仅有传统的文字内容，同时还可结合声音、图像、动画、链接等资源，打通线上线下的区隔，进行多屏联动的传播等都是新兴而又备受关注的新闻形式。真正做到了新闻信息的图文并茂，内容的鲜活生动，效果的一举多得。

传统大众传播时代，公关新闻的主要形式发布新闻稿和举办新闻发布会。即主要通过报刊刊载新闻稿件，通过广播、电视发布新闻消息，直播新闻发布会，或播出实现录制好的模拟新闻形式的节目。同时，传统大众媒介经历了较长时间的发展，与之相匹配的是受众对于信息获取和鉴别的丰富经验。受众对于新闻真实度的要求使其更倾向于权威媒介品牌，比如要收看真实可信的新闻报道，认准央视中央一套新闻频道就可以了，对于表现形式所带来的趣味性需求就受

---

[1] 魏少华. 零门槛的隐忧：草根新闻与把关人理论[J]. 新闻界，2009，03：67-68+71.

到压制。受众对于新闻深度的要求促使其更倾向于知名媒介品牌,比如要深入关注一则社会事件的来龙去脉,认准南方周末几个字购买报纸就可以了,对于表现形式所带来的生动性需求也就没有那么高。

相比较之下,也不难理解网络新闻这种集报刊、广播、电视网络等媒体的优势于一身的方式的优越性。通过文字、图片、声音、视频、动画等手段的运用,结合超文本、超链接的手段将使新闻报道更具综合性、直观性、生动性、深入性,增强了新闻的感染力和影响力。

(六)即时而深入的受众互动

互动性强是互联网本身的特性,也是基于互联网之上进行任何活动所要关注的要点。"网络公关活动本身就是在电子空间中实现组织和公众之间双向互动式的全球沟通来实现公关目标,影响公众的科学与艺术。"❶可见与受众互动的重要性。并且,在互联网技术平台之上,网民是基于片面的符号、图片、视频,抛开现实社会中姓名、性别、职业、阶层所形成的,因而带有与生俱来的互惠分享与表达的网民习惯。反观传统大众传播时代新闻受众处于被动地位,在互联网时代,公关新闻活动要想得到网民受众的认同与偏爱,就必须把握互动环节,将受众互动作为关键。

同时,在网络的非面对面、隐匿身份的环境下,网民可以摆脱现实社会的多种限制畅所欲言。这在一方面促进心理最真实想法、态度、观点的表露和展现,也为舆论的形成提供了便利,可以断言网络舆论已经成为舆论的"主战场"。因而及时而深入的互动不仅可以为快速而及时的展开公关新闻活动带来依据提供途径,也为公关新闻活动的效果研究展开可能。

(七)即时性的报道速度

公关新闻也要求新闻报道速度,即新闻的时效性,甚至比普通新闻的要求更高。在特定的时间段内与适宜的社会环境下,公关新闻的效果才能达到最佳。同时结合互联网时代的公关新闻,对报道速度的即时性要求主要来源于两个原因。

首先,互联网时代下,人人都是新闻记者,信息来源的丰富,信息传播的快速和发稿技术的成熟使得网民本身对于信息时效性的要求较高,因而公关新闻要尽可能满足受众要求。这就对公关从业者的新闻敏感性和新闻平台选择带来挑战。推广平台的发稿速度成为关键,如果公关从业者的网络媒体资源不够充足则容易造成短时间内无法快速发稿的局面。

其次,互联网时代,最不缺乏的资源就是信息,网络信息之海量,被掩埋在丰富的信息之中,受众注意力容易被分散且关注点容易被转移。公关新闻报

---

❶ 姚凯. 网络公关及其传播方式研究[J]. 科学管理研究,2004,01:62-66.

道的撰写，不少内容是与当前的网络热点相结合，如果错过网民受众的热点关注期，则公关新闻的营销价值就会逐渐递减而使营销的性价比大打折扣。

在该两点网民洞察的关照之下，如果公关新闻能够抓住当前网络热点进行有机结合，而发稿机构能够将新闻在最短的时间内发布，那公关新闻的热点营销也就产生了较大的影响力。

二、网络公关新闻的内容

结合以上对于网络公关新闻介绍，公共关系新闻是具有公共关系价值的新闻传播活动，是关于个人与社会组织相关的具有公关价值和新闻价值的新近发生或正在发生的事实的报道。

因而在谈论网络公关新闻的内容时就不免要带有两重指标，内容既要有公关价值也要有新闻价值，两者缺一不可。没有公关价值的新闻达不到公关活动的目的，是失败而无用的新闻活动；而没有新闻价值的公关稿又不能算是采用网络新闻手段的公关活动的组成部分，不在本章的讨论范围之内。网络公关新闻在具体的内容划分中主要有以下几类内容。

（一）产品、服务类

产品服务介绍类内容的网络公关新闻多见于门户网站下的分类主页、垂直网站和分众网站上，即在互联网上以新闻的形式介绍企业组织的新产品与服务。

在新闻性质的标题之下，产品在文字说明的同时配以图片来展示产品的外观，这些数据用来展现产品性能，这种展示方式多被数码、家电、汽车类企业采用。如在太平洋电脑网作为专业的IT门户网站，是为用户和经销商提供IT咨询和行情报价的网站，下设许多分类专属页面。在其2015年中国家电博览会的专属页面，新品直击栏目下就有该次博览会上展出的各个家电新品的公关新闻，《专注环保健康和净水！AWE Alikes新品展》《维他无霜新技术！AWE博世首推冰箱新技术》《功能不再单一！LG微波炉新品已亮相AWE》等报道均以信息通报的形式，结合多幅图片和文字介绍，生动形象的展示了家电新品的外观、技术、颜色等。

（二）发布会类

利用发布会将新闻媒体的目光聚焦，是个人和社会组织常用的宣传方式。尤其是对于大型知名社会组织而言，其组织本身就具有一定知名度和号召力，可以轻松吸引众多目光，同时有充足的时间和素材来展现组织的风采与美丽，激发公众的兴趣为组织赢得青睐，或传递信息转变公众态度。

最常见的例子就是电影、电视剧剧组召开新闻发布会，邀请众多媒体参加，为宣传造势、赢得良好口碑，从而为电影、电视剧的发行与开播打好铺垫。各级政府也在不断完善政府新闻发言人制度，在新政策颁布之时或在面临社会突发事件时，及时通过媒体将信息传递给公众，以保持良好形象。同时，凡是重要的政治、外交、军事、经济、科教、文化、体育活动，其本身就是重要的新闻事件，因而可以进行政府组织的公关活动。

（三）突破变动类

如企业组织开拓新市场的成就和发展以及社会的长远意义，企业的长远发展规划与行业间关系，企业的销售额、产值等突破和对国家财政的贡献，产品价格变动及对公众的影响，社会组织的关键人员变动与任命等均是既能将信息传达与受众又本身具有新闻价值值得网络媒体报道的内容。

（四）社会责任类

个人和社会组织担任社会责任的逻辑起点包含以下几个层面，首先是源于自愿的慈善行为，其次是社会对个人和社会组织行为的期望，同时还来源于个人和企业对社会的影响，对契约精神的遵循，社会权利与社会义务的匹配，个人和社会组织对社会压力的回应，对社会风险的管理，对综合目标的平衡，以及对最大化社会福利的贡献。❶

网络公关新闻作为建立与公众间良好关系和营造内外部良性环境的手段，通常把个人和社会组织的社会责任实践作为新闻内容。如联想集团从2008年起就开始发布企业社会责任报告，将联想集团树立为对员工负责任、生产环境友好型产品、率先推出创新公益的企业形象。在门户网站的公益频道、企业官方网站公益活动版块，即时发布公关新闻，更新公益消息。

（五）危机处理类

在个人和社会组织的发展中，没有任何一个不曾遇到或人为或天灾的危机情况，通常是指社会组织由于经营或管理上的问题受到信誉的侵害或影响。而网络媒介的开放、及时、互动、分享等特点又使得危机信息的传播速度高于以往传统大众媒介传播时代。传播渠道与传播范围的扩展，使得信息的控制和垄断都极为困难。这就要求个人和社会组织要及时进行危机公关，无论个人、政府、企业还是其他社会组织都必须适应网络环境，因此危机处理成为网络公关新闻的重要内容与工作。

危机处理类内容主要有以下几个特点，首先要及时将信息传播出去，其次保证信息量的充足，同时还要保证与公众沟通的对等性。在这种情况下，公关新闻成了进行危机处理的重要方式和手段。如举行新闻发布会来说明改进举措来获得谅解，或澄清事实来以正视听。惠普公司笔记本内存模块更换计划事件

---

❶ 李伟阳，肖红军. 企业社会责任的逻辑 [J]. 中国工业经济，2011，10：87-97.

就是很好的例子,其发言人在产品深陷产品缺陷风波之中时,其发言人迅速跟进,拿出数据表明该公司并未收到用户的投诉但为保护用户权益,将免费为用户更换有问题的内存。一方面将公众对产品缺陷的注意力转移,另一方面及时用数据表明自身虽有问题但并未给消费者带来困扰。

三、网络公关新闻的分类

关于个人与社会组织的网络公关新闻的分类,按照不同的划分标准有不同的分类方式。

(一)按其产生的不同分类

按照公关新闻的产生方式进行分类,前面对网络公关新闻的性质进行梳理时便有涉及。

1. 自然发生的客观事实并能吸引新闻媒体报道

这类网络公关新闻的产生往往基于已经发生或正在发生的客观事件,虽然不以人的意志为转移,却可以对个人和社会组织产生有益的影响。比如企业的新产品、新服务、社会贡献,社会组织在社会重大事件中所起到的影响力和贡献等。由于事件本身对个人和社会组织有利,因而新闻媒体的报道也会自然的出现宣传正面形象的内容,因而可以为被报道对象提升关注度、知名度、美誉度。同时危机公关也属于这一分类,对于突然发生于个人和社会组织的重大事件尤其是涉及对美誉度的影响时,新闻媒体的报道会自然的出现宣传负面形象的内容,因而这要求个人和企业密切关注新闻和舆论,及时进行危机公关,避免小道消息和网络谣言的产生与扩散。如房祖名因吸毒被抓的新闻被报道出来之后,其父成龙则立刻通过新闻媒体表明自己的观点和立场。

2. 为达既定目的人为策划事件并能吸引新闻媒体报道

在传统大众传播时代,新闻媒体资源是稀缺的,这种状况虽然在互联网时代得到改善,却伴随着注意力的稀缺出现新的问题。因而个人和社会组织如果想凭借自然发生的客观事实来保持公众的关注度,经常出现在新闻版面上,是极为困难的。因而为了争得权威、知名媒体对个人和社会组织的新闻报道,除了公关从业者要与媒体记者保持良好的关系以外,还会通过创造性的思维进行公关事件策划,人为的、主动的促成具有新闻价值的关于个人和社会组织的事件发生。如举办社会公益活动、赞助或举办各种比赛和文体活动等都是企业和个人经常采用的方式。

(二)按其体裁的不同分类

网络公关新闻的格式要求虽不如传统大众传播时代对于新闻的要求严格,但仍然有体裁样式的区分。主要包括以下几种类型。

1. 消息

消息是一种以简明扼要的语言报道新近或正在发生的事实的新闻体裁，也是新闻中较常采用的文体，尤其是在互联网上对于网络新闻时效性的要求高，消息成了网络新闻中最主要的文体，甚至在社交媒体上发布一条简短数字的推文也能成为消息。消息的种类很多，最常见的有动态消息、综合消息、评述消息、经验消息等。从形式上又可分为口播新闻、图片新闻、字幕新闻和影像新闻等。

2. 通讯

是一种详细而生动的报道文体，以叙述、描写、议论文表达方式，报道的内容主要为组织先进人物、典型事件、反映社会组织的经验成就来树立良好的公众形象。通常又可以分为人物通讯、事件通讯、概貌通讯、工作通讯。

3. 专题

专题的种类比较多，从文体上可以分为通讯、特写、专访、调查等，从组合文体上看还包括系列专题和连续专题。当然网络时代，多种新闻表现形式并不局限于文字，对于视屏新闻而言深入报道某一新闻事件或具有新闻价值为大众关心的典型人物、经验、地区等也是专题。

4. 评论

评论新闻讲求画面上的精炼典型、解说词上的分析和理性。报刊的新闻评论是广播、电视新闻评论发展的基础，然而广播、电视又有符合各自媒体属性的新发展。到了网络时代，将多种媒体的特性集于一身，在表现形式上就更加不拘泥一格。

5. 谈话

谈话的内容带有即兴发挥的性质，内容呈现出互动性强的特点。在网络新闻报道中，多采用文字图片相结合或视频的方式呈现。这样一方面可以增强受众的现场感，另一方面更具视觉效果。在内容上如果做到有趣、深入，则能产生巨大的社会影响力。

第二节 互联网时代公关新闻稿的撰写

互联网时代的公关新闻传播虽然表达形式多样，体裁选择多种，但就实际业务操作中，最容易把握操作掌握结果和公关从业者最常运用的仍是新闻稿件。由于新闻传播的介质不同，新闻稿的写作运用与互联网之上则写法也有差异，要适用于网络传播的特点。

一、网络公关新闻稿的撰写原则

网络公关新闻稿的撰写仍要遵循一定的原则。虽然带有公共关系的性质，以建立良好的个人和社会组织形象，提高关注度、知名度、美誉度，维护个人、社会组织与公众的利益为目标。却仍要恪守公正诚信、信誉至上的原则。现阶段，有不少人将公关新闻，尤其是网络公关新闻看作为有偿新闻、软文、新闻广告、炒作新闻等，甚至认为是简单的金钱与话语权的钱权交易。这是一种对于公关新闻的误解，然而究其原因来看，就是公关从业者的公关新闻稿撰写出了明显的问题，不专业、不客观、不真实等新闻稿撰写的问题暴露所导致的。

公共关系与广告间虽有密切联系，共同为营销服务，却也有明显的区别。相较之商业广告，公关新闻的商业色彩则更加单薄。而大多数人也认同新闻报道的客观性、真实性，因而新闻有较高信誉，如果合理的运用这种手段，则可以给优秀的个人和社会组织锦上添花，拉动关注度、知名度、美誉度。对于衰落或形象欠佳的个人和社会组织，也可以利用公关新闻建立声望，给形象改观，收到意想不到的效果。

（一）符合新闻写作的一般原则

网络公关新闻是依附于互联网技术而使其突破传统公关新闻，同时借助新闻的优势而区别于其他网络公关的形式。因而虽然在具体操作中需要结合网络媒体的特性与网民受众的偏好与心理特点，然而却不能规避新闻写作的一般原则，才能充分借助新闻的优势。

（二）内容上的新闻价值

一般来讲，构成新闻价值的要素包括新鲜性、重要性、接近性、显著性和趣味性。[1]从时间限制上来讲，新闻的内容越新、距离新闻发生的时间越短，这样的新闻事件和公众的利益相关度越高，因而也就能吸引较高的关注度，提升新闻价值。从重要性来讲，这是一个相对概念，一家乡镇企业的倒闭对地缘近的乡镇而言可能是大事，而对全国来讲也许就微不足道。接近性指的地缘上的接近和心理上的接近两方面，人们总是首先关注自己身边发生的事和自己感兴趣或曾经经历的事。显著性指的是新闻报道中的任务、地点、社会组织的知名度高。比如每天有成百上千的吸毒者被拘捕就不能成为新闻，而明星吸毒就能成为新闻登上头条，且话题讨论经久不衰。而趣味性指的是新闻事件中包含奇闻异事，满足受众猎奇的心理需求。

（三）内容上的真实性

新闻的本源是事实，也就强调了真实性是新闻的首要前提和生命力的保证，

---

[1] 高飞.电视新闻评论的路该走向何方——浅析电视新闻评论类节目的"三要素"[J].新闻窗，2011，02：81-82.

这是新闻的基本原则。同时，维护新闻的真实性是新闻工作者的基本职业道德。

而网络公共关系的开展也要保证公关新闻内容的真实性，其次才能在此基础之上进行其他方面的考量。如若新闻是虚假的，则会适得其反，失去公众的信任。不仅公关新闻的效果受到影响，也会给个人和社会组织带来声誉上的损害。

（四）提高专业技能

在实际操作中，许多撰稿人都不能掌握技巧。找到合适的新闻内容又无法通过科学而艺术的手段进行撰写。比如对于标题概括新闻内容的要求，可能是撰稿者为了保证对于公关信息的修饰性，但却忽视了标题的内容，造成了读者在光看标题的时候往往不知所云。然而在受众研究中表明，尤其是互联网端的受众在浏览新闻时，很多时候只是把标题看一遍，感兴趣的话就会点击进入进行详细阅读。所以，新闻稿的标题尤为重要。需要做到在脱离文章时，读者就能通过标题知道新闻报道的大概内容。

（五）符合公关活动目的的原则

网络公关新闻是通过传达特定信息来实现公众沟通，从而创造出有利于内外发展的环境，以达到既定目的的活动。报道的新闻可分为自然发生的客观事件的报道和人为性主观制造事件的报道，但公关新闻必须是带有明确的目的性的特殊活动。

实际上，对于个人和社会组织的公关新闻稿而言，最主要的困难是在于将自然发生的客观事件与公共关系相结合，需要机遇和时机，以及把握时机的敏感性与能力。或者说有时需要新闻稿撰稿者将一件司空见惯的小事写成意义非凡的大事。因此，如果把事件描述说成是画龙，则能将新闻内容的拔高与公共关系活动的目的相结合，就是公关新闻的"点睛之笔"。❶

同时，要符合公关活动目的的原则，即写好新闻稿的"点睛之笔"，这要求撰稿者对个人和社会组织本身、所处的社会环境、目标受众的心理等进行全面的了解，以形成自己的观点。具体来说，撰稿者需在撰写新闻稿前广泛的查阅相关市场信息，只有这样才能尽己所能的把握事件亮点，得以恰到好处的提升新闻事件的意义。

（六）符合相关法律法规

任何行业都要受到国家法律法规的制约，网络公关新闻活动同样要符合相关法律法规，撰稿者在开展网络公关新闻活动时，要时刻关注法律法规的最新动向，以国家法律为准绳。虽然暂时国家没有专门的关于网络公关新闻活动的

---

❶ http://wiki.mbalib.com/wiki/公关新闻稿.

相关法律法规，但是在其他新闻传播相关的法律条文中还是可以找到依据。

首先，新闻内容本身应该是合法的，不能存在虚假、破坏国家安全、侵犯其他个人或社会组织合法权益等现象。其次，网络公关新闻稿的撰写过程要合法，不能通过非法途径与渠道获得新闻素材，在撰写过程中的引用要表明。同时不能存在任何非法的传播手段。

互联网时代下的网络传播纷繁复杂，又没有专门性而明确的法律规定来指明道路，新闻撰稿者需要通过自律、遵守行业规范、接受社会监督来实现新闻稿撰写。

二、网络公关新闻稿撰写的基本步骤

传达观点的方式多种多样，受到撰稿者和事件及目的等影响差别较大，但新闻稿的形即操作的基本步骤则相对有章可循。虽与传统的新闻写作过程大致相同，从写作学的角度看，新闻写作过程也大致遵循着"感知——运思——表述"[1]的过程，该过程并非像表述中所呈现的线性而单向的特征，而是一个循环的过程。然而互联网时代下，公关新闻稿的撰写较之传统新闻写作在这个宏观过程中却也存在着众多不同点。

（一）挖掘并核实新闻线索

互联网时代下，信息技术飞速发展，信息技术的应用也无处不在。而其广泛地运用到网络新闻中也使得网络新文的写作过程呈现出新的特点。

传统新闻线索的挖掘和核实是严重依赖新闻记者的。新闻采访是记者为获取新闻客体所进行的观察、询问、倾听、思索和纪录等活动。在采访过程中是否能够抓住客观事实，还原人物、事件的真相，并找到新闻价值受到记者自身专业能力的极大影响。还有部分素材虽然来源于官方渠道和公众的提供，仍需要通过记者来进行深度挖掘和验证真实性。但与报刊、广播、电视新闻不同的是，现如今的网络新闻记者还没有采访权。除了国家传统媒体的网络版，如新华网、人民网、CCTV等，可以依托其在传统媒体中的新闻记者采访权。

同样作为网络公关新闻稿的撰写的第一步，挖掘并核实新闻线索依然严重依赖新闻记者，这是对于传统新闻写作特点的继承。虽然其他网络媒体的记者仍没有得到法律制度上赋予的采访权，然而可以利用素材获取途径的更多样化和信息发布速度来弥补。

现代通信事业发达，使得接触新闻线索方式最多样化的每一个普通大众都能够及时在互联网上发布信息。网络民众既是新闻信息的接收者，也是新闻线索的提供者。以微博为例，马航失联事件的新闻报道中许多相关信息都是在微

---

[1] 周玉娥. 阅读过程与写作过程的逆向运思 [J]. 语文教学与研究，2000，09：40-41.

博上被微博用户所提供的。信源的丰富对记者新闻敏感性的要求更胜以往。同时，在对信息真实性和是否有使用价值的核实中，记者也能通过神通广大的互联网方便快捷的联系到与线索相关人或社会组织。

除此之外，互联网上信息较为公开与透明，有大量的数据都是可以进行挖掘的新闻线索。在我们这个时代，无论是信息、知识，还是智能，都是以数据为载体存在的，正所谓数据无所不在。而数据正在成为创新的基础、成为一个组织的财富。新近兴起的"数据新闻"正是在这样的背景下诞生的。数据新闻是"基于数据的抓取、挖掘、统计、分析和可视化呈现的新型新闻报道方式"❶。运用各种技术软件来抓取、处理、分析和形象化呈现数据，数据呈现方式包括可视化数据图、互动图表和网络在线演示等。这种基于互联网技术而呈现的巨量数据，将对传统的新闻报道产生巨大影响。然而，互联网上不缺的是信息，缺的是能够对信息进行处理与分析的专业人员，这对网络公关新闻稿撰写者也提出了新的要求与更高的挑战。

（二）选题与立论

新闻采访与搜集资料完成后，新闻记者验证其真实有效后，公关新闻稿撰写者就该开始着手编辑网络新闻的稿件，即是对新闻素材的整理与加工，为随后的新闻定稿与发布做准备。网络新闻写作的构思体现在对新闻主题的提炼以及对材料去粗取精的筛选过程。而在对新闻素材的整理与加工时也有一定的步骤和要点。

（三）选择合适的表现形式

不同内容的新闻在表现形式上也有优劣的区分。根据现阶段的发展状况，可将网络公关新闻的表现方式大致分为网页新闻、客户端新闻、网络新闻发布会、网络新闻专题。具体表现形式的选择首先要适应公关新闻的素材内容，同时结合网络公共关系活动的目的，互联网技术的支持，以及目标受众的心理偏好而定。

就普通的公关新闻稿而言，通常就是被编辑为网页新闻，且因为网页新闻的要求并不像传统新闻一样严格，因而在网页新闻内编辑方法较为简单，表现形式也较为随意，可以加载多幅图片以图叙事，加载视频来增强参与感与生动感，加载链接来增加深度了解等。客户端的新闻与网页新闻的编辑要求大致相同，然而受制于移动端用户对互联网流量的担忧，如非必要，往往减少图片的数量，回避视频或在视频下标注提醒。如果内容是个人和社会组织的公开声明、重大变革等，则可使用网络新闻发布会的形式。对于一些特别重大的新闻事件或是公众关注度较高又急切获取更多信息的内容，通常网络新闻专题是最佳的表现

---

❶ 方洁，颜冬．全球视野下的"数据新闻"：理念与实践［J］．国际新闻界，2013，06：73-83．

形式。能够对其进行跟踪且深入的报道，并制作网络新闻合辑方便新闻受众的阅览。

（四）结合公关目的编辑内容

在确定了表达形式之后，就需要进一步对内容进行处理和加工，在该阶段着重考量公关新闻活动的目的。一味地追求新闻效果则会造成公关价值的缺失，而没有公关价值的新闻达不到公关活动的目的，就是失败而无用的新闻活动，不能称之为公关新闻活动。

在实际操作中，网络公关新闻稿撰写者会在对公关性质的矫枉过正中过分强调新闻专业性，因而出发点太过深奥，新闻稿成了综述稿。其实，新闻稿的撰写并没有想象中复杂，其所承担的任务就是，把新近发生的或者是正在发生的事情进行报道。这就要求新闻稿的撰写首先要遵行"5W原则"，即公关新闻也需要完整的回答what，when，why，where，who和一个how的问题，具备新闻的基本要素。同时，要揉入撰稿者所要表达的具有公关价值的观点，即是通过议论的表达方式或者是在叙述中进行表现。过于深奥晦涩内容会降低新闻稿的公关价值，而点评不到位则又会丧失这一巧妙的表达机会，如同隔靴搔痒。

（五）严格校对

新闻编辑，是新闻机构中专门从事新闻传播工作的人，虽然在不同媒介中具体的任务和分工有所不同，但都包含了新闻作品的修正和把关工作。其"把关者"作用最为突出，新闻在传播之前，新闻编辑室最后的一道关卡，其重要性不言而喻。在互联网时代，网络新闻编辑的基本职能总体上来说并没有改变，然而由于对网络新闻时效的要求较高，公关新闻稿撰写者专业素质参差不齐，因而"把关"作用正在被削弱。

在网络公关新闻稿的发布中，所犯下的最低级的错误在于发布信息中有错别字，字句重复，前后矛盾，或者有不当言语的出现。这些问题的出现将直接影响受众的阅读感受，同时会使受众对新闻的真实性、权威性带来质疑。最严重的后果是给个人和社会组织带来不良的社会影响，甚至发展成为个人和社会组织的一次危机。

虽然网络新闻内容基于技术平台之上，可以在发现问题后及时删除相关信息内容。却因为网民数量之大，用户间使用习惯使用时间的不同，还是会有部分网民受众能够在信息删除前已进行阅读。同时，网络公关新闻稿的传播途径之一就是在不同网络媒体中的互相转载，一则新闻哪怕在其发出平台上被删除，也能够通过其他媒体的转载继续在互联网平台之上继续传播下去。所以删除并不能解决错误和不当言语所造成的恶劣影响，因而一定要慎重，在定稿与发布之前，需要新闻稿撰写者的反复检查，审慎思考，来降低出现错误与不当言语的可能性。

三、网络公关新闻稿撰写的其他注意事项

对于网络公关稿写作的相关文章随处可见，且众说纷纭。从进行网络公关新闻业务操作的小型公关公司到社会组织自身的公关职位从业者再到进行网络公关新闻研究的学者专家，都有各自的观点与态度。然而对于网络公关新闻稿撰写，除了以上原则和撰稿过程的研究，业界的实践者和学界的专家还指出了一些其他需要的注意的事项。

（一）相关性

公关新闻稿的撰写一定要注意把握新闻内容与公关主体间的相关性。据国内外公共关系学专家学者的研究结果显示，不相关的新闻内容并不能起到良好的公共关系目的，在特定情况下甚至会出现负面效果。

公共关系主体与新闻内容具有相关性是指个人和社会组织一定要和新闻内容有关，尤其是要和其所想要重点表述的内容有关，不能牵强附会。同时，在新闻稿的关键部分，如开头和结尾，也要重点表述，以达到与公关新闻目的的相关信息。

阐述事实的新闻内容是阐释与传达的介质与起跳板，进而自然的对事件的意义进行拔高。在撰写这一部分的内容时，要领在于要"发散"开去写。将事件放置到大的市场环境、社会背景、产业背景以及公关主体自身的发展中去写。只有这样，才能够在更高、更深的层面去体现事件的价值和意义。

相关性是公关新闻稿写作的主题，也是一条大线索。可能是精神要素，体现在多个方面。所以，当一堆素材摆在面前时，要有选择有重点地放到文章中。无论你介绍信息A、信息B，还是信息C、信息D，文稿的写作还是要回到主题上来。让读者知道各个信息与主题之间的关系。如果撰稿人本身都梳理不清阐释不明这种关系，那么从新闻素材的选择上就已经存在问题。

同时，对于公关主体而言，公关新闻的目的无非是有利于塑造良好形象、培育良好公众关系，其中十分重要的是塑造企业良好形象。"塑造"一词，并不是单纯说新闻相关个人和社会组织是如何如何好，如何如何领先，就能起到塑造良好形象的效果。恰恰相反，自卖自夸只会招致读者反感，媒体记者也无法发布。所谓塑造，就是通过各种语言描述客观事实，烘托气氛，最终让读者得出我们要传播的信息结论。

（二）准确性

作为网络新闻撰写者，由于专业、社会经历等限制，面对公关主体所提供

的材料，往往会出现抓不住重点或理解存在偏差的情况。给新闻稿的撰写带来困难的同时，可能不能很好的传达公关主体所期望的信息，进而达不到公关新闻的目的，也或许影响公关主体的长远发展。

比如面对个人或社会组织自发性、主动性的举办的公关活动，撰写者一定要准确地把握住活动的目的。稿件的主题从某种程度来说就是围绕着实现该目的，只是要以新闻的形式在稿件中巧妙地表现出活动的目的。部分撰稿人，如果在理解上存在偏差且不去沟通交流就按自己的感觉去走，自然是达不到公关新闻写作的目的。但无论如何，新闻稿件是要为公关主体服务的，如果与客户的活动目的有所偏离，哪怕行文流畅思想深刻也是一篇失败的公关新闻稿。

第三节 互联网时代公关新闻的发布媒介

在网络权威媒体上进行新闻稿发布，无疑是建立权威形象最佳的方式。目前，正处于网络公关新闻发展的初级阶段，可以想象，如果个人和社会组织能够利用好网络媒体，带给个人和社会组织将是巨大的品牌增值和良好的内外发展环境。因而，公关新闻除了新闻内容至上外，还需要选择合适的发布媒介，或选择有较丰富网络媒介资源的发稿和推广平台。媒介的选择与组合在合理科学的指导之下将能够使目标受众的面积最大化，让公关新闻的内容被更多的受众看到。

一、网络新闻媒体分类

中国新闻传播媒体的网络化进程，可以追溯到1993年《杭州日报》电子版，但真正拉开其快速发展序幕的是1995年中国共用计算机因特网的开通。❶越来越多的传统媒体在网络的冲击之下纷纷改革，开启自己的新媒体发展之路。传统媒体的网络版纷纷上线，强势传统媒介品牌也在探索网络媒介新品牌之路。目前，中国网络新闻媒体门类庞杂且数量巨大。每天都有新兴的网络新闻媒体上线开张，却因为质量的良莠不齐，还有不少新闻网站处于勉强生存的状态。

然而，由于公关新闻的特殊性，其对网络新闻媒体的知名度、美誉度、影响力的要求，使得公关新闻传播媒体的研究必须将目光汇聚于有影响力的网络新闻媒体之上。按照不同的划分标准可以有不同的分类方式。如按照地缘性可以划分为全国性、地方性网络新闻网站，按照专业性可以划分为综合、商业、体育、娱乐、金融等多种网络新闻媒体。也有从网络新闻媒体相对于传统新闻媒体的本质特征出发，将网络新闻媒体分为传统新闻媒体（其中包含多家传统

---

❶ 吴风. 1995-2000：中国网络媒体发展报告[J]. 现代传播，2001，03：43-48.

新闻媒体共同举办和一家传统新闻媒体单独举办）和商业网络新闻媒体（又分为大型商业网络新闻媒体、小型商业网络新闻媒体和个人网络新闻媒体）。

因为网络公关新闻的特性，本书将网络新闻媒体分为以下五类。

（一）综合门户网站

综合门户网站是指通向某类综合性互联网信息资源并提供有关信息服务的应用系统。"典型的综合性门户网站主要提供新闻资讯、搜索引擎、网络邮箱、在线游戏、移动增值、电子商务、解决方案等服务，门户网站的优势在于其较长历史下聚集的巨大人气和网站本身的品牌价值，使其在业务拓展、整合营销上具有更大的资本和潜力。"❶ 据 DCCI 互联网数据中心调查数据显示，综合门户是互联网用户获取日常消费信息最重要的网络媒介。然而，在如今互联网发展的激烈竞争之中，综合门户网站在各类网站飞速发展抢夺互联网用户的背景下，不断扩充业务，希望能够通过众多的业务和丰富的信息来保持互联网用户。提供的业务主要有新闻、搜索引擎、博客、免费邮箱、影音咨询、网络社区等。

在中国，综合门户网站的主要代表和主要市场占有者为新浪、腾讯、搜狐、网易等。这类网络新闻媒体的优势在于长期经营历史下积累的知名度高、网站本身的品牌价值、网站信息全面、访问量大、覆盖面广。同时，综合门户网站下设子频道，如财经、娱乐、时尚、留学、旅游、汽车、数码等，其运营与管理也逐渐朝着垂直网站发展，有丰富的新闻平台供网络公关新闻活动进行选择。

（二）垂直门户网站

垂直门户网站是相较于综合门户网站的另一网站类型，简言之是专注某一领域或地域的网站。和综合门户网站不同，垂直门户网站则将注意力集中于特定领域或特定需求，具有较强的专业性、行业性，并提供该领域内的深度信息和相关服务。随着互联网用户的不断成熟，垂直门户网站逐渐受到网民的喜爱，因而聚集了关注特定领域的网民受众，其对目标受众的掌握和了解较之门户网站要深入许多。虽然其用户总数量与综合门户网站无法相比，但正是由于精准定位也使得单个用户价值提升。

在我国，垂直门户类网站的数量也在不断激增。如专注财富的"东方财富网"，专注 IT 产品领域的"中关村在线"，专注军事的"铁血军事"，专注汽车的"汽车之家"，专注女性的"瑞丽网"，关注房产的"搜房网"等，同时还有大量专注特殊地域的网站，如城市网站、区域网站等。可以说只有互联网用户想不到的，没有垂直门户网站覆盖不到的领域。从网络公关新闻的角度来看，垂直门户网站的主要吸引力在于网民受众的定位，可以增强公关新闻投放的准确性和有效

---

❶ 丁凡. 浅谈垂直网站冲击下综合性门户网站的运营之道 [J]. 新闻世界，2013，08：213-214.

性。但垂直门户网站也给网络公关新闻带来挑战，在专业性强的运营下，垂直门户网站的新闻报道更追求速度、质量、专业度，网站用户在相关领域具有较高的认识和媒介素养。因而要在垂直门户网站投放网络公关新闻则需要较高的撰稿水平和较快的发文速度。

（三）新闻媒体网络版

新闻媒体网络版是在传统大众传播媒体受众流逝与互联网时代媒介融合背景下的产物。有着得天独厚的资源优势，一方面是传统媒体长期运营的资源与经验积累，一方面是媒介品牌的树立所带来的知名度、公信力与影响力，还有来自政府的背景支持。同时，新闻媒体网络版与其他网络媒体最大的区别在于依靠其传统新闻媒体的新闻记者具有依法授予的新闻采访权。

典型的代表主要有CCTV、芒果TV、新华网、人民网、凤凰网等，这些网站依托其传统媒体的资源优势吸引了一定数量的用户访问，且部分网站作为国家支撑的官方网站，具有较高的权威性，且访问受众群比较固定。正是基于其权威性，新闻媒体网络版通常还保有较强的"把关"制度，因而对网络公关新闻稿的要求较高，极为考验撰稿者的新闻专业技能，同时对稿件内容的筛选有较为严苛的要求。

（四）官方网站

官方网站是在互联网及其相关技术成熟与普及后，公关从业人员进行组织公众关系建设的最有效手段，无论何种社会组织都可以通过官方网站的建立、调试来改变与公众的关系进行深入而有效的沟通。究其内容与运营而言，官方网站是自有咨询平台，也是社会组织最基本而最重要的一种宣传和形象维护手段。

官方网站与网民受众的联系最为直接，因为访问官方网站的网友必然是对网站所代表的社会组织感兴趣或有需求的。其重要性还体现在官方网站的建立从某种程度来讲代表了企业的规模与实力，消费者在进行产品和服务的信息获取时通常首先登录官方网站，如果没有官方网站则会认为企业规模与实力不足，对产品和服务质量产生质疑。其次，官方网站的内容与服务是网络公关取得成效的基础，如果官方网站的内容更新不够及时、没有价值，访问用户则会对网站失去好感与信任感，不能起到公共关系的效果。最后，在出现社会组织出现危机时，官方网站作为其把控力最强，最有主动性的网络媒体，可以及时发布公关新闻稿公布改进举措来获得谅解，或澄清事实来以正视听。

（五）社交网站

社交网站即社交关系的网络化，是"社交网络服务的表现方式"[1]，帮助人们

---

[1] 潘攀．社交网站上企业品牌传播研究[D]．中南大学，2012．

建立运营销关系的互联网应用服务。以其去中心化、低门槛、非权力性、整合性、即时性、互动性、分享性等特点快速的风靡全球。在此发展背景下，社交网站积累了数量巨大的用户，覆盖范围广阔，影响程度深远，改变了网络媒体用户的生活方式，给对整个社会带来巨大影响。

结合社交网络的特点来看，基于社交关系的社交网络仿佛就是为公共关系而生的网络媒体。而随之催生的便是新的新闻传播模式，有学者将社交网站的新闻传播模式划分为五种，即直线式点对点传播（传者与受者处于平等地位）、直线式点对面传播（如RSS订阅、关注日志、状态、分享等）、队列式BBS传播（通过论坛和组群功能实现）、层次式（由社交网站选择性推送，实现由上至下传播）、媒介融合（新闻网站建立公共主页提供用户订阅）。❶

在社交网站上，新闻的形态不再被束缚，甚至一条推文都可以成为新闻。且社交网站的零门槛使得每一个个人和社会组织都可以进入并进行公关新闻的推送。可以在较高的性价比和较低的专业性要求下，可以省心省力的为个人和社会组织实现新闻信息的传播和公关目的的实现。然而该门槛之低也给网络公关新闻的传播带来难题，即如何能吸引更多社交网站用户的关注，使得发出的公关新闻能够不被淹没在海量的社交网站信息之中。

二、网络新闻媒体的选择标准

在为公关新闻的投放选择网络媒体时，并不能仅仅关注对于网络媒体本身价值的评估，也要结合个人和社会组织的社会身份地位、既有公众形象、自身财力支持等，即最好的网络媒体并不一定适用于特定的个人和社会组织。但作为基本选择标准，对网络媒体的选择主要有以下四个方面。

（一）信息匹配度

网络世界丰富多彩，可用于发布网络公关新闻的网络新闻媒体有很多，但网络公关新闻的投放并不能随意挑选，在不同的网络新闻媒体进行发布会给新闻带来不同的传播效果。因而要综合考虑，慎重选择，尤其是在信息匹配度上投入足够的重视。

比如个人和社会组织自身的正式性报告和讲话等新闻，就应该选择在公信力、权威性较强的网络媒体发布，如官方网站和其他带有官方性质的网络新闻媒体上。另外有些特殊新闻信息在发布的时候要可以回避一些网络媒体，避免由于立场、观念、认知、利益的冲突带来网络媒体受众的误解与不信任。

---

❶ 陈莉霖，邓瑶. 社交网站新闻传播五种模式的效果研究——基于SWOT分析与熵权决策理论[J]. 新闻前哨，2011，06：75-78.

（二）社会影响力

网络公关新闻是否能够受到足够的关注是决定公关活动能否成功的前提，除去对公关新闻稿内容本身的要求，还可以通过在社会影响力高的网络新闻媒体上实现。媒体的社会影响力是一个综合性指标，可以用来体现网络媒体影响读者及社会的能力，也可以用来衡量网络媒体的市场表现能力。在影响力指标下，又可以细分为媒体的知名度、美誉度、公信力、权威性、受众规模、经营状况等。每一个单一的下设指标都可以成为网络公关新闻传播效果的依据与测评指标。

（三）投放精准度

网络公关新闻的投放也讲求精准度，作为公关主体的个人和社会组织因其属性就决定了其公共关系活动的目标受众。受到效果的要求，网络公关新闻的目标受众在一定情况下并非是地域广、数量大就一定好。因而在投放时要充分考虑网络媒体的受众分类，了解网络媒体长期的而稳定的受众或用户，注重保持与公共关系活动目标的一致性。

三、网络新闻媒体投放的其他注意事项

网络公关新闻作为网络公共关系中最为重要的公关手段之一，一篇高质量的网络公关新闻结合合理科学的投放将产生明显的公关效果。个人和社会组织想要将网络公关新闻的公关价值最大化，还有以下注意事项。

（一）专业化操作

通常情况下，个人和社会组织除去官方网站和社交媒体资源是可以自行掌控的，其他网络新闻媒体资源则不够充足与丰富。

这就要求个人和社会组织在不通过第三方公共关系机构协助时尽可能地保持良好的网络媒体资源，获得媒介支持。搞好媒介关系对于个人和社会组织具有双重意义，一方面公关新闻要借助网络新闻媒介的力量去扩大影响和深度传播，一方面网络新闻媒介同时也是网络公共关系的对象之一。

同时，如果有条件也可将网络公关新闻活动交与专业的公共关系机构，正规经营的网络公共关系机构一般拥有较多网络媒体资源，经常与各类型网络媒体合作已形成了良好的媒介支持。而掌握了媒体资源也就掌握了主动，使公关新闻稿的投放能够在中国网络新闻媒体中进行科学合理的选取。同时，专业的公共关系机构能为个人和社会组织详细分析网络新闻媒体的受众资源，不同年龄层、不同消费水平、不同兴趣爱好等。除此之外，也能保证投放渠道的通畅，以保障新闻稿的发送可以及时进行。

（二）注重性价比

互联网时代下，网络公关在营销成本方面要显著低于传统公关，这也是个人和社会组织乐于选择网络公关的主要原因之一。所以，在进行公关新闻推广时，不仅要做到公关新闻效果的最大化，还需要以低价获得优势。因此网络公关新闻投放渠道的选择，并不能仅仅关注对于网络新闻媒体本身价值的评估，通常自身评估价值较高的网络新闻媒体费用也高得惊人，并不一定比强势传统媒介的费用要低。

投放媒介的选择也要结合个人和社会组织自身的财力支持。考虑价格因素是基于如果投放成本过高，即使获得较高的公关新闻效果，也会降低企业的利润收益或对个人和其他社会组织的长远发展带来影响。真正的网络公关新闻艺术是在于利用有限的财力支持，通过科学合理的资源分配来达到公关新闻效果的最大化。

第九章　社会化媒体平台的品牌公关

社会化媒体（Social Media），也称为社交媒体，是以多对多的沟通交流为目的、用户创造的信息为内容、互联网技术为方式的新型大众媒体。随着社交媒体融入主流社会，并逐渐发展成为可与搜索引擎、门户网站和电子商务相匹敌的互联网基础性应用，基于社会化媒体平台以及其延伸出来的第三方应用引发了全新的社会化商业变革。

品牌的建立与维护，对处于市场竞争环境中的各类企业和产品都具有十分重大的意义。品牌形象的传递、品牌个性的确立以及品牌价值的认同，成为企业进行品牌传播的重点，这些都必须通过品牌与消费者之间的互动沟通来达成，基于社会化媒体平台的品牌公关正是实现以上品牌战略目标的重要工具之一。

第一节　社会化媒体平台概述

一、社会化媒体的概念及其基本特征

一般认为，社会化媒体是指借助互联网技术及其应用，人们彼此之间用来分享意见、见解、经验和观点的工具和平台。其基本形式多种多样，如博客、微博、微信、播客、论坛、社交网络、内容社区等。

社会化媒体与传统大众媒体相比，具有以下特征：

1.用户参与性强。借助技术手段，用户对于信息的反馈通道更为畅通，反馈的积极性更高，特别是社会化媒体可以激发感兴趣的人主动地生产信息，它模糊了媒体和受众之间的界限。

2.信息公开程度高。由于"把关人"的存在，传统大众媒介上的信息都是经过"处理"的，有时候并不能反映真实的世界。而社会化媒体鼓励人们评论、反馈和分享信息，使得信息公开程度更高。

3.深度互动交流。传统的媒体是一种"广播"的形式，是一种从点到面的、单向的流动。而社会化媒体的优势在于，信息的传播是双向的，除了媒介与个体的交流外，个体与个体之间的交流更为活跃和频繁，这种深度互动交流往往

是传统媒体无法做到的。❶

4.交往社区化。在社会化媒体中,用户往往可以根据某一话题、某一兴趣、某一内容快速形成一个或紧密或松散的虚拟社区。这个虚拟社区及其用户往往可以反过来影响某一事件的进程、某一内容的生产。

5.媒介连通性。大部分的社会化媒体都具有强大的连通性,通过链接和整合,将多种媒体融合到一起。

二、社会化媒体平台及其应用概况

(一)基于社会化媒体的公关传播平台

从以上概念和基本特征可以看出:社会化媒体的出现主要是为了满足人们在信息时代的社会交往需求,无论是现实的社会交往或是虚拟的社会交往。同时,鉴于社会化媒体有别于传统媒体的各种优点,大量的企业开始将其营销、广告和公共关系的传播平台从传统媒体迁移至社会化媒体,以期获得良好的传播效果和市场效果。现阶段,尽管各类社会化媒体平台的运营者,都面临着"社交"的核心功能和定位与"商业化"运营之间的矛盾,但这并不妨碍我们暂且将社会化媒体作为一种公关传播平台来进行探讨。

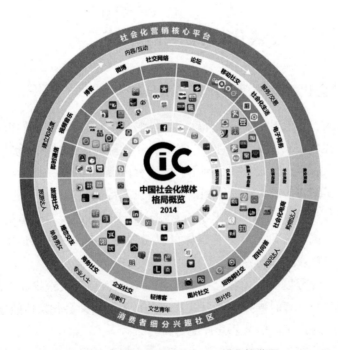

图 9-1 中国社会化媒体 2014 格局概览图

---

❶ (美)David Meerman Scott 著,于宏等译,新规则:用社会化媒体做营销和公关[M]. 北京:机械工业出版社,2014.

根据社会化商业资讯提供商 CIC 最新发布的"中国社会化媒体格局概览"，2014 版格局图被划分为上下两大部分，分别是"社会化营销核心平台"和"消费者细分兴趣社区"，而从内圈到外圈分别是该类平台的国际对标、平台跨屏分布情况、平台类别以及营销者在该类平台上建议采用的商业策略。❶

1. 社会化营销核心平台

社会化营销核心平台，是指拥有大规模用户并占据用户大量时间的社会化媒体平台，可以被认为是大部分品牌的营销投入重点。通过 CIC 过去十年中对于数字领域的长期观察与研究咨询实践，结合中国互联网络信息中心（CNNIC）最新发布的第 33 次《中国互联网络发展状况统计报告》中所披露的权威数据，研究将即时通信（CNNIC 报告将微信也列为即时通信类）、视频音乐、博客、微博、社交网络、论坛、移动社交、社会化生活、电子商务这 9 类平台列为社会化营销核心平台。

该报告基于社会化营销的核心价值链概念，提出了不同价值主张视角下的差异化功能定位，建议采用建立知名度、内容/互动、交易/服务，分三步走的策略来进行社会化营销运营。

1）知名度建立。在该平台中可选择受众群数量比较庞大的即时通讯、视频或音乐等应用，以便让品牌信息获得较高的到达率和曝光率。截至 2013 年 12 月底，即时通信和视频的用户规模分别达到 5.3 亿和 4.3 亿人，网民使用率分别占 86.2% 和 69.3%。

2）内容/互动。满足此类目的的平台主要含：博客、微博、社交网络、论坛等。此类平台除了有建立知名度的功能外，还能通过平台自身所产生的各类相关内容，为目标受众提供与品牌之间更为深度的互动，加强和固化品牌的受众群体。

3）服务/交易。该类平台主要包括移动社交、场景营销和电子商务等。其目的在于：让企业或品牌通过前面两个步骤已经形成的受众群体，开展直接的营销交易或服务。典型的应用为微信的公众账号、大众点评网等案例，这些平台很好的连结了本地商家和消费者，不仅让本地商家了解消费者的需求与评价，同时也为本地商家提供了各类促销手段。

可以预见：功能各异、侧重不同的平台会逐渐延伸他们各自在这条价值链上所扮演的角色，例如视频音乐，目前的营销方式主要以穿插广告为主，但它们同样可以具备直接的交易和服务功能，比如 VIP 服务、视频内容点击而产生的电商服务等等。现阶段来说，各类平台在整条价值链上还是扮演着自己所擅长的角色，而品牌可以基于以上所总结的不同平台的特性，构建起适合自身产品的社会化营销价值链。

---

❶ CIC（WPP 旗下社会化商业研究和咨询服务机构），2014 中国社会化媒体格局概览，原文网址：http://www.ciccorporate.com

2.垂直细分兴趣社区

垂直细分兴趣社区,包括:旅游社交、婚恋交友、商务社交、企业社交、轻博客、图片社交、短视频社交、百科问答、社会化电商这9类平台。这些平台相当于一个个垂直的消费者兴趣群组。品牌可以根据自身产品定位与目标市场的选择,匹配合适的平台与用户群,制定针对性的营销策略和项目。

可以看出,尽管该类垂直兴趣社区可以非常自然地划分出某几类消费人群,为营销者提供相对精准的营销环境,然而部分平台及其相关的上下游行业链尚未完全成熟,营销者还需谨慎对待。

3.平台跨屏分布情况

移动化是全球趋势,跨屏分布则是今年中国社会化媒体格局图的一大特色,研究将各类社会化媒体平台划分为:仅桌面端,桌面+移动端,仅移动端。虽然"桌面+移动端"依然是大部分社会化媒体平台选择的主要访问方式,但是一些新兴流行的平台逐渐开始只提供移动端访问。研究认为这种趋势向营销者传递出一个重要信号:移动优先。

（二）公众对社会化媒体平台的接触与使用

据 CNNIC 最新发布的《2014 年中国社交类应用用户行为研究报告》表明,我国网民对于社会化媒体平台的接触和使用,体现出以下主要特征和趋势❶:

1.社会化媒体的整体覆盖率

覆盖率指过去半年使用过某互联网应用的人数占整体网民数的百分比。在三大类社交应用中,整体网民覆盖率最高为即时通信,其次为社交网站,最后为微博。

2.社会化媒体用户重合度

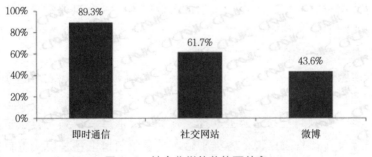

图 9-2　社会化媒体整体覆盖率

上述三类应用同时拥有社交类应用的一般性基本属性,又有其各自的特点,

---

❶ CNNIC 中国互联网络研究中心,2014 年中国社交类应用用户行为研究报告,2014 年 7 月

社交网站、即时通信偏于沟通、交流，微博则更偏向信息传播，人们习惯从中获取新闻资讯，三类应用互为补充。调查的结果显示，33.7%的网民同时使用社交网站、微博和即时通信工具这三类产品来满足他们各个层次的需求，用户的重合度高。

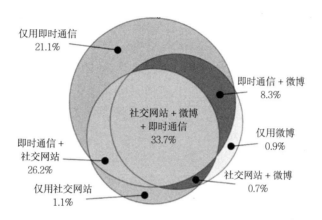

图9-3 社交网站、微博、即时通讯三类应用的用户重合度

3. 社会化媒体用户的行为差异

在使用功能层面，社交网站、微博、微信虽然同属于社交类应用，但满足的是用户不同层次的需要，用户在使用不同产品时，使用的功能也完全不一样。

以QQ空间为代表的社交类网站，用户主要用来上传照片、发布或更新状态、发布日志/评论，以微信为代表的即时通信工具，用户主要用来聊天或者是关注朋友圈，这两类应用主要是用来沟通、交流，维系当前的熟人关系，而对微博的使用主要是关注新闻热点话题和关注感兴趣的人，微博社交媒体的属性凸显。❶

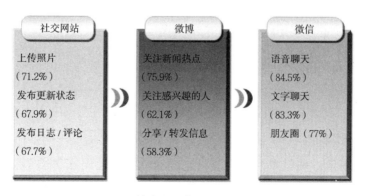

图9-4 社会化媒体用户的行为差异

---

❶ CNNIC中国互联网络研究中心，2014年中国社交类应用用户行为研究报告，2014年7月

在社交圈层面,根据美国社会学家格兰诺维特提出的人际关系理论,人际关系网络可以分为强关系网络和弱关系网络两种。强关系是指个人的社会网络同质性较强,即交往的人群从事的工作、掌握的信息都是趋同的,并且人与人的关系紧密,有很强的情感因素维系着人际关系。反之,弱关系的特点是个人的社会网络异质性较强,即交往对象可能来自各行各业,因此可以获得的信息也是多方面的,并且人与人关系并不紧密,也没有太多的感情维系。

格兰诺维特认为,关系的强弱决定了个人获得信息的性质以及个人达到其行动目的的可能性。依据这种理论,把互联网网民的社交网络各联系人区分如下:依据掌握信息的同质性程度和双方情感关系的紧密程度两个维度,把社交应用中的各类联系人划分成强关系社交圈子(蓝色图块)和弱关系社交圈子(白色图块):强关系社交圈子有:现实生活中的朋友、亲人/亲戚、老师/领导、同学、同事等,这些圈子个人关系较为紧密,或者接触的人群或掌握信息较为相似。弱关系的圈子有:陌生人、明星、网友(仅限于网上接触并未在现实生活中接触的朋友)等群体。❶

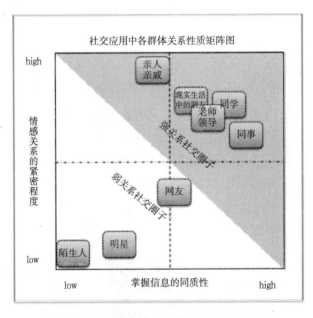

图 9-5　社交应用中各群体关系性质矩阵图

社交关系弱,信息的传播呈现点对面的趋势,传播速度快,加之微博平台有效的监督机制,明星大 V 和垂直行业的 V 用户一起充分发挥"意见领袖"的作用,实现传播速度和质量的双重保证。社交关系较强,彼此之间有现实感情维系,信任度高、影响深,美中不足的是传播速度慢,在营销中可以带来再次

---

❶　CNNIC 中国互联网络研究中心,2014 年中国社交类应用用户行为研究报告,2014 年 7 月

消费与口碑效应。依据上面的划分，三种社交应用里不同人群出现的比例如下图所示：

从社交关系的强弱来看，微信、社交网站的联系人更倾向于强关系，微博的联系人更倾向于弱关系。微信、社交网站的强关系体现在：现实生活中的朋友、同学出现在联系人名单中的比例都在80%以上，亲人/亲戚出现的比例在75%以上，同事出现的比例在70%左右，老师/领导出现的比例在50%~60%之间。微博的弱关系体现在：现实生活中的朋友、同学、亲人/亲戚、同事、老师/领导等强关系联系人出现比例低于微信和社交网站，而明星这种极弱关系联系人出现的比例较高。❶

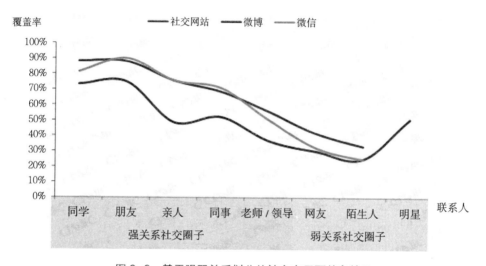

图9-6 基于强弱关系划分的社交应用覆盖率差异

第二节 社会化媒体平台品牌公关的新形态

一、公众社会化媒体平台商业活动的参与状况

据CNNIC最新发布的《2014年中国社交类应用用户行为研究报告》表明，从网民对商业化产品的参与程度来看，社交网站、微博、微信这三类产品的商业化模式呈不同特征，社交网站的商业化模式主打站内购物和付费游戏，微博的商业化产品最丰富，目前用户参与较多的是周边信息搜索和站内广告，微信用户的商业化产品参与偏重于公众号的订阅和扫一扫购买商品。❷

---

❶ CNNIC中国互联网络研究中心，2014年中国社交类应用用户行为研究报告，2014年7月
❷ CNNIC中国互联网络研究中心，2014年中国社交类应用用户行为研究报告，2014年7月

互联网时代公共关系的理论与实践

	社交网站	微博	微信
核心业务	付费打游戏，20.2% 点击站内广告，19.8%	在点击站内广告，15.6% 付费打游戏，10.0%	付费游戏，12.9%
非核心业务	站内买商品，21.0% 参与网点活动，13.0% 其他付费业务，11.5%	搜索周边信息，22.4% 参与网站活动，13.1% 站内买商品，12.0% 付费开通会员，9.0% 使用微博支付，6.8% 其他付费业务，7.0%	订阅公众号，22.3% 扫一扫购买商品，21.7% 使用微信支付，19.0% 付费购买聊天表情，10.5%

图 9-7 网民对商业化产品的参与程度

二、消费者购买行为的变化

在社会化媒体时代，消费者行为演变为 SAISAS 模式：在社会化媒体上接收到推荐及好友分享（Share），浏览信息时产生了关注或注意（Attention），信息内容激发受众产生参与的兴趣（Interest），然后受众开始搜索（search）与诉求相关的品牌信息，在对品牌或者诉求有了足够了解之后，产生互动参与行动或者购买行动（Action），最后分享（Share）产品的消费体验，形成口碑传播。❶ 从 SAISAS 模式中，我们发现社会化媒体时代下，消费者购买行为发生了改变，主要表现在消费者获取信息的渠道与互联网购买环境。同时，每个消费者都扮演着一个自媒体传播的角色，成为一个对他人购买行为有影响力的消费者，并加大了口碑传播在信息传播中的作用。其行为模式已经发生了巨大改变，如图所示：

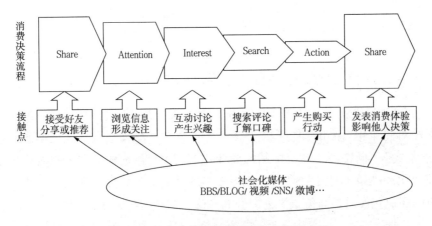

图 9-8 社会化媒体消费者购买行为模式图

---

❶ （加）Scott Stratten 著，魏薇译，强关系：社会化营销制胜的关键 [M]. 北京：中国人民大学出版社，2012.

三、社会化媒体平台品牌公关传播功效的彰显

（一）借助社会化媒体平台实现品牌与公众的深度互动

传统市场及媒体环境下企业的品牌传播策略，往往是借助在大众媒介平台上投放包含品牌信息的广告来达成，其劣势在于品牌建设周期长，媒介费用高昂，特别是广告这种品牌传播手段无法形成与公众的深度互动。

在互联网时代，利用社会化媒体平台实施科学有效的品牌公关往往能够收到超预期的效果，即不仅能在短时间达到提升形象的目的，而且所花费的成本也相对较低。企业应用社会化媒体最终目的是为了构建一个能够给用户提供品牌价值的良性社交群，而社会化媒体传播是一个大批公众自发贡献、提取、创造讯息，然后二次及多次传播的过程，企业借助用户对品牌产生的正面关注来传播品牌形象，提升品牌知名度，最终形成与用户的深度互动。

（二）借助社会化媒体平台应对市场活动的危机事件

传统媒体环境下由于信息的不对称，企业对于市场活动中的危机事件很难做到相应的掌控和管理。在危机来临和爆发后往往只能被动地加以应对，给企业的经营和品牌的管理带来了极大的风险。

互联网时代，越来越多的企业开始把公关和营销的阵营转移到微博、微信等社会化媒体平台，并借助其低成本、高参与度、超强互动性、实时监测等特点来实施企业战略。在企业及品牌的危机管理中，除了利用传统媒体进行常规信息的披露和回应，积极地利用社会化媒体平台来设置相应的议题和疏导公众则是品牌公关的特色之一。

（三）借助社会化媒体平台满足个人社交及消费层面的信息需求

基于企业或产品本位的品牌传播模式，其信息生产的立场是从自身出发，因此品牌信息基本上是与产品、服务或企业经营相关的内容，这些信息在实际的消费需求尚未产生之前，特别容易引发公众的忽略和抵触情绪。

社会化媒体平台的内容资讯往往更为丰富，其主要是由公众为了满足自身社会交往需求而生产的内容，因此往往更具备更好地参与性和互动性。企业或品牌在社会化媒体平台上的内容生产，正逐步摆脱传统单向的、纯粹的产品或服务信息的传递，正朝双向互动的、满足个人社会交往需求的内容生产迈进。这种将品牌信息融入个体社交需求中的品牌公关策略极大地提升了品牌传播的实效性。

案例： 海尔空调墨迹天气交互传播 ❶

【案例背景】

2014年12月，为配合空调及空气净化类产品的冬季销售热潮，为海尔天樽空调、天铂空调、空气魔方等产品实现良好的宣传效果，海尔在墨迹天气媒体平台上投放为期22天的广告。

通过软性植入与硬广展示相结合的方式，在注重曝光量的同时更侧重用户交互的概念；利用良好的页面引流效果实现用户对于产品的细致了解。投放形式主要有：品牌广告与软件界面无缝植入、覆盖全部用户、曝光量极大的开机全屏（2天）；与每日天气实时变化密切相关的硬广展示每日详情（14天）；结合目前人们普遍关注的空气质量情况，在小提示中软性植入产品信息的空气指数（5天）；根据不同天气状况给予穿衣建议并软性植入产品形象及功能的穿衣助手及穿衣助手三句话（小墨师小墨妹两个人物形象共11天）；结合热点、节日等能够广泛调动用户参与、为产品宣传实现良好效果的实景活动（共7天）。

【案例分析】

本次投放为海尔空调系列（海尔天铂空调、海尔空气魔方）实现了良好的广告宣传效果。总曝光量超过7亿；总点击量4千5百万。具体来说：本次投放曝光量、用户点击及互动均达到预期效果。尤其是通过"开机全屏"，在短短一天内产生上亿人次的浏览，对于海尔空调系列产品产生很好的宣传效果；"穿衣助手"探索了全新的广告形式，利用与用户紧密互动的广告形式，实现功能性与广告性的统一，用户接受度高，兴趣度高；"实景活动"则使得用户从被动的接受广告变为主动的参与活动，该种方式能够使用户更易于对产品产生深刻印象，广告宣传效果较好。

图9-9 穿衣助手活动

本次投放"穿衣助手"形式是整个项目中的亮点，不但探索了全新的广告形式，也成为墨迹天气媒体日后展示该位置的示范案例。根据产品的"五色风环"包含的5种颜色（红、绿、蓝、紫、橙），量身打造出能够对应不同天气状况的

---

❶ 该案例源自艾瑞网整理而成，原文网址：http://a.iresearch.cn/case/5581.shtml

服装，搭配体现不同功能的产品风环颜色和广告语。生动形象并且富有互动性。
投放效果：总曝光量169,693,184；总点击量44,614,124。

图9-10　海尔在墨迹天气平台上的互动传播

该活动的创新点在于：独创性的将产品在不同功能下的颜色与穿衣助手人物穿着的服装颜色统一起来，在不同的天气状况中，产品会呈现出不同的功能——如晴天：制冷；降水：除湿；雾霾：净化等，并且搭配上"穿衣助手三句话"令产品功能和特点再次露出，达到极好宣传效果的同时又富于变化，实用性强，令用户乐于主动地触发广告。该活动的另外一大特色为精准互动：天气-功能-颜色一一对应，配以精确文字，非常准确地展现了产品的特点，符合客户对于产品功能展示的需求和广告效果的预期。

第三节　基于社会化媒体平台的品牌公关策划与实施

社会化媒体时代的到来，使得传统媒体环境下单向的、企业或产品本位的品牌传播模式，逐步让位于双向互动的、公众本位的品牌沟通模式，而社会化媒体已经成为企业开展品牌公关活动的重要平台。同时，品牌公关活动的成功与否有赖于科学系统的策划与实施，企业必须通过科学的品牌公关调研来明确品牌公关的具体目标，结合公众的需求打造互动创新的品牌信息，并选择社会化媒体平台进行品牌公关传播，以期达到改变公众认知的品牌传播效果。

一、品牌公关调研

（一）品牌公关调研的概念及特征

进行社会化媒体平台上的品牌公关策划，首要的任务就是进行品牌公关调研。品牌公关调研是指在利用公共关系进行品牌建构和传播之前，通过各种社会研究方法和手段，对品牌诉求和形象、品牌目标受众、品牌公关的媒介平台、竞争对手品牌动态等内容进行的总体的了解和掌握。一般而言，具有以下特点：

1. 目的性。品牌公关调研是一项目标明确的工作，其任务是搜集和整理品牌公关活动所需的各类信息，为后期品牌公关策划与实施提供相应依据。

2. 科学性。品牌公关调研必须利用各类社会调查方法和手段，如调查问卷、面对面访谈、数据的收集和分析等，来揭示市场传播活动的特征和规律；而不是仅仅凭借经验和臆想作为后期策划与执行的依据。

3. 系统性。品牌公关调研所涉及的调研内容比较庞杂，调研过程系统，需要合理安排具体的调研内容和时间进度。

（二）品牌公关调研的内容和方法

总体而言，品牌公关调研的内容主要包含以下几点：

1. 品牌现状调研。主要包括品牌知名度、美誉度和忠诚度等基本状况的了解与掌握，以及品牌诉求是否清晰，目标消费者对于品牌形象的认知是否清晰一致等问题的探究。通过对本品牌现状的调查，研究人员基本上可以描述出品牌的基本特性及消费者的现实评价。同时，对同一市场不同品牌的调研则可以发现新的市场机会，预测市场动向，了解竞争对手下一阶段的动态等。

2. 消费者调研。通过对消费者需要与欲望、消费行为与动机等情况的了解，来考察消费者的品牌偏好，了解不同消费者对不同品牌诉求的反馈，为进行消费者细分和品牌延展提供重要依据。

3. 公关传播媒介调研。媒介调研一般包括公关活动目标区域的媒体总体状况、媒体的内容风格形象，媒体受众数量与质量的深度分析等。尤其是社会化媒体平台的社交应用地位、用户人口统计学的基本情况，以及用户对于社会化媒体的接触与使用习惯，应该成为调研的重点。

进行品牌公关调研的方法多种多样，最常见的有文献法、观察法、实验法和问卷法等几种形式。

1. 文献法。文献法也称历史文献法，就是搜集和分析研究各种现存的有关文献资料，从中选取信息，以达到某种调查研究目的的方法。由于基本上是使用二手资料进行研究，其最大的优势在于可以节约时间和费用，但实效性较差。文献的来源，一般存在于各类正规公开的出版物、相关公司和机构的调查报告、企业自身的历史资料、高等学校的研究成果等。

2. 观察法。观察法是指研究者根据一定的研究目的、研究提纲或观察表,用自己的感官和辅助工具去直接观察被研究对象,从而获得资料的一种方法。采用观察法进行品牌公关调研,主要应用于对消费者消费行为的观察以及消费者媒介接触与使用的观察。由于获得的是第一手资料,观察法已成为重要的调研方法之一,在日常工作等到了大量的应用。

3. 实验法。实验法是研究者有意改变或设计的社会过程中了解研究对象的外显行为。实验法通常采用以下两种方式:

1)变动商品因素。在同一市场条件下,首先对正常经营情况下的各个因素进行测量,然后再测量变动某个商品因素(如价格、包装、广告、公关等)后的情况,通过销售的效果来测定该商品因素对购买行为的影响。

2)变动调查区域。如由于市场形势发生变化,商品购买力变化,以及价格、消费心理、季节变化等,都会不同程度地影响实验效果。如果在同一时间将不同区域的经营状况进行对比,则会大大提高实验效果。如把同一类商品采用某种特定的包装形式分别在条件大致相同的两个公司进行试销,然后测量其结果,来了解这种包装对购买行为的影响。

4. 问卷法。问卷法是通过由一系列问题构成的调查表收集资料以测量人的行为和态度的心理学基本研究方法之一。问卷法的两个主要优点是:标准化程度高、收效快。问卷法能在短时间内调查很多研究对象,取得大量的资料,能对资料进行数量化处理,经济省时。问卷法主要缺点是,被调查者由于各种原因可能对问题做出虚假或错误的回答;在许多场合对于这种回答要想加以确证又几乎是不可能的。❶

在互联网时代,基于社会化媒体的品牌公关活动还有赖于对通过以上方法获得相关数据的分析和挖掘。即在获得相关数据后,在特定分析目标的引导下,通过科学有效的数据分析,得出公众近期或将来一段时间内的行为预期,并以此作为品牌公关活动策划和实施的依据。

案例: 大数据背景下的品牌调研 ❷

2012年,宝洁对旗下的重点品牌"玉兰油"进行分析,推出了一款针对25岁人群的细分产品,市场反响良好。宝洁所采取的分析方式是大数据分析,即对消费者搜索"玉兰油"这个关键词的习惯进行分析,发现后面跟着"适合几岁"的搜索比例明显偏高,于是才调整了营销战略。

与传统的"品牌宣传"方式相比,大数据时代的品牌营销转向了"品牌对话"。

---

❶ (美)艾尔.巴比著,邱泽奇译,社会研究方法(第11版)[M]. 北京:华夏出版社,2009.
❷ 黄力泓,大数据时代的品牌营销,原文网址 http://blog.sina.com.cn/s/blog_66a0b2c20101gltz.html

所谓"品牌宣传"指的是企业以单向的传递方式，由一点到多点，对消费者进行接连不断的强化影响；而"品牌对话"则注重品牌与目标受众的双向交互，让消费者之间形成点到点的经验与体会传递，这种网状的结构，能够让信息更加透明化，增强品牌的传播效应。

大数据为品牌对话提供了技术基础，海量数据的搜集、存储、管理、分析、挖掘与运用都自成体系。换言之，大数据技术能使大量非结构化的、不均匀分布的数据被捕捉、存储和分析，人们可以利用这些资料来解释各种现象背后的原因，预测事物的发展趋势，以便企业及时调整营销策略，获得与消费者之间更加频繁的交互对话。

利用大数据进行品牌营销可以分为两类：一类是基于运营体系或平台系统的数据挖掘与利用，如供应链系统数据分析、淘宝数据魔方、卓越亚马逊消费者行为分析；另一类是基于媒体信息的挖掘与利用，如微博营销、微信公众帐号营销等，也即任何受众在接触媒体时都会留下痕迹，有痕迹就可以被监测、被分析。

通过以上方式获得的数据可以为企业细分受众进行精准定位提供基础，但在具体的操作中，企业需要经历数据收集、数据分析、消费者智能、个性化品牌传递、衡量结果五个具体的阶段。因此，在这个全新的技术领域，企业需要雇佣专业人才来进行操作和管理。

大数据技术为企业进行品牌营销提供了新的有效方式，但同时也对企业的自身本领提出了新的要求。在互联网上，客户会留下痕迹，企业也会留有脚印，透明的环境对双方而言是公平的。因此，虚假粉饰逃不过顾客的眼睛，企业要树立真正的品牌，必须要内外兼修，真正全面了解顾客并满足其需求。

二、品牌公关目标的确立

品牌公关目标是指企业根据市场活动的需要，结合前期调研情况，对具体的品牌公关活动所需取得的成果给出明确的、可描述的、可量化评估的目标体系。品牌公关目标的确立在总体上指导着品牌公关活动的后续环节，因此具有十分重要的地位。

一般而言，品牌公关目标有两个基本的取向：

1. 以促进商品或服务的销售为目标。其基本模式为：通过品牌公关活动的实施，来激发消费者的购买欲望，促进商品和服务的购买，以增加企业利润。它以近期利益为出发点，具备即期性的传播要求和市场要求。

2. 改善品牌与消费者之间的关系。其基本模式为：通过品牌公关活动的实施，提高品牌关注度与知名度，并树立品牌形象，以促进商品销售和品牌发展。它以长远利益为出发点，因此不一定具备时效性，而是更关注品牌的长期建设。

在确立品牌公关目标的时候，应注意以下原则：

1. 突出重点。希望在一次品牌公关活动实现多种目的的目标是不现实的，因为这样无法取得良好的公关效果。因为目的众多，会分散公关活动的重点，给公众造成混乱的印象，从而使每一个目的都不能达到。因此，公关活动的策划应该将本次的目标集中展现出来。

2.具体明确。品牌公关的目标要具体化，数量化，方便品牌对公关活动的执行、控制和修正。

3.考虑可行性和合理性。任何目标的设立都不是主观臆断，而是建立在对品牌内外环境进行紧密调查研究的基础上的。因此，制定目标时要审时度势，避免使目标成为空中楼阁。品牌目标的可行性，是指在制定目标时要从实际出发，要慎重考虑主客观条件的制约。不能脱离实际条件，异想天开。品牌目标的合理性，是指在制定目标时要适度，要留有余地。目标过高容易使人望而生畏，目标过低有损企业的利益。因此，在确定目标时，要对两者进行统筹安排，保持适当的弹性。❶

4.明确目标达成期限和所需成本。目标的期限是目标构成的要素之一，无限期的目标是无意义的目标。同时，达成目标需求的成本也是应考虑的因素之一。

三、品牌公关的信息内容生产

基于社会化媒体平台的品牌公关传播，要求企业在品牌信息内容层面上必须突破以往单向的、以企业或产品为本位的品牌信息生产模式，转而建立双向互动的、以消费者为本位的品牌信息生产模式，同时，在互联网传播的大背景下，企业要特别注意对UGC内容的运用与反馈。

一般而言，品牌公关信息的生产需要满足以下原则：

1.公开原则。品牌公关的信息内容生产应开诚布公、客观公正地报道事实的真相。同时，在应对危机事务时也应注意掌握公开的事情、时机、范围和有关人员，具体情况具体应对。

2.准确原则。品牌信息要准确、全面、科学。虚假、不准确或者不全面的信息都将会影响到品牌公关的效果，甚至直接影响到品牌公关的成败。因此，在品牌公关信息发布前一定要掌握多维度、多层次的信息，并对大量的信息进行归纳、分析和研判，使信息准确有效。

3.创新原则。在品牌公关执行过程中，由于品牌公关直接面对是的各类公众，而公众对于信息的需求、公众对与媒体的使用习惯等经常发生变化，公共事件随时会受这些因素的影响。因此，需要用创新思维来加工品牌公关信息。

在实际中，品牌公关的信息内容生产应把握以下技巧和方法：

1.将媒体对信息内容的需求与己方的品牌公关目标结合起来。

互联网媒体的内容生产与传统媒体有较大的差异，其中借用其他传统媒体

---

❶ 罗子明，张慧子著．新媒体时代的危机公关：品牌风险管理及案例分析[M]．北京：清华大学出版社，2013．

或网站，以及 UGC（Users Generate Content 用户生成内容）的比重较大，这是进行品牌公关传播的一个重要切入口，即能够满足新闻类门户网站需求的新闻资讯很可能被其进行传播。所以，在分析其具体需求后，对自己所欲公关宣传的内容进行有针对性的包装，再有目的性的"投其所好"往往比较容易成功。

比如，很多新闻类门户网站在年底时都依照惯例要做各类"盘点"性的专题报道，相关版块的编辑或记者都会主动收集和整理资料。在抓住这一需求后，企业完全可以按照相关的思路，有目的和针对性地发布一些资料，并且把企业希望传播的内容包含在其中（如房地产公司可以撰写一篇关于行业排行的文章，把自己企业的优势列入其中显要位置，并通过一些技术手段，保持这篇文章的热度），一旦这些资料被网站编辑注意到，甚至直接采用，就可以达到借用其力量为己方进行品牌传播的目的。

2. 对于品牌信息的发布与回复要有技巧。

以基于论坛这种社会化媒体平台的品牌公关传播为例。首先，帖子的标题和内容要精心策划。由于 WEB 使用超级链接技术，品牌公关信息的内容是否会被浏览者注意和仔细阅读，很大程度上要取决于帖子标题的吸引力度。在给帖子起标题时应注意以下原则和技巧：如，帖子的字数不能太长；关键词的选择尽量能和时事热点相结合；逆向思维，故意说"反话"；画圈圈，指定明确的受众选择；悬疑化的问题求解答；故意夸张化的描述；用情色、暴力等因素吸引眼球等。

帖子内容除了常规的写作技巧外，还应该注意以下技巧：把所需品牌公关的核心内容，以故事背景、道具或台词等形式，巧妙地隐藏在文章里，位置居中（不要放在开头或结尾）；文章要有新闻味，多用新闻性的词汇，如说"记者"、"笔者"要比说"我"好，说"据调查"、"在采访中了解到"比说"我感觉"、"我认为"要好，另外，排版发布的形式也最好朝新闻靠拢。❶

> **案例：** 中华魔丽迅白牙膏：新品上市网络社区推广 ❷

【案例背景】

2009 年年末，中华牙膏新品魔丽迅白上市，围绕着新品上市，推出一轮大范围的网络推广，达到告知新品特点的目的。中华品牌首先从产品特色出发，提炼口碑传播点：即拥有"一刷即白"的美白功效，也是其他牙膏所不具备的特点。

【案例分析】

1. 制定项目策略

以魔丽迅白牙膏新品上市为主要传播目的，强调蓝色泡沫的产品特性。以"白了就能谈恋爱，谈到世界充满爱"为活动口号，号召网友一起来参加产品试用，

---

❶ 张兴杰等著，网络时代危机公关手册：理论、实践与案例解析 [M]. 武汉：武汉大学出版社，2012.
❷ 该案例源自艾瑞网整理而成，原文网址：http://case.iresearchad.com/html/201006/0905094913.shtml

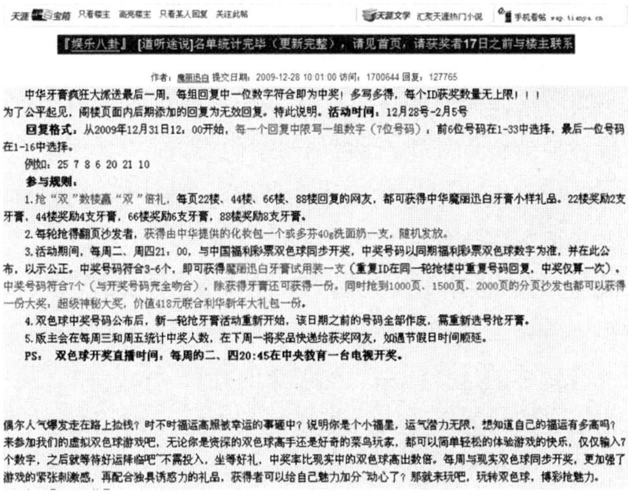

图 9-11 天涯抢楼行动截图

同时配合病毒式传播等多种网络传播渠道引发关注。

2. 充分利用网络媒体的丰富形式开展活动

活动一：个性试用视频的发布

网友试用后，通过自己拍摄视频的形式发布试用体验和感受，上传到相应的专题页面，展示使用牙膏后的效果。打造新颖试用形式，吸引网友对试用新品进行疯抢，让新品关注度在短时间内极大的提升。

活动二：天涯抢楼活动

在天涯发布抢楼主题帖，并在天涯不同板块轮番推广。网友只需根据双色球规则回复七位数抢楼，只要有三位数字与当期双色球中奖结果符合即可获得魔丽迅白牙膏一支，参与难度低，获得了网友的极大关注。

活动三：美容时尚网站专题发布

与时尚网、闺蜜网等网站合作发布首页焦点图文选题，由网站资深美容编辑撰写选题文章。

活动四：口碑传播

整合口碑营销，围绕新品上市以及蓝色泡沫的产品特点，在 BBS 发布话题宣传炒作，与草根名博主合作撰写植入产品信息的博文，并与 SNS 红人合作发布热门视频转帖。

3. 效果评估：执行时间：2009.12.15～2010.3.31 活动效果：一共引起了 8,826,818 人次的关注。

三、品牌公关的媒体策略

基于社会化媒体的品牌公关传播，其核心环节在于社会化媒体平台的选择与整合，即通过前期的品牌公关调研，结合品牌公关的具体目标，将制作好的品牌公关信息，通过社会化媒体平台对目标公众进行传播的过程。一般而言，品牌公关的媒体策略应遵循以下基本原则：

1. 目标性原则。目标性原则就是使选择的社会化媒体与品牌公关目标协调一致，它是品牌公关的根本原则。在进行媒体选择时，必须认真分析各类社会化媒体的特点，扬长避短，尽量使媒体的目标对象与品牌的目标对象保持高度一致。这样才能保证公关传播的效果。

2. 适应性原则。适应性原则就是根据情况的不断变化，及时地调整媒体方案，从而使选择的媒体与公关活动保持最佳适应状态。适应性原则包括两方面的内容：一方面，社会化媒体的选择要和品牌形象的特点以及公关信息的特性相适应；另一方面，社会化媒体的选择要与外部环境相适应。如：经济发展、市场竞争、宗教文化等。

3. 效益原则。效益原则就是在适合企业主投入能力的前提下，以有限的投入抓住可以获得理想效果的媒体。这就要求媒体策划应该始终围绕选择成本较低而又能达到公关预期目标的媒体这个中心来进行。

开展基于社会化媒体平台的品牌传播活动，企业应在媒体选择和组合层面注意以下问题：

1. 社会化媒体平台的用户构成。社会化媒体平台由于构成其虚拟社交的技术规则不尽相同，所以在用户构成结构上体现出极大的差异性。这些差异性主要表现在用户数量的不同、身份及年龄的不同、相关兴趣主题的不同、社会交互深度和频次的不同等。企业应根据自身品牌公关的公众特性有区别的来选择社会化媒体平台。

2. 社会化媒体平台的社交规则。社会化媒体平台的社交规则设计是其运营的核心，其所采用的社交手段和元素、社交场景等各有差异，这就要求企业在进行品牌公关时所采用的手段和方法与其相适应。

3. 社会化媒体平台的社交特性和商业特性。几乎所有的社会化媒体平台都面临着"社交"与"商业"两者之间的矛盾，现阶段不同的社会化媒体平台不仅在社交特性上各不相同，在商业化色彩上也各有偏重。企业如何看待这柄双刃剑，如何在社交的基础上进行商业活动，而又不至于引起公众的抵制和反感也是必须认真考虑的问题之一。

四、品牌公关效果的评估

品牌公关效果指在实施品牌的公共关系传播活动之后，品牌及其所有者获得的各类效益，一般而言，可从传播效果、经济效果和社会效果三个层面加以衡量。

1. 品牌公关的传播效果。它是指品牌公关活动实施后，公众对品牌的印象以及引起的各种心理效应，表现为公众对品牌的记忆、理解、情感、态度和行为等方面的影响。

2. 品牌公关的市场效果。是指企业通过品牌公关活动所获得的经济收益,即由品牌公关活动而引发的商品和服务销售以及企业利润的变化程度。

3. 品牌公关的社会效果。是指品牌公关活动对整个社会道德、文化教育及伦理等方面的影响和作用。

同时,按照品牌公关信息经由社会化媒体传播给消费者,会对其产生各类心理影响和行为反应。按其影响程度和表现形式,品牌公关效果可划分为到达效果、认知效果、心理变化效果和行动效果。❶

1. 到达效果。到达效果主要是指社会化媒体与消费者的接触效果,通常以社会化媒体活跃用户数量、品牌信息的曝光率、渗透率等指标来测评。

2. 认知效果。认知效果是指消费者在接触社会化媒体的基础上,对品牌公关信息有所关注并能够记忆的程度。主要测定和分析品牌公关实施后给予消费者的印象深浅、记忆程度等,一般通过事后调查获取有关结果。

3. 心理变化效果。心理变化效果是指消费者通过对品牌公关信息的接触和认知,受其影响所引起的对商品或服务产生的好感以及消费欲望的变化程度。主要是通过知晓率、理解率、喜爱度、购买欲望率等指标,对消费者在品牌公关活动前后的态度变化进行比较和分析。

4. 行动效果。行动效果是指消费者受品牌公关活动的影响所采取的购买商品、接受服务或响应品牌诉求的有关行为。这是一种外在的、可以把握的品牌公关效果,一般可以采取事前事后测定法得到有关的数据。

五、品牌公关传播计划的制定与实施

在品牌公关调研、品牌公关目标确定、品牌公关信息生产以及品牌公关媒体选择等环节完成后,品牌公关策划开始转入品牌公关传播计划的制定与实施。

(一)品牌公关传播计划的制定

一般而言,品牌公关传播计划的制定有以下基本步骤:

1. 前期筹备工作

对前期品牌公关策划中出现的大量情报和资料进行严格论证,明确实现目标的未来环境和条件,预测可能出现的问题,从不同角度,设想出各种各样的可行方案。重点明确事项、负责人员、时间进度安排和相关经费预算。

2. 与社会化媒体平台运营商进行接洽

根据品牌公关活动的性质和目标公众的特性,尤其是目标公众的媒体接触习惯,选择合适的社会化媒体平台,开展媒体排期、媒体组合等层面的洽谈。

---

❶ (英)杨东念著,梁雨晨译,品牌传播战略:数字时代的整合传播计划[M]. 北京:科学出版社,2013.

3. 生产品牌公关信息

根据对象公众的具体需求，结合媒体平台的特征，将品牌公关传播的核心融入相应的新闻稿件、网站设计、互动设计等内容载体中去。

4. 公关进度控制

公关活动展开后，执行人员要不断地及时地掌握进度。执行人员应经常检查各方面工作的实施进度，及时发现超前或滞后的情况，注意在人力、物力、财力等方面予以协调，以求在公关目标的引导下，使各方面工作达到同步和平衡发展。

5. 公关计划调整

由于客观环境都是在不断的发展和变化之中，突发情况的发生，势必会与原订计划之间出现不一致的问题。因此，在执行具体计划时，为了排除实施计划过程中的各种障碍，就必须经常对工作进行监督和检查。

（二）品牌公关传播的实施与监控

对具体活动执行进行监测可以及时发现问题，进行必要的修正；在活动完成后，应有效果的评估和总结，一方面对企业主有所交代，另一方面，为开展下次活动积累经验。监测与评估的主要内容包括：

1. 监测目标公众态度和行为的变化。具体检测内容为：品牌公关信息的曝光程度、到达率等；公众在接收到这些信息后，其总体态度的走向如何？是积极改变还是消极反馈？公众在后续行动上是否与策划目的相一致等。

2. 检查实施过程与策划过程中有何出入。实施工作是在策划的基础上开展，通过回头看可以检查当时策划时在调研、谋划的方向是否正确，以有利于下次在谋划时予以改进。

3. 活动结束后，都必须作一个效果评估与总结，这也是企划（公关）部门一次活动策划流程的最后一个环节。企划部应该形成一套比较客观的活动策划效果衡量工具与标准，对每次策划带来的经济效益和社会效益作前后比较，这样才能评估一次活动策划的得失。❶

案例： 联想：马拉松 GPS 社交媒体直播 ❷

案例背景：

欧美社会对"个人主义"的价值观念可以表述为：个人主义应该受到推崇，社会应该鼓励普通人去证明自己的存在、彰显自己的价值。现今中国社会的年轻人也开始重新考虑个体在整个社会中被尊重和认可的新思维和新方式。

---

❶ 纪华强著，公共关系的基本原理与实务 [M]. 北京：高等教育出版社，2006.
❷ 该案例源自艾瑞网整理而成，原文网址：http://case.iresearchad.com/html/201309/0504333713.shtml

2012年，联想以 "For Those Who Do" 的品牌理念展开了国际化品牌塑造的第一步，传递自己彰显个体价值的品牌价值观，以此来贴近欧美市场、迎合中国年轻人、并保持在中国市场的领先。作为其体育营销核心的马拉松赛事营销，则必须贯彻这一品牌理念。问题在于：传统中国社会对于马拉松比赛的理解，往往局限于比赛结果和成绩，以及比赛的氛围和过程，缺乏对普通参赛者作为个体的理解、尊重和价值观念的分享。

目标：

尽管马拉松多年来在中国人眼中的形象从未改变，但联想依然希望：通过创新的马拉松赛事营销，传递 "For Those Who Do" 这一全新的品牌理念，以此来提升联想智能手机知名度、进而扩大其市场占有率。

人群：

活跃在网络上的16～35岁的年轻人。他们是联想智能手机的目标消费者，同时也能够成为联想品牌理念的传播者。

策略：

通过社交媒体和移动技术创新，设计制作"乐疯跑"品牌App，搭建"乐疯跑"GPS社交媒体直播平台，来打破传统媒体的关注限制，让每个普通人都能轻松展示自己。该App具备GPS位置服务和社交分享功能，用户可在其中规划跑步路线、制定健身计划、分享健身数据和心得等。其直播功能与新浪微博合作，参赛者和观赛者可在同一时空进行实时互动。

创新执行：

1. 选取经典赛事：充分考虑中国田径协会对各马拉松赛事的等级评定情况以及参与人数和影响力，联想选择了北京、上海、厦门这三个评级最高、参与人数最多、影响力最大的马拉松赛事展开活动。

2. 鼓励跑者参加：联想在跑步人群聚居的跑步社区展开招募，鼓励跑者们安装"乐疯跑"品牌App，在比赛过程中进行直播，并为其中部分幸运跑者提供联想乐Phone手机S890支持。同时，联想还鼓励自己的员工参与其中，与跑者一起奔跑，共同分享跑步的快乐。

3. 设置互动机制：在基于新浪微博的直播平台上，所有用户均可以实时追踪使用了"乐疯跑"品牌App的跑者位置信息、时间里程信息和现场照片，并为他们投票或留言加油。而赛道沿线与赛事相关的微博同样会被通过关键词和地理信息抓取到平台中，现场观众、跑者可以随时分享自己的所见所感，网友也置身其中。

效果：

1. 社会影响：联想携手众多名人玩转马拉松的营销事件本身，对马拉松运动在国内的推广产生了有力的促进。而其所倡导的"彰显个体价值"，也让中国当下的普通人更好地了解了马拉松精神和运动精神。谷歌在赛后表扬说：联想真的不一样了,我们看到联想通过最新科技在马拉松上所做的努力,我们希望能够和这样的企业有更深的合作。

2. 品牌传播:经过三站马拉松赛事,"乐疯跑"品牌 App 下载量达 105 万次,"乐疯跑"GPS 社交媒体直播平台浏览人次累计近 20 万、1 万余人参与互动,新浪微博"乐疯跑"话题量从 0 飙升至 90000 余条。

3. 市场覆盖:"乐疯跑"推广中主推机型 S890 成为联想年度最畅销智能手机;同时得益于出色的品牌和产品推广,联想在 2013 年 Q1 销量一举跃升至中国市场第二名,仅次于风头正盛的三星。

(a)

(b)

图 9-12　联想:马拉松 GPS 社交媒体直播

第十章　面向电子商务的公关推广

随着互联网以及移动互联网的发展，世界商务领域也发生了翻天覆地的变化。例如电子商务在全球范围内的普及和发展，从根本上颠覆了传统的商务模式；各类移动设备的广泛应用，改变了互联网用户的行为模式和消费模式。因此，互联网的公关推广开始广泛应用于电子商务和移动互联网领域，并有了丰富的应用案例，电子商务公关推广成为互联网领域的关注热点和前沿话题。本章将详细介绍互联网环境下的电子商务公关的基本概况与实践以及基于App应用的公关推广策略。

第一节　互联网环境下公共关系向电子商务的延伸

一、电子商务概况

（一）电子商务的概念

电子商务（Electronic Commerce/Electronic Business）是将商业与电子技术与信息技术相结合，通过使用通信网络实现网上购物、网上贸易、网上支付、网上纳税等商务活动。[1]电子商务的出现颠覆了传统商业模式，在未来的经济发展中，电子商务会发挥更为广阔的作用，通过转变经济增长方式、推动产业的转型与升级，对世界经济的发展产生重大影响。由于电子商务尚处于初步发展阶段，目前对电子商务尚无一个明确的界定。下面将简要介绍世界权威组织、公司及学者对电子商务所下的不同定义，并通过分析以下定义对电子商务的基本概念与特点进行归纳与总结。

世界贸易组织（WTO）认为：电子商务是通过电信网络进行的生产、营销、销售和流通活动，它不仅指基于互联网的交易活动，还包括所有利用电子商务技术来解决问题、降低成本、增加价值和创造商业和贸易机会的商业活动。[2]

---

[1] 张宽海. 电子商务概述 [M]. 北京：机械工业出版社，2013.
[2] 张定方. 电子商务概论（第二版）[M]. 上海：立信会计出版社. 2010.

IBM 公司认为：电子商务的概念应包含三个部分，即企业内部网（Intranet）、企业外部网（Extranet）与电子商务（E-Commerce）。电子商务所强调的是在网络计算环境下的商业化应用，这个应用将买方、卖方及厂商及其合作伙伴在互联网、企业内部网、企业外部网相结合。它同时强调这三个部分是有层次的：只有先建立良好的企业内部网，建立比较完善的标准和各种信息基础设施，才能顺利扩展至企业外部网，最后扩展至电子商务。❶

美国著名学者瑞维·卡拉科塔与安德鲁·B·惠斯顿在《电子商务前言》中指出："广义地说，电子商务是一种现代商业方法。这种方法通过改进产品与服务质量、提高服务传递速度，满足政府组织、厂商和消费者降低成本的需求。"❷

以上对于电子商务的界定基于不同的视角，导致各界对电子商务的定义略有差异，有学者将电子商务分为广义与狭义两个层面来理解。所谓广义上的电子商务活动，不仅仅包含在电子技术下以盈利为目的的商业交易活动，还包含着社会其他方面各种非营利性活动，比如政府税收与教育活动；而从狭义的层面理解的电子商务活动，主要指基于 Web 的通信手段在互联网上进行营利性的交易活动，包括通过因特网进行买卖产品及提供服务。我们所讨论的电子商务活动主要是指狭义上的电子商务活动，其中必须满足三个条件：第一，必须是以盈利为目的的商业活动；第二，必须基于网络技术与数字技术进行的交易行为；第三，必须是以提高商务效能与效益为目的。因此，我们认为，电子商务是以网络（Internet）为基础的计算机系统支持下，各种具有商业活动能力和需求的实体（生产商、贸易商、金融商、消费者等），为提高商务效能与效益采用电子方式所从事的交互式商务活动。

电子商务活动并不是简单的买卖双方通过电子商务平台进行的交易活动，还包含电子商务经营战略、目标市场的选择、服务对象的研究、销售与推广的手段或方法、网上支付管理、物流管理等方面活动。因此，在电子商务中，具备电子技能与知识的人才以及具有系统性的经营管理非常关键。

（二）电子商务的发展历程及影响

电子商务的诞生与发展依赖于网络技术与电子技术的发展，电子商务的发展历程大约可分为三个阶段，即诞生期、成长期与高速发展期。电子商务诞生于20世纪60年代，当时的电子数据交换与电子资金传递是电子商务的雏形，人们利用电子手段，例如电报等进行广泛的交易与沟通；电子商务的成长期主要始于1990年，随着网络技术的发展与互联网普及率的提高，互联网的商务应用越来越广泛，网络上介绍产品、浏览商品信息的行为逐步增多；高速发展期在 1995 年后，广泛

---

❶ 方真. 电子商务教程（第一版）[M]. 北京：清华大学出版社. 2004.
❷ 刘巧红. 电子商务网站构建技术研究[D]. 武汉科技大学. 2007：2-3.

交互式公布信息技术用于商业领域，例如 JAVA 语言，WWW 技术等，逐渐实现了从网上浏览到网上支付与结算的电子商务过程。近年来，随着移动通信技术的发展，出现了移动电子商务，突破时间与地点的限制，实现了通过移动手持设备进行无障碍的商务活动，从而使电子商务应用更加广泛、更为深入。❶

电子商务的出现对世界各个国家和全球经济带来了巨大影响，最为突出的表现是电子商务开始向传统的经济业态形式提出挑战。具体而言，电子商务的影响主要有以下四个方面。首先，电子商务转变了传统的经济增长方式，技术的发展以及社会化大生产打破了原有生产与消费间的平衡，不再过分依赖传统经济中的生产资料及等待漫长的生产过程，转而更加重视信息的获取与积累并抛弃了传统商务中冗余环节，依靠互联网技术进行实时交易使经济增长方式从传统的粗放型向集约型转变、由投资拉动型向技术进步型转变、由高碳经济型向低碳经济型转变；第二，电子商务的出现推动现有产业进行升级和转型，促进各国流通领域的现代化发展，互联网诞生后各个产业都在进行技术革新与管理革新，电子商务不仅作为推动产业升级转型的重要力量，同时还作为产业转型的基本内容；❷第三，电子商务带动了信用、物流、支付等支撑服务的发展，也带动了交易运营、仓储、软件等衍生服务的发展，由此也促进了现代服务业发展，拉动就业，进而优化了经济结构；❸第四，电子商务引发了新经济形式，即网络经济。随着网络规模的扩大、网民人数的暴增以及移动互联网的发展，网络经济颠覆传统经济发展规律并为经济发展作出了强大贡献。

（三）电子商务模式

商务模式一词源于英文"Business Model"，商务模式是一个企业的经营方式，包括如何组织公司、向消费者提供什么样的产品或服务、如何盈利、如何增加价值、如何面对风险等内容，商业模式的本质是企业获取利润的方式。电子商务模式是一种商业模式，关于电子商务模式（e-business model）的定义，学者们有着各自不同的看法，例如 Lynda M·Applegate 和 Meredith Collura 教授认为："电子商务模式是一个从制造商到生产商到分销商最终到顾客的连续统一体，根据这个统一体上流动的产品类型的不同，可进一步分为数字业务类型和基础设施提供两种模式。"❹ 简而言之，电子商务模式就是一种企业利用互联网赢取利润的方式，是在企业确定了细分市场和目标顾客后，结合企业内部网以及企业价值链，利用电子技术与网络技术整合价值链上相关合作伙伴，最终与顾客达成

---

❶ 吴效红. B2B 电子商务平台的品牌公关策略研究－以慧聪网为例 [D]. 重庆大学. 2013: 2-5.
❷ 资料来源: http://www.emdp.cn/ArticleShow.aspx?id=698773
❸ 张润彤. 电子商务概述 [M]. 北京：中国人民大学出版社，2014.
❹ 王钰辉. 电子商务模式研究 [C]. 吉林大学博士学位论文. 2007.

交易，并给企业带来利润的方式。❶

关于电子商务模式的分类，不同学者基于不同的视角对电子商务模式进行了详细的划分，例如基于电子商务主体、基于盈利模式、基于运营模式或者电子商务的发展阶段和商务模式创新等视角进行分类。目前较为常见与权威的对电子商务模式的分类方式是基于电子商务交易主体，即企业（business）、消费者（customer）和政府（government），具体分类见下表。

基于交易主体的电子商务模式类型　　　　表 10-1

模式	主体	实例
B2B	企业与企业	阿里巴巴
B2C	企业与消费者	聚美优品
C2C	消费者与消费者	淘宝网
B2G	企业与政府	企业电子报税
C2G	消费者与政府	个人网上报关

1. 目前全球电子商务发展主流类型是 B2B（Business To Business）模式，B2B 模式指在市场中，企业与企业通过电子技术与网络技术进行的营销活动。企业通过 B2B 电子商务网站建立企业内部网与客户之间的紧密联系，并利用网络的即时性为客户提供服务，最终通过收取会员费、广告费或者竞价排名使企业获得利润。阿里巴巴作为我国典型的 B2B 电子商务平台，主要为供需双方提供信息和交易平台，而阿里巴巴本身不参与生产和采购，只为客户的交易提供综合性服务。

2. B2C（Business to Consumer）模式是我们常说的电子零售模式，是企业通过互联网直接向消费者提供产品或服务的商业模式，B2C 近年来发展迅速，艾瑞咨询分析指出 "2012 年中国网络购物市场中 B2C 在整体网络购物市场交易规模的比重达到 29.6%，较 2011 年的 25.3% 增长了 4.3 个百分点，B2C 占比呈持续增大趋势。" B2C 模式在信誉与质量保障方面较于其他电子商务模式更能得到消费者的信任。例如我国天猫商城通过大力吸引优质商家的入驻，不仅使产品有质量保障，还丰富了产品的类型，给予消费者更安全的消费环境与更多的产品选择。

3. C2C（Consumer to Consumer）模式是消费者与消费者之间通过互联网进行交易的电子商务模式。C2C 商务网站是消费者与消费者之间在线交易的平台，例如我国的淘宝网，卖方可在网上提供产品而买方可在网上自行选购产品。目前我国以淘宝网为首的 C2C 电子商务平台网站具有很大的用户规模与很高的用户渗透率。

---

❶ 毕达天. B2C 电子商务企业－客户间互动对客户体验影响研究 [D]. 吉林大学. 2014：2-7

4. B2G（Business to Government）模式指企业与政府之间的电子化商务活动形式，通过 B2G 模式，不仅使企业与政府的商务活动效率大大提高，还能够为政府树立良好的形象。我国 B2G 电子商务模式的代表是企业的电子报税，但相对于国外来说，此类电子商务在国内发展水平还比较低，目前尚处于初始阶段。

5. C2G（Consumer to Government）模式指消费者与政府之间的电子商务活动模式，即通过电子技术与网络技术进行消费者与政府的商务活动。例如个人网上报关报税，极大程度上提高了政府工作效率。

在我国，B2B、B2C、C2C 模式经历了较长发展时间，其发展也较为成熟，而 C2G 模式与 B2G 模式，逐渐受到人们的关注，对其使用也逐年增加。除了上述提及的五种电子商务模式，还有两种近年发展迅速、运用广泛的电子商务模式，即 O2O（Online to Offline）与移动电商。

6. O2O（Online to Offline）是通过互联网展示商品或服务，吸引线上消费者带入现实的商店中。换句话说，消费者在线上支付产品或服务，在线下领取产品或享受服务。O2O 电子商务模式是顺应了电子商务的发展趋势并结合消费需求而产生的立足于本地服务的电子商务模式。O2O 模式通过打折、提供信息、预订服务等方式将线下信息传递给线上消费者最终使他们在线下享受产品与服务。网上团购活动就是 O2O 模式的典型代表，例如大众点评网、58 同城等。

7. 随着移动通信的飞速发展，手机及平板用户的激增，尤其是 4G 牌照的发放使移动电商逐渐成为当下普遍应用的电子商务模式，并即将迎来其前所未有的发展契机。移动电子商务是通过手机、Pad 等移动终端实现突破时间与地域限制进行的 B2B、B2C、C2C 等电子商务模式。移动电子商务的特点是简单、快捷以及使用过程极其方便，为用户提供了便捷与个性化的服务。除此之外，移动电子商务还结合了当下碎片化消费行为、精准定制需求以及社交分享等需要，使移动电子商务在未来的发展将超越 PC 成为主流。2014 年可谓是移动电商井喷式发展的一年，京东、苏宁、当当、国美在线移动端的促销力度前所未有。例如京东通过手机京东、微信、手机 QQ，发起"全民抢红包"活动，苏宁易购发起"电商世界杯"使其来自移动端业务激增。因此，移动电商在未来将迎来空前发展，成为电子商务的主流模式。

二、电子商务公关的概念、兴起与特征

伴随互联网技术的发展以及电子商务的兴盛，公共关系开始向电子商务领域延伸。电子商务公共关系对于电子商务企业的发展起到了至关重要的作用，不仅为电子商务企业在愈发激烈的市场竞争中赢取有利条件，更重要的是，对电子商务企业未来发展提供了良好的机遇与生存保障。以下将对电子商务公共关系的概念及其兴起的条件与特征作简要分析。

（一）电子商务公关的概念

顾名思义，电子商务公共关系即在电子商务中的公关活动，它是电子商务企业为了在激烈的市场竞争中寻求自身的生存空间与良好而和谐的发展环境，基于电子商务运行的基本规律，利用互联网技术在网络空间中塑造电子商务企业的良好形象、收集与传递信息、与消费者搭建良好的沟通与互动从而建立与消费者良好的社会关系。从以上定义我们可以看出电子商务公关包含着三大要素，即电子商务企业、媒介与受众。电子商务企业是公关主体、互联网媒介与传统媒介是公关媒介、受众是公关对象，电子商务企业主动利用网络技术实现其特定的公关目标，电子商务公关媒介不仅指互联网上所有媒介，还包括线下媒介，电子商务公关的受众是指能够接触到网络，并同电子商务企业发生直接或间接的关系、与该公司的发展有现实或潜在的影响的个人或群体团体的总和。电子商务公关的本质是以互联网技术为基础、以塑造良好的品牌形象为直接目的，通过调研、传递信息、解读、提供咨询与协调关系为手段，与受众建立双向沟通及长远友好关系。

（二）电子商务公关的兴起原因

电子商务公关的兴起，具有客观必然性，其诞生得益于以下三方面的改变。第一，信息技术的飞速发展和随之而来的网民数量激增为电子商务公关的开展提供了技术基础与受众基础。由于网络传播技术方式和手段仍在不断地发展变化之中，因而必然会导致电子商务公关在互联网技术的不同发展阶段有着不同的方式和特点，每一次技术的革新都会使电子商务公关方式、策略、推广等方面的变化。第二，经济全球化与一体化趋势是催生电子商务公关的源动力。当今经济全球化已成为不可逆转的潮流与趋势，经济全球化导致市场全球化，越来越多的跨国企业成为世界经济的重要主体，跨国企业所带来的先进管理理念与经营方式直接刺激了网络公关的兴起与发展，网络公关的出现为电子商务公关的诞生奠定了基础。第三，电子商务的发展与激烈的市场竞争直接催生电子商务公关并加速其发展。随着电子商务的兴盛，出现了许多优秀的电子商务企业，这也使得电子商务市场竞争越发激烈，例如京东与国美激烈的价格战、天猫的双十一活动无一不在吸引消费者眼球，争抢市场份额。在如此猛烈的市场竞争中，电子商务公关成为电商企业赢取有利条件、争夺客户资源的必要手段。

（三）电子商务公关特征

既然电子商务公关是伴随着互联网技术的发展而发展的，电子商务公关除了具备传统商务公关的基本特征外，必然存在与传统商务公关的不同之处。第一，电子商务公关主体的主动性强。由于电子商务公共关系与传统商务公共关系所处的环境不同,传统商务公关所处环境是由大众媒体所营造的,企业在公关活动中难以控制大众媒体的报道或言论,多数情况之下处于被动地位。而电子商务公关处于互联网环境中,电子商务企业完全可以通过自媒体随时随地进行公关活动,并实现在活动过程中企业对于每一个环节的控制。加之互联网为公关所带来的互动空间使电子商务企业在塑造自身形象之时更具有主动性,也使电子商务企业在公关活动的任何一个环节都能发挥主动作用,这是电子商务公关较于传统公关具备更大优势所在。第二,电子商务公关传播范围广泛、传播效能高。这是由于电子商务公关所依赖的媒介以及互联网信息传播规律所致。传统商务公关中所要发布的公关稿受到传统媒体时间、版面、费用的限制,必须简明扼要,并且传统媒体的传播方式是以一对多,公关信息的到达率大打折扣。而网络媒介填补了传统媒介的缺陷,在进行公关活动时并不受到时间与空间的限制,并且其传播速度快、范围广、互动性强以及可承载的信息量大,最终使电子商务公关信息传播范围广、延续时间长并且到达率更高。第三,电子商务公关受众地位高。在传统商务公关中,策划者仅凭自身经验与小范围的受众调查进行公关活动,受众对于公关活动的反馈时间较长,很难在公关活动进行过程中与企业相互沟通。而电子商务公关受众完全占据主动地位,他们对于电商的影响非常直接与迅速。在电子商务公关活动中,受众可以在第一时间对公关信息进行反馈,受众的意见、态度与行为在互联网上扩散迅速,直接主导电子商务公关活动的发展甚至决定公关活动的成败。因此,电子商务公关策划与推广在极大程度上需要基于受众态度与行为,根据受众的喜好进行电子商务公关策划。第四,电子商务公关公信力较低、信息垃圾多易造成公关危机。互联网媒介虚拟性以及"把关人"角色的缺失,使网络垃圾信息遍布,虚假信息产生与传播现象猖獗。在受众面对互联网大量信息之时,难以区分真实与虚假信息,导致了电子商务公关的公信力降低。如若电商遭遇网络的恶意诋毁或者竞争对手的故意丑化,而没有作出及时地反应,很容易造成电商公关危机。例如聚美优品频繁的"假货"事件、SK-II的虚假广告事件都印证了电子商务公关的复杂性与挑战性。

三、电子商务公关的类型

电子商务公关类型:电子商务公关类型多种多样,形式丰富,我们以下将按照电子商务公关信息传播媒介与电子商务公关目的对其进行划分。

(一)按照传播媒介划分的电子商务公关

在电子商务公关信息传播过程中,通过不同的媒介都有着其独特的效果。电子商务公关策划人员在利用媒介进行公关活动时,必须掌握互联网及传统媒介的特性及充分考虑各个媒介用户习惯。

1. 主页公关：企业主页是电子商务公关的基础传播媒介，这是由于许多电商交易行为都需要通过主页完成，电商企业主页直接体现品牌定位、品牌文化与展示产品。电子商务公关活动多数直接通过企业主页进行展示，并利用主页扩大公关活动声势与收集反馈。

2. 电子邮件公关：在电子商务公关发展初期，电子邮件是作为电子商务公关主要的传播媒介，电子邮件可精确地到达目标受众，减少公关费用的浪费。但电子邮件较易引起受众的反感，并且随着越来越多新媒介的出现，电子邮件公关活动逐渐减少。然而从电子邮件的营销精准性而言，其作用是不可忽视的。

3. 搜索引擎公关：电子商务搜索引擎公关分为两种类型，搜索引擎优化（SEO）及搜索引擎广告。搜索引擎优化是通过对网站结构、精炼的主题内容、相关外部链接的优化，使网站内容更富有吸引力并在搜索引擎中获得较前的排名优势；搜索引擎广告通过购买广告位，在用户搜索相关信息之时，广告信息出现于结果中。

4. 网络广播与网络电视公关：随着我国三网融合进程加速，传统广播与电视台进行数字化改革，出现了备受用户青睐的网络广播与网络电视台，通过网络广播与网络电视进行公关活动已成为多数电商的选择。

5. 即时通讯公关：企业通过互联网即时通信工具，例如QQ或MSN，为用户提供更好的服务及建立更优的沟通方式。

6. 社交媒介（SNS）公关：社交媒介是以互联网为平台，用户广泛参与及互动的新媒体。社交媒介平台是用户生成内容的发布与分享平台，通过病毒性传播使信息得以到达数以千万计的用户。社交媒介成为如今用户数量最多、黏性最强的网络媒介，例如博客、微博、微信、人人网等。社交媒介将具有共同爱好、共同价值观的用户结合为一个强大的人际网络，使社交媒介中的信息传播力更为强大。如今电子商务公关已经渗透入社交媒介当中，电商企业通过建立自身的自媒体，通过推广公关活动信息，与用户进行实时沟通，从而进行公关活动。

7. 视频公关：视频公关广受企业喜爱，例如网络自制剧、网络微电影等形式使公关信息与节目内容完全融入一体。通过视频公关既可以建立良好的品牌形象，又能将品牌文化、品牌价值观等深层内容传播至用户并达到良好的传播效果。

（二）按照公关目的划分的电子商务公关

电子商务公关目的根据市场定位、品牌策略及所处环境的不同而定，例如新品牌的推广、老品牌维护、形象的建立、应对与处理危机等。我们以电子商务公关目的为标准将电子商务公关划分为企业为达到短期目的公关活动、长期目的公关活动及危机公关三种类型。

1. 电子商务公关的短期目的：主要为新品牌的推广、陈列与展览、产品促销活动、消费者回馈活动、广告活动等，这类电子商务公关活动通过将品牌信息传达至消费者以追求即时效果为主要目的,比如产品销售额提升、清除货存、品牌信息的更新等,基于短期目的的电子商务公关活动进行时间短,并受到时间与空间限制。

2. 电子商务公关的长期目的:基于长期目的的电子商务公关活动主要是树立良好的品牌形象、赢取更多忠诚消费者、维护消费者关系、建立与消费者良好的沟通等。达成长期目的的公关活动经历时间较长,通常以结合多元化的方式进行,例如通过建立自媒体,经常性与消费者进行双向沟通,同时结合品牌广告、明星代言或公益活动,在消费者心目中留下深刻的品牌印象,从而转变消费者态度,刺激消费行为,赢取更多的品牌忠诚消费者。

3. 电子商务危机公关:指电子商务企业为避免或减轻危机为企业带来的严重后果而采取的一系列管理措施与应对策略,包括对危机的规避、控制、及时地解决危机及事后的复兴工作等过程。网络环境的复杂与竞争环境的激烈使电子商务企业无时无刻面临着毁灭的可能,因此电子商务危机公关对于电商企业来说是至关重要的。企业在进行以上三种形式的公关活动时,必须基于一致的公关策略,以一致的企业形象贯彻于任何一种公关活动的始末。

四、电子商务公关的意义

电子商务公关对于电子商务主体而言意义重大,渗透至电子商务活动的每一个过程,它甚至对电子商务主体的生存与发展具有决定性作用。具体而言,电子商务公关的意义主要在于以下几个方面。

1. 提供信息:电子商务公关活动借助互联网媒介在企业内部与外部进行信息传播活动,提供信息是电子商务公关活动的基本功能。在电子商务企业内部而言是连接企业内部各个部门的媒介,通过公关活动,企业内部各个智能部门、管理者与员工、企业与股东之间建立起完善的沟通关系,工作效率得以提高。在企业外部而言是企业与受众沟通与互动的桥梁,电商企业通过公关活动,为受众提供信息、建立感情、相互沟通,从而使电子商务企业得以长久发展。

2. 树立企业良好形象:电子商务公关最为根本的目的就是在激烈的市场竞争中树立电子商务企业的良好形象。企业形象是消费者对企业的名称、标识、历史、产品、品牌、服务的综合认识,是企业在发展中无形的财富,而电子商务公关为企业树立良好形象、提供了和谐的社会环境以及舆论环境。电子商务企业每一次公关活动的本质目的都是为了企业形象的树立与维护,并最终促进电子商务企业效益的提高。

3. 预防及处理危机:在复杂的网络环境中很容易致使电子商务企业面临危机,而电子商务公关对于预防及处理企业危机过程中起到了举足轻重的作用。首先,电子商务公关会为企业建立起一套完善的危机预警机制,使企业防患于未然，全力避免危机的产生。其次，当危机发生时，电子商务公关活动为企业提供第一时间反应的机会，利用网络媒体充分与消费者进行沟通，为解除危机发挥了重大作用。最后，危机发生过后，电子商务公关活动可最大程度减轻危机的伤害，重振企业。

第二节　基于购物网的公共关系

一、我国购物网概况

互联网飞速发展，电子商务应用已渗入人们的工作与生活，网络购物作为电子商务的重要模式，购物网站已经成为最受消费者喜爱的消费渠道之一。购物网的发展与普及，改变了消费者行为模式与购物习惯，由此可见它对于社会经济发展的关键性意义。本节将对购物网的定义、类型与发展状况作简要分析，为购物网公共关系的理解与掌握奠定基础。

（一）购物网定义

购物网是一种消费者购买商品或服务的网络平台，它为消费者提供各式各样的商品与服务，购物网所提供的商品既可以是实体用品，例如化妆品、服饰、书籍、家电等等，也可以是虚拟商品或服务，例如旅行、保险、娱乐等。购物网所进行的基本商业活动包含商品与服务信息的提供、消费者与企业的沟通、线上实时交易、物流配送及售后服务等一系列的环节。通过以上定义我们可知，购物网主要有以下三点特征：首先，购物网是一个网络平台，通过互联网技术实现展示商品及完成交易，为卖家与买家双方提供安全便捷的交易平台，提高交易效率、完善服务流程。第二，购物网向消费者提供的是包括从信息的供给到售后服务的一个完整交易环节，在每一个环节中，购物网对于交易双方的作用都是至关重要的。第三，购物网本质上作为一种电子商务模式，同时作为电子商务企业，面临着如何盈利、如何完善其自身的经营管理及如何在激烈的市场竞争中生存等问题。

（二）购物网的类型

我们按照电子商务模式对购物网进行划分，可以分为B2C购物网站、C2C购物网站、B2B购物网站、O2O购物网站及导购网站。目前在我国电子商务市场中，B2C购物网站及C2C购物网站占据主要市场份额，而O2O购物网站在近几年呈现出较良好的发展趋势。我们下面将重点介绍B2C、C2C及O2O模式的购物网站。

1.B2C购物网：B2C购物网指面向企业与消费者之间交易的互联网平台。B2C

购物网是企业通过互联网建立自身的网站，也称为网络商城，给予消费者在网站上自主选择商品、进行交易买卖的系统。B2C购物网站具备商品信息的搜索与分类、商品评论管理、提交订单、在线支付方式管理、货物配送区域及方式管理、会员与非会员交易服务、订单统计、销售统计等功能。B2C购物网具有单页、文章、图文及下载等频道栏目，可满足企业建设多样化的网上商店。B2C购物网最大优势在于各类高知名度及产品质量优越的商家入驻，使消费者购买的产品更有保障，消费者服务更完善。但相对于C2C购物网而言，其产品价格相对高。B2C购物网的盈利模式主要通过收取入驻企业佣金及广告费，它与C2C购物网站基本相符，不直接对外招广告商，而是将网站主页的广告位卖给其入驻的商家，除了广告费以外，有购物网站同时售卖自营产品，例如京东商城、国美、苏宁易购等。我国知名度高、市场占有率较高的B2C购物网站主要有京东商城、天猫商城、聚美优品、苏宁易购、当当网、唯品会等。其中不乏结合了B2C及B2B或C2C的优势而形成的购物网，例如天猫商城，即有B2B电子商业模式又承载了B2C模式，为消费者提供有保障的产品以及广阔的购物平台。

2. C2C购物网：C2C购物网指消费者与消费者之间的网上交易平台，即网络零售业。它是一种第三方中介，通过互联网基础设施进行交易信息的传播，为买卖双方提供一个高效且便利的交易渠道，促使交易的达成。在电子商务最初发展阶段，C2C交易存在于网络论坛与二手交易网站上，随着网络技术的发展，逐渐出现专业提供消费者与消费者之间交易的网站。在C2C购物网中，任何个人都可以成为提供商品或服务的一方，并且其开店门槛与成本相对于B2C购物网来说更低，因此它是年轻创业者非常青睐的创业平台。通常C2C购物网不仅限于个人消费者之间，某些小型企业也参与其中，其实质上是网上拍卖与网络零售相结合的购物平台，它的盈利来自于佣金与推广费用。淘宝网是我国最有名、市场占有率最高的C2C购物网站，它结合了C2C与B2C商业模式，聚集千万商家并提供非常丰富的商品类目，它给予了消费者无限的便利，许多在B2C购物网中无法提供的商品都可以在淘宝网中购买到，但与此同时，其中商品质量及购物安全性相对低，卖家的信用无法与B2C网站相抗衡，网络欺诈行为与假冒伪劣商品充斥于其中。2015年1月29日，美国股东权益律师事务所Pomerantz LLP宣布对阿里巴巴涉嫌信息披露不充分展开调查，并称该项调查将针对阿里巴巴及其部分管理人员或董事，考察其是否存在违反美国证券法的行为。[1]而在此之前，我国工商总局针对阿里巴巴购物平台在商品准入、销售与交易管理等环节的违法问题发布了一份白皮书。此次淘宝的假货事件引起了全国舆论的强烈关注，许多消费者向媒体透露曾遭遇淘宝假货的荼毒，而马云称假货是所有电子商务企业都面临的巨大难题，并加速处理假货事件的速度，整理阿里巴巴

---

[1] 资料来源：http://gd.qq.com/a/20150130/026622.htm.

旗下淘宝网与天猫商城所存在的假货问题，给消费者满意的答复。

3. O2O购物网：O2O购物网是通过将线上线下的交易活动结合起来，是一种线上支付线下提货或享受服务的网络交易平台，团购网是O2O购物网最初的形式。我国随着O2O购物网的发展，逐渐形成了由百度系、阿里系、腾讯系组成的O2O购物平台。O2O网站汇聚数量众多的商家，通过打折、活动等优惠方式吸引消费者进行网上支付，此模式对于特定地区的交易活动而言具有巨大优势，本地化程度相对于其他购物网站更高。但其中存在着一定的风险，例如，线下的服务水准与质量是否能同线上支付前所许诺的相吻合，优惠活动众多使用条件限制使消费者对其信任度大打折扣，这些问题对于O2O购物网而言仍然是巨大的挑战。

（三）我国购物网发展状况

根据全球管理咨询公司麦肯锡最新发布的2015年中国数字消费者调查报告显示，我国线下实体零售店开始向"展示厅"进行转型，现在的消费者选择线下实体店比较，最终在线购买。这个报告证实了购物网市场态势良好，在不断地发展与走向成熟。我国购物网经过数十年的发展，呈现出以下几个特征及趋势。首先，购物网从当初的价格混战到现今注重购物网自身品牌的建设、追求长远发展，总体趋势呈现出快速发展，走向成熟的特点。2012年8月我国五大电商的价格混战震惊全国，最初由京东、苏宁易购及国美三家混战到后来的当当网与一淘网的"乱入"，使整个电商市场一时间处于混乱状态，最终还被媒体爆出电商价格战是"口惠而实不至"的欺骗消费者活动。通过压低价格超越竞争对手实属一个产业发展的初级阶段行为，但经过这几年的发展，我国购物网逐渐摆脱了价格战的状态，投入大量精力财力建设自身品牌，通过树立良好的口碑从而赢取消费者的青睐。第二，在B2C、C2C、O2O购物网的竞争中，呈现出以下趋势。B2C购物网逐渐超越了C2C购物网，成为电子商务市场的主力；而O2O购物网异军突起，消费者的线上线下融合的商务模式已经非常普及，并将持续发展。并且许多企业开始根据消费者需求不断完善O2O商业模式，尝试例如线上下单线下提货、线上购买商品线下提供退换货服务，使越来越多的消费者选择O2O购物网进行购物。第三，电子商务的移动趋势致使多数购物网站开始重视自身移动商务的开发与推广，成为购物网发展的主流趋势。许多购物网站创建自身移动客户端，通过优惠活动推广自身的移动营销。例如京东商城的手机客户端首笔订单优惠5元，并赠送更多的京豆，吸引消费者下载其客户端进行支付。第四，购物网的社交化趋势。社交媒体从单纯的沟通功能逐渐演变成为具备支付与购物的功能，并且社交媒体大大促进了消费者使用网络购物，网络购物时间在大幅度增加。因此，各大购物网开始进军社交媒体，通过社交媒体增强消费者黏性，刺激消费者购买行为。

二、购物网的公关推广

从以上我们对电子商务公关的基本概念、类型、目的以及购物网基本概况进行的介绍可知,购物网的公关推广是借助互联网扩大购物网品牌知名度、塑造品牌形象、收集与传达商品信息,为了在激烈的市场环境中生存,最终在互联网环境中实现购物网品牌与消费者之间的双向沟通的方式。购物网本质上作为交易平台,其公关推广事实上面对的是两个受众群体,即入驻商家与消费者,因此购物网的公关推广的核心应是建立起购物网自身品牌形象与核心价值。购物网的公关推广总体来说是一个不可割裂的完整过程,任何形式的公关推广,在品牌发展的任何阶段的公关活动都是为了购物网品牌的长期发展。以下我们将对购物网的公关推广形式、策略进行简要分析,并结合淘宝商城更名案例展示购物网的公关推广策略。

（一）购物网的公关推广形式

如今,购物网的公关推广形式多不胜数,其不仅将互联网所有公关方式包含其中,例如视频营销、微博推广、微信营销等形式,还结合了传统公关推广的形式,例如新闻发布会、展览展销等。我们按照购物网公关推广的目的将购物网公关推广形式分为三大类,即以信息传达为基准的公关推广形式、以互动为基准的公关推广形式以及以品牌信息的深度传播为基准的公关推广形式。

1. 以信息传达为基准的购物网公关推广：这类公关推广形式的主要目的是将购物网产品与服务的基本信息、品牌基本信息传达给入驻商家与消费者。其中主要包括购物网形象设计、网站推广、新闻发布会三种形式。购物网的形象设计是公关推广最为基础的方式,即通过对购物网品牌外在形象例如 LOGO、广告语、音乐、动画、多媒体等一系列的元素进行色彩、字体、版式等内容的布局与设计。购物网网站的推广是将购物网站的信息通过借助线上线下各种媒介进行传播,例如通过腾讯即时聊天工具、社会化媒介、传统媒介广告对购物网网站信息广而告之。网站推广在购物网发展之初至关重要,它是吸引商家与消费者参与的主要公关方式。购物网新闻发布会与传统品牌的新闻发布会有所不同,首先发布渠道不再是通过传统媒体的新闻报道,而是通过网络的病毒式传播、视频营销进行传播,其传播范围更广,受众接受度更高。

2. 以互动为基准的购物网公关推广：当前购物网的公关推广已超越传统的依赖广告传播信息及新闻媒体报道的方式,而是通过与受众的深度互动来实现购物网品牌信息传播。具有互动性的购物网公关推广主要有主题活动、体验式营销、社会化媒介营销及游戏营销四种方式。购物网主题活动是在互联网上开展趣味性的活动吸引受众广泛参与、获取受众个人资料、在更短的时间内扩大购物网品牌影响力及培养潜在消费者。购物网主题活动的类型包括在互联网上组织比赛、策划营销事件、举行网络投票、慈善拍卖等。例如天猫商城的年度盛典活动,邀约到奔驰、微软、宝洁、飞利浦、三星、海尔、联想等著名品牌参与，邀请 300 名报名用户出席本次盛会，并现场赠送每人 500 元支付宝红包。并在用户报名的同时，配套推出了应用前沿多媒体技术，例如用户试戴太阳镜网上晒照片的真人秀活动，并在活动期间提供每天三个千元雷朋太阳镜的奖励名额。❶购物网体验式营销是通过向消费者提供免费的产品或服务，增进消费者对购物网品牌的认识与好感，并诱使消费者进行口碑传播达到良好效果。例如各大购物网的免费试用活动、以积分换取商品活动等等。购物网社会化媒介营销是购物网建立自身的社会化媒介，例如微博、微信的公众号，利用社会化媒介与消费者沟通、互动。如今，不仅是购物网自身建立公众号进行公关推广，购物网的经营者也创建自身社会化媒介，利用自身的影响力结合经营者的大批粉丝进行购物网品牌信息与活动推广、品牌价值的传播。游戏营销是近两年购物网公关推广活动的热门方式，是通过举办品牌网络游戏与消费者进行互动从而达到购物网品牌推广的良好效果。例如，淘宝网在 2015 年春节期间的打地鼠抢红包游戏，用户可通过打地鼠游戏抢到红包。

3. 以品牌信息的深度传播为基准的购物网公关推广：品牌信息除了品牌名称与 LOGO 等外观信息外，还有品牌文化、品牌内涵与品牌价值观等更深层次的信息。购物网品牌文化、品牌内涵及价值观的推广是通过视频营销、植入式营销的方式进行，目的是将购物网品牌的深层信息进行传播，与受众产生共鸣。品牌微电影是视频营销的一个典范，其制作成本低、时间短、便于受众在零碎的时间观看等优势成为许多购物网青睐的公关推广形式。例如淘宝网在 2012 年的年度盛典中根据当年淘宝网消费信息制作了一个微电影发布在各大视频网站中，其中通过分析淘宝消费数据揭示各个区域、各个群体的消费习惯，表现手法诙谐幽默，得到了很高的点击率，同时也呈现出淘宝网自身的品牌优势与品牌特征，例如年轻化、潮流化、具有数量庞大的消费者群体等特点。将购物网品牌信息植入至与品牌定位相符合的节目内容或影片内容当中，是购物网推广其品牌文化、品牌内涵等信息的一种方式。京东商城不仅在热播电视剧中植入品牌信息，还在网络自制剧、自制节目及微电影中进行植入式营销并取得良好的传播效果。

（二）购物网的公关推广策略

购物网的公关推广首先必须基于科学的消费者调研。互联网时代是一个完全以用户为中心的时代，购物网无论进行何种形式的公关活动都必须基于消费者调研。购物网自身具备完善的消费者数据库，这为其收集数据省下了无数的精力与财力。购物网消费者数据库包括消费者基本资料、消费行为、消费特征、对商品的评价、退换货等完整数据，策划者可利用数据分析软件对消费者各种行为进行分析，研究消费者购物习惯、接触媒体习惯、对购物网的黏性，并根据数据结果

---

❶ 张健．从淘宝商城更名析电子商务网站品牌推广策略［J］．宁波广播电视大学学报．2012，01：5-7．

进行针对性的公关推广活动策划。基于消费者调研的公关推广精准而有效，既可以节省公关推广费用又可将效果达到最优。其次，整合多媒体、多形式的公关推广。公关推广是一个总体综合的过程，在此过程中，没有任何单一的方式能够达到最佳的推广效果，需要综合协调地使用各种形式的传播方式，让消费者从不同的渠道获得关于购物网品牌的一致信息，以增强公关推广的一致性与完整性。整合多媒体不仅指整合网络上的各式媒体，还需整合线上线下媒体来增强公关推广活动的影响力，科学地研究媒介组合方式及传播时间，以达到事半功倍的推广效果。第三，善于利用网络推手进行推广。网络推手深谙网络推广的方式，通过策划与炒作将事件或人物推向网络舆论的高潮。网络推手是一把双刃剑，既可以将企业风靡一时，又可以使企业毁灭于旦夕之间。因此，购物网公关推广过程中必须善于利用并且谨慎利用网络推手的力量，节省公关推广的时间与资源。第四，购物网公关推广需要长期不间断地进行。公关推广活动不是即兴发起的临时活动，而是有规划及策略的长期战略活动。购物网公关推广需要结合品牌发展情况与营销目标，对每一时间段的公关推广进行缜密的策划。

案例：淘宝网商城更名的公关推广

淘宝商城是淘宝网打造的在线B2C购物平台，由于业内B2C电子商务迅速崛起，随着淘宝网的快速扩张，将C2C业务与B2C业务分业经营是大势所趋，更名并将业务区分顺应了消费者网络购物的市场需求；再者而言，淘宝深受假冒伪劣和侵权诈骗的困扰，淘宝商城更名显然也有打破目标受众对于淘宝固有思维定势的考虑。因此，淘宝商城更名为"天猫商城"，为了配合其更名活动，天猫团队发起了结合消费者调研、通过社交媒介的互动、主体活动、特价销售、会员活动为一体的全套公关推广活动，并取得非常显著的推广效果。

2012年1月11日淘宝商城在北京召开新闻发布会，宣布阿里巴巴集团旗下淘宝商城正式更名为天猫，就在当天，淘宝网首页出现了一个旗帜广告，称为"全球英雄帖"，意为面向全球范围征集天猫商城的LOGO与吉祥物设计方案，活动时间从2012年1月11日至2月14日，并设置极具诱惑的奖金，第一名为60万人民币，入围者共三名，每人奖励人民币5万元，高额奖金吸引全球众多设计高手的参与。征集LOGO的活动引起各大媒体的争相报道，其中包括传统媒体，因此获得了海量目标人群的密切关注，并节省了一大笔公关开支。在其宣布更名后，立即向网络应用的活跃用户及网购的主力人群发起一项"淘宝商城更名为天猫，你认为新名字如何？"的网络调查。这项调查共有将近10万网民的参与，传播规模浩大，与此同时，天猫团队在新浪微博与腾讯微博开设了以天猫为名的认证账号，瞬间吸引了大量粉丝关注，天猫团队通过微博与粉丝进行互动沟通。在宣布更名的第二天，在中国最大的网络模特平台（淘女郎）上发起了一项比赛活动，即"淘女郎&天猫超级旋风大PK！"具体活动内容要求参赛模特儿上传一张与猫的合影照片并与网民进行互动，最终由网民投票选出获胜者。这次天猫选秀活动大大降低了参与的门槛，吸引大批年轻女孩儿参与其中，在当时的网络上掀起了秀猫、比猫高潮，突出了天猫品牌的"猫"形象，强化了受众对于天猫品牌的形象认知。在天猫商城顺利运营之后，天猫团队策划了促销推广活动、会员特权、年度盛典三大活动再次将受众眼球吸引至天猫商城中。天猫商城的首页设置了一个醒目的"品牌特卖"专区，在其子页面当中，根据商品属性分设了服装、鞋包、饰品、运动和居家等子类商品，并通过新品、热卖和限量等标签重点突出了优势商品激发受众购买欲望。同时特别设置"9元~39元"特价专区，以超低的价格聚焦大量受众。天猫的会员活动主要是针对参与"TMall俱乐部"的用户量身打造贴身服务，例如为其提供退货保障、专享客服、优惠卡券、积分兑换、名品特权和专属周刊等只能在知名购物中心才能享受到的服务。2012年3月31日，天猫商城在北京万事达中心举办了"年度盛典"活动，邀约数百家知名企业的参与，并给予参与受众超值礼包的回馈，将其更名活动再次引向高潮。

第三节 基于App应用的公关推广

一、我国App应用概况

媒体人称2014年为"4G商用元年"，4G网络是移动通信技术的第四代技术，它以传统通信技术为基础，结合利用更为现今的移动网络技术，其中将多媒体技术所包含的数据与语音、图像、文字等信息通过移动通信渠道进行传输。根据中国移动及Strategy Analytics无线运营商战略服务所提供的数据，至2014年底，4G基站已建成近70万个，4G网络覆盖超过300个城市，人口覆盖率超过75%。在用户发展方面，截至2014年12月，中国移动4G用户数已达到8000万，超越全年发展目标。根据以上数据可判断，我国移动互联网发展已进入全民时代。App应用随着移动互联网的发展正式进入爆发式增长时代，企业通过运用App应用程序进行品牌信息传播现已成为移动互联网时代营销不可逆转的趋势。本节将对App应用、类型及应用状况作简要的分析。

（一）App应用的概念

App（Application）是指第三方运用程序，具体而言，是指可以在移动设备（手机、平板电脑、其他移动设备）上运行的所有运用程序，也可称为手机客户端。App目前主要应用于两大系统中，即封闭式的IOS系统App以及开放式的安卓系统App，所谓的封闭式与开放式系统，是指手机客户端应用程序准入门槛的高低程度，IOS 系统相对于安卓系统而言，准入门槛更高，而安卓系统具有开放性、平等性与包容性等特点，App 应用是随着移动互联网技术的深入发展应运而生的，尤其是随着 3G、4G 高速宽带无线网络的快速覆盖的普及，App 应用得到爆发式的增长，不仅吸引企业开发商的积极参与，个人开发商参与 App 应用开发的热情空前高涨，使 App 应用逐渐渗透入受众衣食住行的方方面面。❶

（二）App 应用的类型

按照 App 应用目的对其进行分类，App 应用可分为以下四种类型：工具类、社交类、生活服务类、休闲娱乐类。

1. 工具类 App：即作为用户使用的基础类辅助应用软件。例如手机安全软件（360 手机卫士）、流量监控器、浏览器软件（UC 浏览器）、搜索引擎、银行客户端、支付宝等应用。工具类 App 并不是每个用户都具有需求，但其作为手机的基础性应用软件，功能极其强大。比如支付宝是一款集手机支付和生活应用为一体的手机软件，可以随时随地地使用交易付款、手机充值、转账、信用卡还款等功能，覆盖面近乎涵盖生活的各个领域。支付宝如今还将线下支付系统整合为一体，在许多城市人流量大的超市的收银台，都支持使用支付宝进行支付。

2. 社交类 App：即融合了文字、图片、声音与视频等多媒体于一体的即时社交传播工具，它可以取代人类面对面交流的方式，以快速便捷便宜的方式向用户提供沟通交流的渠道。如今应用广泛的社交类 App 具体有 QQ、微信、微博、陌陌、Facebook 等。微信是如今拥有用户量最多的手机通讯应用，支持通过手机网络发送语音、视频、图片和文字，还能根据地理位置"摇一摇"找到附近的人，及通过朋友圈分享自己的生活。

3. 生活服务类 App：生活服务类 App 为用户的衣、食、住、行等生活的方方面面提供信息、帮助、建议，满足用户需求，为用户生活提供便利。例如高德地图、墨迹天气、豆果美食、大众点评、携程网、淘宝去啊旅行、高铁管家等等。生活服务类 App 为用户带来了随时随地查询、购买、支付的全方位服务，成为应用率相当高的 App。墨迹天气取代了传统媒体的天气预报，随时随地更新天气状况与未来天气预报，还提供语音报天气的服务，并结合穿衣、洗车、防晒、垂钓、出行等建议向用户提供天气信息。

4. 休闲娱乐类 App：这类 App 应用主要是让受众在工作学习之余利用零碎的时间来放松娱乐。休闲娱乐类 App 主要是游戏、运动、娱乐等内容的应用软件。例如欢乐斗地主、咕咚运动、唱吧、优酷视频、脸萌、懒人看书等。唱吧 App 在发布三天后，便荣登 App Store 免费金榜 top10，它是结合时尚及高音质的手机

---

❶ 熊小彤. App 营销对消费者购买行为影响的实证研究 [D]. 湖北工业大学. 2014：8-10. 徐雪梅. 手机 App 应用前景及发展瓶颈探析 [J]. 信息与电脑. 2014：69-70.

K歌软件，并且操作简单及自带声音的美化效果，完成歌唱后系统还能给予演唱打分并可分享作品至社交软件中。

（三）App应用状况

至2013年底，全球最大的应用商店App Store的在线手机App数量已超过100万个，累计下载量已超过500亿次，消费者越来越依赖手机App。中国第34次互联网发展报告指出，手持设备的普及率在2014年首超PC客户端，成为我国最主要的互联网接收信息终端。[1] 如此巨大的市场利润引来了许多产业的狂热追捧。App应用不但方便了人们的生活，满足用户全方位的需求，同时其作为一种新型的营销工具，目前在移动营销中被广泛应用，但其中依然存在几个重要的问题。首先，目前App应用的盈利模式仍处于摸索阶段，App应用下载大部分是免费的，除了部分大型企业开发的移动客户端结合线上线下进行营销，其余的App应用主要的盈利方式在于广告的植入。因此，如何挖掘用户深层次需求，寻找App应用的新市场是目前App应用面临的最大问题。第二，用户对于App应用的信任程度依然不高，有大量用户反映App应用有乱收取费用的嫌疑。其中包括在使用某些App应用过程中，流量的大量流失现象等问题，以及在更新应用时乱收费的现象都是App发展过程中急需解决的重要问题。App应用发展有以下两个趋势：开发面向企业与行业的App应用，以及建设开放共赢的App应用链。App应用目前状况主要是围绕个人消费的衣食住行等方面应用，市场同质化相当严重。因此，开发出面向企业与行业的App应用将成为App应用的发展趋势之一。例如，开发面向中小型企业的手机App实现如对销售报表的实时浏览查询、对公司财务状况的实时追踪、对合作伙伴的动态管理等。另外，降低App开发难度，打造跨平台、开放共赢的App应用生产链，实现所有人都可以参与开发App应用，创造出更多具有创意、更能满足用户需求的App是未来App应用市场的趋势。

二、App应用的公关推广

我国目前App应用市场竞争非常激烈，市场同质化现象严重，App应用如何在市场竞争中脱颖而出需要依靠公关推广手段的协助。App应用的公关推广主要目的在于将App应用扩大影响、获取下载量与忠实用户、建立良好的品牌形象以谋求长远发展。以下主要介绍App应用的公关推广手段、特点，并通过案例分析对App应用的公关推广进行解析。

（一）App应用的公关推广手段

App应用本身就是一种公关推广的渠道。它所能承载较大的信息量结合社

---

[1] 资料来源：http://www.taodocs.com/p-4760321.html

交化传播方式,并拥有众多的自身忠实用户使其在公关推广中具有一定的优势。App应用的公关推广方式即结合了传统与互联网的公关推广方式,还具有其本身独有的公关推广形式,它们更具针对性、更精准、更趋向于社交化。以下将对App应用特有的公关推广手段进行简要介绍。

1. 刷榜推广：App刷榜是指通过雇佣一批专业的刷榜人员,将App应用进行刷量,从而使App应用登上各大App应用榜单,提高市场排名,最终提高App应用的曝光率与排名维护。通过刷榜,能使一个无人问津的App在短短几个小时之内登上App排行榜单。App刷榜的推广行为饱受争议,因为这涉及违规操作的问题。App排行榜单主要是通过用户使用口碑进行排行,刷榜行为使App排行榜的权威性及真实性受到了质疑。但是从公关推广的角度而言,刷榜行为在推广一个新开发的App应用是相对有效的方式,在使用刷榜推广时应在App应用本身质量过硬,能够迎合用户喜好的基础之上方可能成功。

2. 与其他渠道合作的推广：这其中包括两种方式,第一种为需要推广的App应用与其他拥有广泛用户的App应用相合作,第二种为与其他媒介相合作。App应用互相合作进行公关推广的方式较为常见,即通过在App应用界面中呈现合作App的某些相关信息,例如链接、广告信息等。使用此推广方式需注意,互相合作的App应用之间必须在它们共同发展战略上能够相互帮助、有所关联,例如在微信App应用中,与京东、滴滴打车相合作,用户可通过微信进行购物以及享受叫车、付款等一条龙服务。这与微信扩大其应用范围,提供更能满足用户的服务策略相符合,与此同时,京东与滴滴打车也从微信广阔的用户资源中获取了利益。App应用还可与其他媒介合作进行推广,较为常见的媒介有搜索引擎、网站导航、社交媒介、电商网站等。

3. 口碑传播：口碑传播对于App应用的公关推广而言是最有效果的方式,同时也作为App应用公关推广的主要形式。这是因为App应用本身所具备的社交化与移动化特征,使其更容易引发口碑传播。例如"脸萌"App应用在短时间内的流行。"脸萌"是一款非常有趣的拼脸软件,让毫无绘画技巧的人可以在短时间内创作出属于自己或朋友、亲人的卡通图像,并通过微博、微信与网络论坛等社交媒介进行传播。"脸萌"在上线之初引起了网络上的轰动,网民为自己以及圈内的朋友设计卡通头像,为朋友设计头像在一定程度上反映了朋友在自己心目中的印象。"脸萌"通过网络人际传播,让其以零成本的推广费用赢取了数以千万计的用户。App应用口碑传播的实现可通过一定的策略,最有代表性的有以下三种方式。第一种通过策划互动活动,准备一定的奖品奖励作为吸引用户参与的方式,结合用户的分享,比如截图发至朋友圈可获得奖品等,引发口碑传播获得更多的关注与分享。第二种是通过明星推荐,明星本身具有的巨大粉丝量是其作为App应用公关推广的极大优势,通过明星使用后的口碑及推荐,使公关推广效果更佳,速度更快。第三,网络社区推广,网络社区用户黏性相对来说更强,通过网络社区中的意见领袖进行口碑传播是良好的推广方式。

4.话题传播与事件营销：利用当前网络流行的话题或事件进行营销是App应用推广的一种有效方式。在如今的眼球社会中，能够吸引用户的关注是公关推广的首要任务，吸引用户关注最好的方式就是具备敏锐的观察能力，捕捉到可利用的话题或事件，将公关主题与话题或事件相结合进而推广。

（二）App应用的公关推广特征

App应用的公关推广具有成本低、使用持续性、信息全面、精准性强、互动性强、收益性强等特征。首先，App应用的公关推广所依赖的媒介是互联网媒介，例如以上所分析的搜索引擎、网站导航等，其推广费用远远低于传统媒体，加之App应用本身作为一种传播媒介，它可以利用自身资源进行置换与传播。因此，App应用的公关推广费用较低。第二，App应用的用户具有持续性特征。用户将App应用下载至移动设备中，由于App应用客户端的移动性与便捷性，用户后期持续使用的可能性大大增加。这就使App应用的公关推广更易执行。第三，App应用信息全面，为其公关推广带来了无限便利。App应用能够在小小的移动客户端中呈现出结合文字、图片、声音、视频等多媒体手段的传播效果，使其公关推广时信息传播相当全面。第四，App应用的公关推广精准性强，通过以上对App应用的公关推广方式的分析，App应用的公关推广具有很强的针对性。它可以通过量化的市场定位技术并借助移动互联网技术对其目标受众进行精准定位，与用户在任何时间段、任何地点进行无障碍的沟通。在沟通过程中还可以随时测量、随时调控，相对于传统公关推广而言精准性大大增强。第五，App应用的公关推广与受众互动性强。App应用可以将一些即时性的小互动活动或游戏，例如"签到"活动，与公关推广过程相结合，让受众全方位参与至公关推广活动中，让受众在娱乐和休闲过程中达到公关目的，而不像传统公关的硬性传播，非常的枯燥无味，容易导致受众强烈反感。最后，App应用的公关推广收益性强，某些App应用的公关推广无论是对于企业或是消费者都具有一定的收益性，在公关推广的同时使企业与消费者获得实实在在的收益。例如非常流行的打车软件，滴滴打车与快滴打车，这两款App应用在公关推广之时是通过补贴的方式使消费者在使用过程中直接受益，与此同时也极大程度增加了App应用的下载量，使其名利双收。

案例： 美拍App公关推广

美拍是由"美图秀秀"公司出品的一款集图片拍摄、视频拍摄、图片与视频美化及社交功能的工具性App应用。它可以随时随地地进行拍摄与分享，并查看附近用户的照片、视频、所在地等各种信息，可以使用户快速结识更多的朋友。美拍App广告语"10秒也能拍出大片"让广大爱美人士对其爱不释手。它为用户提供了非常智能化的美化工具，并不断地对其应用效能进行更新，例如将从前只有 10 秒的拍摄功能提升至 30 秒，极大满足了用户需求。美拍在 App Store 上线的第一天，就飙升至排行榜第一名，这与其前期后期的全面性公关推广活动紧密相关。

美拍 App 公关推广第一步：口碑传播。美拍 App 在研发出来后，并没有直接在 App Store 上线，而是先发布了 beta 公测版，传播渠道主要是口碑传播。它通过用户间相互分享，下载链接至手机中使用进行第一步的传播。在其推出公测版时，已经拥有超过 10 万的用户量。前期的公测就已经积累了大量的高质量用户，并且美图秀秀本身所具有的强大用户群，通过美图秀秀中的广告宣传，使美拍在前期公测就收获了良好的宣传效果。

美拍 App 公关推广第二步：明星推广。美拍使用明星进行 App 应用推广主要在其上线前期。它邀请了李晨、李小璐、黑人夫妇分别拍摄一段 10 秒视频，主要内容是搞笑、娱乐。通过明星粉丝之间的互相传播将美拍 App 扩大影响，而非明星粉丝的用户为了观看明星的"装疯卖傻"视频，对美拍 App 给予极大的关注，明星推广对于美拍上线第一天便成为排行榜第一名的作用是至关重要的。

美拍 App 公关推广第三步：多渠道合作推广。美拍 App 在上线后与以下几个拥有大量用户的 App 应用以及网络媒介进行合作。首先，在"最美应用"及"Appsolution"两大 App 推荐渠道中，美拍 App 通过刷量占据了第一名的排行。在此之后，美拍与虾米音乐、糗事百科、Google play、豌豆荚、360 手机助手、应用宝、百度应用都进行了合作，在它们的客户端中提供美拍 App 链接。例如，在美拍 App 没上线之前的很长一段时间内，虾米音乐的欢迎页及糗事百科主页下端直接提供了美拍 App 的 banner。通过这些拥有着极大数量用户的 App 应用，美拍在上线之前已经获得了广泛的关注。

美拍 App 公关推广第四步：话题炒作与事件营销。美拍推出过几个影响范围极其广阔的话题与事件，即 10 秒歌王、10 秒舞王、《分手大师》及"倍儿爽"歌曲、屌丝女神、社会摇，而其中最成功的当属美拍的"社会摇"事件营销。社会摇早期是一种舞蹈形式，在迪吧非常盛行。近期的流行在 2014 年初，有网友将社会摇视频上传至网络，这段社会摇视频便一夜爆红。美拍随后立即推出了"全民社会摇"短片征集活动，在每一个视频的最后都有一个闪幕，上面出现美拍 App 的 LOGO 及创作者账号，在短短两天时间内上传了大量的用户自拍"社会摇"视频并引发病毒式传播，播放量近百万。

美拍 App 公关推广第五步：网络社区传播。美拍 App 自身定位就是"10 秒视频+社区"的应用，它沿袭了"啪啪"与"INS"的成功推广经验，认识到任何 App 应用的成功都离不开社交这一特性，因此在其前期用户的导入上，利用绑定微博或 Facebook 账号，将社交关系导入至美拍社区中，还设置了一键分享的功能，使用户极为便利的将美拍作品发布至其他社交媒介平台中进行传播，引发关注度。

第十一章　互联网时代的舆论引导与危机管理

危机公关是公共关系领域的题中应有之义。在互联网时代去中心化传播的背景下，作为公共关系不可或缺板块的危机公关，其重要性更为突显。本章在深入理解互联网作为媒介的传播形态，剖析互联网时代舆论来源及其生成路径的基础上，厘清网络危机公关不同于传统的形态和特征，并按事前防范和事后处理这两个阶段对舆论引导与危机管理的原则、技巧、手段等进行了具体展开。

第一节　互联网时代的舆论媒介环境

在互联网高速发展之前，舆论被传统媒体把控，而现在互联网改变一切新媒体的发展，带来一场去中心传播的革命。新媒体主要是指基于计算机和其他数字信息终端，由无数局域网组成的全球信息互联网络。以网络媒体为代表的数字媒体的技术基础是数字信息与传输技术。1946年，美国宾夕法尼亚大学研制出世界第一台计算机 ENIAC。此后，计算机技术从电子管、晶体管、集成电路到超大规模集成电路不断走向成熟。与此同时，周边技术如操作系统、鼠标、软盘、CD-ROM、图形用户界面不断发展。到1981年，MS-DOS1.0 版本诞生，同时 IBM 推出它的首台 PC 机，标志着个人计算机大规模商业应用的开始。与计算机技术同步发展的是基于此上的网络通信技术。1969 年美国国防部为了保证一旦通讯中心被摧毁整个系统不至于崩溃设计出 ARPAnet，标志着现代计算机网络的诞生。1983 年，美国国家科学基金会建立 NSFnet，在全美国建立了按地区划分的计算机广域网并将这些地区网络和超级计算机中心互联起来，并向全社会开放，同时 TCP/IP 协议成为网上的标准通信协议。1989 年 3 月 WorldWideWeb 诞生，标志着以万维网为主要形态的网络媒体正式成型。

提到互联网的舆论生态和环境，首先离不开互联网的两个重要信息沟通渠道：网络媒体和 Web2.0 信息交互平台。

21 世纪以来，以互联网为代表的新一代媒体崛起，包括报纸、杂志、广播和电视在内的传统媒体遭受到前所未有且影响更为深远的冲击。网络媒体的勃兴不仅仅是在传统媒体的格局中增加一种具体的媒体类型，它更深刻的内涵在于它导致了传统传播形态的变革。传统媒体，无论是报纸媒体，广播媒体还是电视媒体，都是"一个中心节点、单一的信息源、专门的信息生产组织、点到面的传播"，由此带来信息的单向流动（从媒体到受众），其他节点（受众）之间的横向交流缺位，受众被动的信息接收和单一垄断的信息源、信息容量的局限。有别于传统媒体，基于数字技术和通信技术的网络媒体具有传统媒体无法匹敌的全新特质：

其一，是它的网络互连拓扑结构，互联网的本质是去中心的，所有的连接节点形成一个网状的拓扑结构。但是传统媒体是有中心节点的，与之相比，互联网是一个完全开放的体系。"最初我们简单地模仿了一个邮局，模仿了一个电话，后来又模仿了一个媒体，现在我们要模仿这个社会。"❶ 如果把互联网上每个接入终端都看作是网络化生存的人的话，那么网络本身就构成了一个超真实的社会。

其二，网络媒体是基于计算机或者类似的数字终端的，因而它的传播形态不是固定的。报纸只能是报纸，广播只能是广播，而网络媒体却可以用软件模拟出不同的现实传播类型，甚至现实生活的与信息流有关的其他方面。它可以是电话、邮局，也可以是报纸、电视、广播、甚至医院、商店、社区，形态的改变只需要改变软件设定。最后，基于数字技术的网络媒体突破了传统媒体的信息容量局限。

正是这些方面综合起来，网络媒体相对传统媒体的最大的价值增值主要就体现在：与传统媒体相比，互联网是一个双向沟通和去中心化的开放体系，互连拓扑结构只有无数作为节点的计算机终端或者移动数字终端之间的相互连接，而不依赖于某一个特定的中心节点，因此互联网——尤其是论坛、SNS、博客等，甚至包括搜索引擎的 Web2.0 形态的网络媒体——本质上是去中心化的和双向沟通的，而并不存在传统媒体中存在的"一个或一些专门负责提供内容的中心节点和专门接收这些内容以满足需要的其他节点"的二元结构。

传统媒体必须有刊号或频道等资质，是作为"海量受众—少数媒体"二元结构中垄断的信息生产者和提供者，受限于其载体、成本和时间等因素，只能专注于受众的大众化需求，而忽略和摒弃小众的甚至是个人的特性需求。网络媒体则提供"所有节点对所有节点、所有人对所有人"的框架和平台，让所有人——包括专业信息生产商、专业信息集成商以及非专业的机构和个人——都能够以多种形式、低成本甚至无成本的参与信息的生产和传播，极大地降低传播和交流的经济成本和时间成本，从而满足了受众主体海量的免费信息、更多元化的信息源、更为主动的信息获取、更平等的横向交流等传统媒体所无法满足的需要。

---

❶ 互联网——推动中国变革——对话互联网资深人士谢文 [N]. 南方都市报，2009-07-19（TM05）

狭义上，Web2.0是指Web2.0站点，具体类型主要包括论坛、博客、Twitter、BBS、SNS（社会关系服务—社交网站）、Wiki、视频或图片共享网站等。Web2.0站点是信息交互平台：自身并不生产和提供内容，只提供框架和规则，信息内容由用户自行填写，Web2.0站点通过站内搜索、Rss订制、Tag等技术模块的运用，使这些信息分类和聚合并易于搜索，最终让用户与用户彼此横向交流、让用户服务于用户，即"所有人对所有人的传播"；广义上，Web2.0是生产者（包括信息生产者/传播者）和消费者（包括信息消费者/受众）之间的一种产品生产和满足的模式。在网络媒体Web2.0的背景下，受众的媒体接触习惯和需求呈现与传统媒体语境中截然不同的特点：（1）声音与图像主导；（2）信息与娱乐占先；（3）浅阅读与非线性阅读盛行；（4）信息接受者与创造者合一；（5）交互性；（6）检索便捷。❶这种媒体的发展改变了信息接收的方式，而且也从技术的层面为信息传播和沟通创造了更好的渠道和环境。互联网消解了传与受的界限，大众传播的权利不仅仅是掌握在少数人的手中，而赋予了每一个人。尤其是传统意义上的受众通过互联网获得角色的转变，他们通过微博、BBS、博客等互联网渠道上传信息，成为信息的发布人以及互联网渠道的"把关人"，这使得每个人都可以在互联网这样一个开放的空间内便捷地将自己所掌握的信息和观点传递给每一位网民，而每个人也可以针对不同的信息和话题自由地进行讨论和二次传播。从这个角度来说，互联网模糊了传统传播过程中固有的传者和受者的角色，每个人都可以依据个人的信息获取进行信息的编码和解码，也可以利用互联网技术对信息进行过滤和删减，形成新的信息传播者。

基于在信息的接受和传播方式上的改变，因此在社区型网络中，传播生态整体发生了巨大变化，以网民为代表的大众心理与行为均发生了巨大变化，在社区型网络中，个体不再是沉默的大多数，不再被动地接受信息，而是信息传播的积极参与者，他们利用网络等新媒体制造舆论并力求个体意见能够得到共鸣并对商家或组织决策产生实际的影响。

因此整个互联网舆论环境可概括为：（1）更广阔的信息捕捉搜集平台；（2）更多样化的信息传播渠道；（3）更加快速的渗透方式。互联网正在成为，或在某种程度上已经成为当今的主流信息渠道，舆论的环境也更加复杂，更加多样化，公众舆论整体趋势是从早期的传统媒体主导型，逐渐过渡到由传统媒体与新媒体交替主导型，最终的形态是由以网络媒体为代表的新媒体发起，策动并主导舆论。越来越多的民众以网络为平台，借助网络论坛、网络聊天、博客、维客、推特（微博）、电子邮件、网络新闻组或手机短信等，通过发布或评论相关信息，引发、参与或推动群体事件。

---

❶ 廖秉宜.中国传媒数字化转型与广告生存形态变迁研究[J].广告大观：理论版，2009，（06）.

第二节　互联网时代的舆论来源与路径

互联网新技术促成了一个更具互动性和开放性的媒介环境，混合了大众传播与人际传播特点的博客、播客以及网络社区等大批出现，网络舆论的力量得到彰显，已成为这个社会重要的公众舆论力量。由于网络重构了媒体格局，其对于社会的影响越来越大，在传统的媒介环境下，可能只有小部分媒体对某一事件进行发声，即使是更多的大众媒体介入，影响的范围终究还是有限的，而面临着日益开放和发展的互联网，稍有不慎，一个很小的事件都有可能触发"蝴蝶效应"形成巨大的危机。而面临日益发达的互联网，稍有不慎，一件很小的事情都有可能发展成为一场危机。

一、互联网舆论的来源

对于传媒领域来说，传统媒体给予了公众更多的言论渠道，在论坛、博客以及其他日益涌现的类似新名目中，任何人都可以相对自由地发表言论，并且有越来越多的人依赖通过互联网发表看法和主张。比如，对即将购买的手机进行购买前的广泛咨询，对某品牌化妆品在使用过程中出现的问题进行质疑，对新出台的某项政策进行抱怨，对某个公众人物的言行举止评头论足……我们也不止一次看到，如果互联网上的询问、质疑、关注，往往在没有得到相关组织和部门注意的时候，已经在网络世界里引起了铺天盖地的影响，依稀原本微小的声音在瞬间演变成集群的指责甚至抵制。网络热点事件舆论的产生，往往由一个议论开始，随即在众多活跃网民的推波助澜下迅速被放大传播。对于组织来说，一不小心，就不得不面对一场大的危机，而这场危机，是由虚拟世界里的强大力量所酝酿并推动的。

在商业领域，绝大多数企业的舆论危机都来自于互联网或者是经互联网的推波助澜，使得危机迅速扩大。2007年、2008年、2009年，王老吉、宝洁、富士康、戴尔、芝华士、LG空调、摩托罗拉相继发生了危机事件——在这些危机事件的背后，除了企业危机管理意识薄弱，危机应对策略不当导致危机爆发之外，互联网舆论的推波助澜，更使得危机事件形成燎原之势，最终对企业造成严重伤害。

在社会和政治等非商业领域也同样如此。在最近的两年，发生了多起规模较大和影响范围较广的群体性事件，如"表哥事件"、"杭州市飙车案"、"家乐福抵制事件"、"哈尔滨警察打死大学生事件"等。公关危机越来越多的以网络群体性事件的形式呈现出来。

而舆论网络群体性事件往往成为社会关注的焦点，引起传媒密集和持续的报道。且环绕群体性事件的报道，不同传媒之间形成了多种形态的竞争与合作。

在这其中，新媒介与传统媒介的竞合构成了公关危机所处的舆论新生态，并且，在媒介竞合中，网络的作用正在越来越被强调。公众舆论整体趋势是从早期的传统媒体主导型，逐渐过渡到由传统媒体与新媒体交替主导型，最终的形态是由以网络媒体为代表的新媒体发起，策动并主导舆论。❶越来越多的民众以网络为平台，借助网络论坛、网络聊天、博客、维客、推特（微博）、电子邮件、网络新闻组或手机短信等，通过发布或评论相关信息，引发、参与或推动群体事件。新媒体凭借技术上的传播优势使传统媒体面临巨大挑战。

二、互联网舆论的生成路径

在群体性事件危机中，网络舆论往往在短时间内便可聚集，并极易形成一种"群体的暴力"，这与网络的传播特点息息相关，下面通过对人肉搜索中群体极化现象的分析，从一个侧面展现公关危机中网络舆论的生成路径。

在群体讨论时，群体决策通常比群体讨论前个体所持有的观点更为冒险，这个被称作冒险转移（Riskyshift）的发现引起了研究者极大兴趣，进而他们发现，有的群体经过讨论之后会做出更加保守的决策，这就是群体极化现象。换言之，群体极化现象就是"团体成员一开始即有某些偏向，在商议后，人们朝偏向的方向继续移动，最后形成极端的观点。"❷群体极化的现象在人肉搜索等网络危机中经常发生，网络群体中的个体在讨论过程中受到情绪传染的影响出现舆论偏向，最后形成极端观点从而背离了最佳决策。

伴随网络发展的是信息的泛滥，面对互联网的海量信息，个人的信息过滤就成为必要手段。于是，人们开始根据自己的偏好只关心网络上那些他们感兴趣的话题，其他的话题则被过滤。同时，网站也参与到这种过滤当中，比如当你浏览或回复了某些帖子，网站会自动地推荐给你其他有相似内容的帖子；某些网站还提供一些"加好友"的功能，通过加好友你可以结识更多与你观点相似的人。凯斯·桑斯坦把这种现象称之为"协同过滤"。于是，某些论坛或虚拟社区由偏好划分的网络群体开始形成了。

能够引发公关危机的事件一般是明显违反社会道德规范、正义公正的事情，这些事件的一个共同点是能够激发人们统一的感情倾向。同时，很多网络群体是由立场接近的个体组成，一旦群体的共同情感被激发，就极易在人肉搜索中发生群体极化现象。在事件中，当作为个体的网友在网络论坛上发帖讨论时，发现大多数人的看法与自己基本一致，在群体意见对于个体有着较高支持度的时候，个体归属感得到了极度放大，从而形成高度聚合的舆论偏向——网络群体极化现象由此产生。

---

❶ 秦志希，芦何秋. 论群体性事件中的传媒竞合 [J]. 华中师范大学学报：人文社会科学版，2010，49（4）：99-104.
❷ 凯斯·桑斯坦. 网络共和国：网络社会中的民主问题 [M]. 黄维明译. 上海：上海人民出版社，2003：47.

社会心理学中对于群体极化现象的发生机制有两个重要的解释，第一个是"社会比较"，第二个是"说服争辩"。群体中的个体会关注其他成员的观点，通过调整自己的立场来符合主流的方向，这就是"社会比较"。在讨论的过程中，个体可能发现其他人有类似的态度，甚至有些人的观点比自己还极端，于是一种渴望被赞赏、被看作自信或者勇敢的愿望使得个体趋向比组织内其他成员更加极端。说服与争辩之间的互动也会推动群体极化。群体中存在不同的观点时就会出现争论，说服也随之而来。一般而言，主体间的说服争辩往往会取各方意见的平均值，使群体共识趋向公正合理。然而在网络公关危机中却出现了"沉默的螺旋"，当争论和说服加剧时，越来越多的成员卷入其中，支持占主导性的意见，他们会朝这个有倾向性的观点提供更多的论据，而其他意见则被有意地忽视和遮蔽，不同的声音越来越少，少数派迅速地被边缘化，持不同意见者最终"失语"，被多数派"代表"——"整体而言，如果团体需要一个决定，绝不会向中间靠拢，而是走向极端。"❶

因此越来越多的舆论产生危机事件开始遵循着这样一种发展逻辑：危机事件发生——网络舆论聚集——传统媒体介入——社会舆论升级——公关危机主体应对——危机解决或危机进一步扩大，我们对于互联网的舆论的把握和分析是尤为重要的，能否正确把握舆论的方向，进行有利地引导对每个政府企业是至关重要的。

第三节　互联网时代公关危机的特点

在危机研究领域中，危机的基本概念模糊一直是极为严重的问题。危机事件所处的现实场景千变万化，很难一言蔽之。大多数危机研究因关涉主体的不同而对危机的内涵有不同的认识。在危机公关领域，危机一词已被限定了多种规定性。巴顿把危机规定为有这些特性的状态：一是惊奇；二是对重要价值的高度威胁；三是需要在短时间内做出决定。❷危机是为对一个组织、公司及其产品或名声等产生潜在的负面影响的事故。它表示着在确定的变化逼近时，事件的不确定性或状态。❸危机是"一种能够带来高度不确定性和高度威胁的、特殊的、不可预测的、非常规的事件或一系列事件。"❹

综合现有的定义对危机的描述，实际上我们可以把危机看作是一种由关键

---

❶ 凯斯·桑斯坦．网络共和国：网络社会中的民主问题［M］．黄维明译．上海：上海人民出版社，2003：48．
❷ ［美］罗伯特·希斯．危机管理［M］．王成等译．北京：中信出版社，2004：18-19．
❸ Fearn-Banks, K. Crisiscommunications: AcasebookApproach[M]. Mahwah, NJ: Lawrence, 1996: 2
❹ Seeger, M.W., Sellnow, T.L. & Ulmer, R.R.. Communication, Organization, andcrisis[M]. GreenwoodPublishingGroup, 1998: 6

利益关系人所认知且主观经验的情况，其发生概率低，却有着高度的影响性与威胁性；由于情况的成因、结果及解决方法均混沌不明，常导致群体心理共享的意义及信念、价值的损失或破灭。

一、网络公关危机的形态

网络公关危机是指公众由于自身利益受到影响或受外界不良信息刺激下对某些社会问题或事件产生了强烈的群体情绪认同，并在群体成员之间相互影响、相互作用而形成的知觉和体验的指导性下，通过网络进行扩散性、无理性地传播，形成一种非常态的网络舆论和社会压力，从而对组织产生一种威胁性的形势、情境，或者状态。

网络公关危机就其过程而言包括三个阶段：首先，网络公关危机在其引发阶段，部分网民首先关注到了事件并展开评论，社会情绪开始滋生。但是事件并未扩散开来，媒体还未大批量地介入和进行报道，关于事件的信息和资讯相对较少，社会整体对于事件的关注度也还并不高。随后，在危机爆发和蔓延的阶段，由最初关注事件的一批公众到更多公众组成的群体，开始在互联网上进行评论和传播，在网络上形成的声势越来越大，社会情绪向外扩散，共鸣开始产生。与此同时，各方媒体也开始介入，搜集更多有关事件的信息，并为广大公众提供更为丰富和信息明确的报道。而伴随着信息量的增多，越来越多的公众加入到了网络讨论、评论的行列，公众的讨论也带动了媒体的报道趋势。媒体的介入、主动公众的增多，说明事件开始出现了危机状态，危机爆发并随着报道与公众讨论不断蔓延。最后是事件弱化和危机恢复阶段，在这一阶段，公众的讨论高潮渐渐下降，媒体的报道也顺应或者说引导公众的反应，慢慢稀释公众对事件的关注，并且在媒体的舆论情绪引导下，公众对事件的关注度也呈下降的趋势。在危机的后一阶段，我们无法直接判定媒体的引导性报道是组织有意利用而为之，或者是媒体自发性的结果，但是无论如何，媒体的舆论情绪引导以及焦点稀释能够有效降低公众对事件的关注程度，对危机事件的缓和起到很重要的作用。

二、互联网公关危机的特点

（一）媒介复杂博弈

与传统的危机事件相比，网络条件下危机事件所处的信息环境极为复杂，危机事件的爆发处在一个媒介竞合、媒介融合的舆论新生态之中。对危机事件的言说与定义，不再是某一种媒介所可以做到，而是媒介合力的结果，这个过程包含了网络媒介、传统媒介、地方性媒介、全国性媒介、市场化媒介的复杂博弈。传统的寄希望于控制特定媒介进行危机公关的思路和策略已经不再奏效，任何公关主体都必须立足于危机事件所处的舆论新生态并对公关的思路、原则、策略、方法进行重新考虑。

（二）传播主体多元化

网络媒介具有匿名性的特点，这与传统媒介在危机事件中的应对有所不同。传统媒体有着严格的审核制度，信息的每个出口均有专人进行严格把关，这与传统媒介的技术偏向密切相关，传统媒介的技术中心导致了内容偏向的统一，在危机事件中传统媒介的信息控制比较容易。但在网络中，任何人都可以自由发表言论，只需要拥有一个 IP 便可在昵称的庇护下发布信息，"把关人"的缺失，个人信息发布的自由性，这种去中心化的媒介偏向致使网络中的信息繁多而且鱼龙混杂，❶ 更重要的是网络条件下信息的控制变得十分困难。

（三）瞬时爆发

危机事件在网络条件下其爆发呈现出瞬时性的特点。危机事件都具有突发性的特点，但网络危机事件与其他媒介导致的危机事件相比更具有突发性。公关危机事件在传统媒介条件下的爆发，一般都会有一个"能量"集聚的过程，在爆发之前会有一些征兆，如持续性的对某企业或者政府单位的批判性报道，因此在时间上具有延续性或缓冲性。同时，传统媒体的技术偏向决定了其受到时空的限制，信息的传播速度相对较慢，外加上传统媒体所遵循的科层制的组织传播方式，发布信息经常会受到发稿时间、版面等因素的制约，使得信息的传递愈加缓慢，滞后性较明显。但网络传播具有即时性的特点，危机事件信息通过各种交流互动工具如论坛、BBS、QQ群、社区网站等，通过一对一、一对多、多对多的几何交叉式的传播方式，以迅雷不及掩耳的速度在网络上进行传播。往往在 24 小时以内，事件消息就被网民转载到各大网站和论坛，引来成千上万网民的讨论，在此过程中伴随群体极化现象的影响，关于事件的舆论可能走上极端化的道路，对事件形成激烈的看法和意见，短时间内形成"网络舆论冲击波"。

（四）短时间跨地域扩散

网络危机事件一旦爆发，其影响就不局限于某一个地域或行业，具有影响广泛性的特点。传统媒介中的公共危机事件大多只是在某一地区发生，具有一定的地域性。其影响也仅仅局限于事件发生的地域，在全国性传统媒介介入事件之前，公关主体的公关对象仅限于当地的传统媒介。在最一般的情况下，作为公关主体的政府部门或企业单位通常与当地的地区性媒体具有千丝万缕的联系，因此，此时的公关策略往往简单而实用。但网络传播信息的空间远远超过报纸、电视等传统媒介。互联网上每个结点间彼此有着无数通道相互链接，这

---

❶ 张光耀，高潇. 浅谈网络中危机传播的特点与管理 [J]. 科技信息，2009，(1).

种信息串联机制使危机信息可能在极短的时间内就传遍世界任何一个网络所能够延伸到的角落。并且，关于危机事件的一篇报道或者一篇帖子上网以后，往往还会引发各方传统媒体的跟进。一个小地方的危机信息，经过新浪、搜狐、天涯、猫扑等大网站转载后会立即成为全国性、世界性的新闻。面对这种情况，公关主体在应对危机的时候一定要重视，一方面要尽可能将危机的消解控制在危机事件的初期，另一方面，公关主体还需要做好打大仗、打硬仗的思想准备。

（五）强破坏性

危机事件的影响经由网络扩散放大之后，其后果更为严重，具有强破坏性的特点。当危机事件在网络上发酵到一定程度之后，此时公关主体若未及时对网络危机进行应对，或者是做出的应对不当时，会引发一系列的严重后果，甚至会因此出现暴力、动乱等破坏社会稳定和谐的极端情况。因此，危机事件一旦经网络发酵，其行为就有可能从网络行为演变为现实行为，其后果更为严重，其破坏性难以预料，这就要求公关主体需要谨慎应对危机，采取正确的公关原则、策略和方法。

案例：马航客机失联事件

案例主角：

马航，马来西亚政府

案例回放：

北京时间3月8日凌晨1时20分，由马来西亚飞往北京的马来西亚航空公司MH370航班与地面失去联系，机上239人中包括153名中国大陆乘客。2时40分，马来西亚苏邦空中交通管制台证实航班失联。6时30分，失联航班没能按时抵达北京首都国际机场。8时左右，马航发布航班失联官方消息。

9时，中国民航局空管局向新华社记者证实MH370航班在越南胡志明市管制区同管制部门失去通讯联络，并失去雷达信号，同时客机未进入我国空管情报区。

10时，中国交通部部长杨传堂在中国海上搜救中心召开紧急会议，宣布立即启动一级应急响应。

11时，马航公布乘客名单。马航VP接受CNN访问表示，本次航班配有7小时航油，他们相信到目前为止，飞机航油已经耗尽。马航目前对飞机位置完全没有头绪。

有媒体报道称，越南搜救人员当天在越南南部金瓯省西南120海里处发现失联客机信号。随后越南官方予以否认。

8日下午，马航召开发布会，却比预定时间推迟两小时。发布会持续仅5分钟，发布的仍是"失去联系"的消息，也未给记者提问机会。主持人离场时现场一片骚动，场外则一片混乱。

马来西亚交通部长8日否认了马航MH370航班已经坠毁的消息。

波音公司8日下午发表关于马来西亚航空公司MH370航班的声明，对失去联系的马来西亚航空公司MH370航班上所有人的家庭致以最深切的关切，并宣布波音正在组建一支团队，以向调查当局提供技术协助。

在失联13个小时后，马来西亚总理纳吉布16时将就事故情况召开记者会。记者会又因故推迟数小时。

8日晚，一些媒体报道，失联客机乘客名单中一名意大利乘客并没有登机，其护照于一年前丢失。意大利外交部证实，这名乘客身在泰国。9日凌晨，奥地利外交部证实，乘客名单中一名奥地利籍乘客也没有登机，人在奥地利，2012年曾在泰国丢失护照。国际刑警组织当天下午证实，至少两本已在这一机构数据库备案的被偷护照被马航失联客机乘客使用。这一消息引发人们关于航班遭恐怖分子劫持的猜想。

马来西亚官方9日15时说，吉隆坡国际机场现场监控已经锁定使用虚假护照信息登机的乘客画面。马方称用假护照登机的乘客为"亚洲面孔"，晚些时候否认这一说法。11日，马来西亚警方公布监控视频截图。国际刑警组织证实，两人均为伊朗人，只是，他们的目的应该是偷渡欧洲，没有发现与恐怖组织关联。

与此同时，多国海空搜寻继续，尤其是越南，尽力调动资源，反复查找可疑漂浮物。中国舰船和飞机则在超过5万平方公里的茫茫大海上夜以继日地拉网式搜寻。

3月12日，马航方面召开与失联乘客家属的沟通会。在会上，马航方面公布了领取特殊慰问金需要签订的说明。随后，31000元特殊慰问金开始发放。

3月15日，马来西亚总理纳吉布亲自出席发布会，并确认失联客机联络系统是被人为关闭的，而客机航线也是被蓄意改变的，卫星与飞机之间的最后一次通信为3月8日8点11分。针对客机的最后位置，纳吉布给出了两种可能，即南部走廊地带和北部走廊地带。

而此前，美国媒体援引客机发动机制造商提供的数据报道，飞机失联后飞行了4个小时，遭马方否认。

3月23日，马来西亚政府称，法国当局当天提供的卫星图像显示，在印度洋南部海域发现可能与马航MH370航班有关的可疑漂浮物。

北京时间3月24日晚10时，马来西亚总理纳吉布在吉隆坡就有关失联客机MH370的相关进展召开新闻发布会，根据最新的分析结果，MH370客机已坠落在南印度洋，机上无人生还。纳吉布表示，25日早上会开新闻发布会公布更多细节。马航已经向家属通报了相关进展，随后纳吉布的声明结束，未透露更多细节。

媒体称，马总理宣布MH370航班在印度洋中部坠毁的结论，只是根据inmarsat公司的海事卫星数据分析得出的，尚无残骸、黑匣子的有力佐证。

在北京丽都酒店守候了十余天的乘客家属在听到马来西亚官方宣布飞机失

事的消息后悲痛欲绝，但鉴于以往马方在调查事件时的反复和滞后表现，一部分家属表示不信任这一说法，只有看到飞机残骸才能确信飞机失事。

25日上午，乘客家属举着自制标语步行前往马来西亚驻华大使馆进行抗议。

下午3点半，马来西亚驻华大使在丽都饭店参加家属说明会，家属对昨天马方宣布飞机坠海这一结果向马来西亚驻华大使提出质疑，马大使表示现在无法回答。家属要求大使现场给马总理打电话询问，马大使沉默，只称会转达问题。

案例点评：

由这份详细的时间表我们可以看出，在整个事件过程中，对于信息的发布，马航除了"no idea"，就是不断地否认、否认再否认，拖延、隐瞒事件真相，导致危机急剧蔓延。

在对飞机失联的各种可能性依次否认后，24日晚突然召开发布会，在没有飞机碎片和黑匣子等证据的情况下，仅凭卫星数据就断定飞机终结于南印度洋，无人生还。这种漠视家属情感、无视各国联合搜救努力的武断行为，无疑是对全世界的极端不负责任。引发了中国以及其他国家的严重抗议和不满。在飞机失联后，马航和马政府应该立即展开寻找和搜救工作，公布乘客名单，召开发布会向乘客家属表达慰问和歉意，所以在后期马航以及马政府虽然多次召开新闻发布会、家属沟通会与媒体和乘客家属进行沟通，然而其沟通并未取得如期效果，反而使危机愈加严重。

一方面，对于事件进展的发布，马航并未在第一时间发布权威官方信息，导致舆论真空期，谣言满天飞；同时，信息发布没有统一口径，信息来源多样，马方不断否认，给公众带来极大负面形象。另一方面，沟通态度缺乏诚意，几次发布会都是无故推迟，甚至单方面更改地点，草率应对，不给媒体提问机会，导致媒体形象极端负面。

就是在整个事件过程中，马方缺乏系统的危机应对策略，严重违背速度第一，否认，再发布，再否认，再承认，整个危机处理混乱不堪，将马航以及马来西亚政府的形象跌入谷底。而此案件也说明了当今互联网下的舆论环境瞬息万变，把握好网络危机公关的特点，形成对应的应对策略能决定企业甚至是国家的形象和未来的发展。

第四节 互联网时代公关危机的防范

网络危机公关是公共关系活动和危机公关在网络平台上的延续，它包括对危机处理和化解的过程，还包括对公关危机的防范，而公关危机的防范包括：主要由企业、政府部门或其他社会组织构成的公关主体利用网络媒体进行正面宣传、公共关系维护、公关危机监控与防御等活动。

一、公关宣传与形象维护

公关宣传和形象维护是指作为网络公关主体的政府和企业借助各种社会化媒体平台如论坛、博客、视频、电子商务、SNS等，将组织文化、理念、相关信息告知公众，以此获得公众的口碑和正面舆论的过程。对于政府公关主体而言，这属于网络宣传的范畴。对于企业公关主体而言，这在很大程度上等同于"网络口碑传播"。无论是政府的网络宣传，还是企业的网络口碑传播，本质上，都是对网络媒体上的公共舆论或者说口碑正面的引导和利用，以正面的宣扬维护公关主体的形象。舆论或口碑是其核心要素，正面引导是其路径，公关主体的形象构筑和维护是其目的。它的方式包括：

（一）基于资讯类网站的新闻宣传

资讯类媒体主要是指有别于社会化或平台型媒体的大型门户网站和新闻网站，这类媒体在形态上更接近于传统媒体，甚至他们本身就是传统媒体的网络版，因此，这类媒体平台大多具有新闻媒体的性质，较之其他类型的网站，有着显著的权威性和公信力，在某种意义上，他们是网络世界话语权的制高点。

基于资讯类网站的新闻宣传主要是指撰写新闻稿发布在新浪，搜狐，网易，新华等大型门户网站的相关频道。当公关对象在网络上受到其他公关宣传活动的影响，想要验证其真实性的时候，通过搜索引擎来查询看是否是文章当中所说，此时新闻宣传的力量和影响力就会体现出来。新闻稿发布在第三方资讯类媒体平台和新闻网站上，既可以借助门户网站的知名度和强大的流量来提升到达率，也可以使公关信息的权威性得到背书。

（二）论坛社区传播

以数字媒体为依托的社区化生存，是绝大多数网民的典型状态，正是社区构筑起的圈子，增加了网络的黏性，这种黏性恰是网络舆论形成的基础。由于同属一个圈子的人大都有着相近的共性和共同话语，虚拟社区已经成为网络口碑传播的主要渠道（环境）。虚拟社区的概念可定义为：它并非是一种物理空间的组织形态，而是由具有共同兴趣及需要的人们组成，成员可能散布于各地，以旨趣认同的形式作在线聚合的网络共同体。虚拟社区所包含的核心功能一般主要有：公告栏、群组讨论、社区通讯、社区成员列表、在线聊天等。当一个虚拟社区形成之后，它拥有的最宝贵的资产就是社区成员之间的信任以及对社区的忠诚度。这个独一无二的资产可以提高虚拟社区的凝聚力，增强成员的归属感。而网络口碑可以在信任的前提下得以深入地传播到每一个社区成员的心中，任何口碑信息都可以在此得到有效分享。虽然口碑传播的可控性远远低于传统的大众传播，但在这个自然而然的过程中，作为公关主体的组织并不是毫无作为的，只要合理利用网民的口碑会起到很好的宣传效果。

现在，已经有许多组织逐渐意识到虚拟社区中的网络口碑传播的重要性，并开始采取行动提升自己的网络口碑。比如，世界知名的亚马逊公司，在这方面就是一个成功的例子。亚马逊不仅仅建立了自己的售卖网站——网上书店，还为众多的图书爱好者提供了一个可以分享和交流的虚拟社区。公司不仅在社区中提供畅销新书的章节，而且还会上传书店会员以及一些专业人士发表的书评，并安排他们与作者见面。亚马逊的网络社区让它不单单是一个商业公司，而是一个网络兴趣社区的建造和维护者，因此更多的图书爱好者加入和访问亚马逊网络社区，兴趣社区使得亚马逊的商业味道变淡，并且为亚马逊收获了更多的关注和认可，全球诸多网络社区的访问者，借由亚马逊网络社区的舒适网上体验而最终成为亚马逊品牌的忠诚拥护者。

（三）博客公关传播

博客是一种日记形式的、按时间顺序排列的个人网页。博客之间的交流主要借助引用通告、留言、评论和RSS的方式进行，其操作管理所使用的术语借鉴了大量档案管理的用语。博客的影响力逐渐增强，其在网络口碑传播方面的优势也逐渐体现出来：以每一个博主为中心，订阅读者及其他读者为半径，博客为交流反馈平台，形成一个个的社区舆论圈，信息经由博主向读者进行二次传播，即"大众传播（产品信息）→意见领袖（博主）→一般受众（网民）"。在这一过程中，博主起到了舆论的意见领袖功能，依赖着长期以来积累的关注者和他们的信任，传播一些对于社会热点话题的观点或推介产品或服务。反馈讨论的氛围，正负评论信息相结合即类似于"两面提示"的方式可以产生预防接种的效果，由于给对立观点以发言机会，给人一种"公平"感，可以潜在地消除广大消费者的心理反感。

相对于传统媒体的公关宣传而言，博客有着诸多好处：它不唐突，能够直接获知公众意见、帮助公关主体树立创新者的形象。

（四）播客与视频分享网站病毒传播

播客就是指"网络用户在互联网上自由发布音频、视频等多媒体信息的一种给用户带来更丰富体验的互联网应用，其具有可读性（文字图片）、可听性（音频）、可看性（视频）等特征"。

播客的诞生使得网络口碑传播的渠道更加丰富，可选择空间逐渐增大。广大播客们可以随时随地的通过手机、DV等拍摄任何他们感兴趣的东西等上传到播客空间或者视频分享网站，从而得到广大"看客"们的关注和分享。这一方式也逐渐被许多组织成功运用，相比传统意义上的广告片和宣传片，网络播客对于网民更具备吸引力和自发进行二次传播的功效。比如宝马汽车集团，他们曾经大手笔请来李安、吴宇森、麦当娜等超级导演和巨星奉献给无数车迷和影迷的"The Hire"系列网络电影至今无人超越。当年每天80000人次进入宝马官方网站下载影片,巨大的轰动效应让食髓知味的宝马马不停蹄地在更年轻的Mini品牌上故技重施,一段Mini在英国厂房内的生产过程的短片再受广泛好评,并在很多视频网站以及个人播客上广泛传播。"有待于你去发现Mini充满乐趣的驾驶体验",让网民充满了好奇和期待。这些短片携带着企业或商品信息,经过消费者的网络口碑传播网络,像病毒一样快速传播和扩散。

二、网络空间的监控与预警

互联网的出现并迅猛增长,拉近了世界的距离,以网络媒体为核心的新媒体平台信息传播快速、海量、无疆界,并且具有传统媒体难以企及的开放性和互动性。如今公关主体要面对的,不仅仅是新闻媒体的舆论,还来自于那些来自网络媒体的个人言论,他们会在任何你能想到的或想象不到的网络区域出现,也许是论坛或者播客,而这些言论又极有可能在很短暂的时间内被更多的人看到,并触发更广范围的二次和多次传播,在互联网的新媒介环境下,信息的爆发速度之快,以及数量之庞杂,是传统媒介环境和信息级别远远所不能比拟的。因此采取措施可划分为:

(一)不同公关主体的监控重心

1. 作为正面公关宣传的企业营销部门

首先,可以围绕着企业所拥有的产品和品牌为主题进行监测,每天及时了解网民和消费者对于自身产品和品牌的最新讨论趋势和热门话题以及不同网络平台的讨论声量分布。如果适逢推出新的营销活动,需要围绕营销活动制定一系列的营销关键字和网络讨论关键字,并以此为依据持续性进行品牌和产品的监测,了解营销中的概念是否为网民所认可,相关的宣传是否开始引起了网民的关注和讨论,伴随着营销的深入和网络上品牌及营销活动讨论量的增长,企业还需密切关注网民是否围绕营销活动自发延伸出了新的讨论,及时把握以网民为代表的消费者的兴趣点和满意度,有助于后续营销活动的开展,同时,持续监测也能够及时发现营销推广过程中产生的不利因素并进行规避,使营销活动有序的展开,成为促成销售的真正助推器。

其次,也可以将主要竞争产品设置为主题进行监测,也可以监测自身产品和竞争对手同时出现的主题,市场变化总是瞬息万变,能与市场变化保持同样迅捷的,不再是传统媒体,而是网络,通过网络监控主要竞争对手,营销部门可以掌握竞争对手的新动态,通过这种监控得到的数据结合日常统计进行考量,分析自身存在的优势与不足,并在产品研发和营销过程中尽量有的放矢,可以在弥补不足的基础上提高优势和核心竞争力。

第三,营销人员可以对消费者进行监测。他们将特定的一些消费者问题或消费者需求相关的关键字设置为主题进行监测，或是采集根据人群特征采集某些特定消费者的网络讨论。了解该特定消费需求和消费心理相关的网络讨论趋势及热点，掌握消费者的关注点，更容易在营销中做到投其所好，量体裁衣。

2. 作为公关危机防御的企业公关部门

对于企业公关部门来说，公司的公关部门可以将公司名称或者危机事件以及可能会与危机事件相关的话题或者关键字设置为监测主题，由专门的网络安全专员负责，每天了解网络上涉及该公司或者事件的各类讨论，并密切注意竞争对手的动态，关注对方是否有不利于自身信息的发布。

3. 政府部门

对于政府部门来说，设置专门的网络安全人员，做好日常网络监控工作，时刻保持对民意的关注和了解，能够拉近政府工作部门与民众的距离，及时了解百姓心声。将一些敏感或重大的事件和人物设为关键词，追踪此类重大事件与重要人物的舆论发展。一方面，伴随着互联网的发展和开放性的提高，公众对于政府信息公开透明的要求也在提高，政府机构的运作开始处于全方位的被监控的位置，这不仅仅是媒体的报道，而是每一个公民的监督，政府在执政或运作的点滴失误都有可能被一个普通民众传播到互联网上，进而引发媒体介入报道，甚至上升到全民关注的高度，如果政府缺乏相应的防范危机意识或者危机沟通能力，一不小心，就有可能陷入网络舆论的攻击和更多公民的批评指责。另外，随着政府越来越重视民生工作，在此基础上也推出相应的新政，不管是什么新措施新方法，刚一推出，难免会有不同声音出现，如何汇总老百姓的意见，从而进一步改进工作方法和内容，更贴近百姓实际需要，能够自由发表言论和主张的网络社区成为政府与民众交流的平台。网络空间监控可以发挥他的重要作用了，全面监测全网中文论坛，汇总几大主流意见，充分体察民情，并将政府意图准确及时的表达，及时消除一切能监控到的危机苗头，帮助政府和民众建设更加美丽的家园。

（二）搭建网络空间监测平台

网络空间监控，借助网络空间监测平台，覆盖网站海量话题数据，通过特定的语义分析技术高效聚焦监测内容，平台提供每天实时的网络空间监控服务。

监测平台对其公关主体的相关主题进行长期的网络监测，实时抓取数据上千万条，平均每天以千计的信息数据抓取频率，系统最快抓取反应为半小时，也就是说半小时前网上发布的所有与公关主体相关的信息，都会毫无遗漏的被系统抓取到。通过对网络各类信息汇集、分类、整合、筛选等技术处理，再形成对网络热点、动态、网民意见等实时统计报表[1]，系统可以提早发现负面信息，

---

[1] 白长燕. 略论我国网络舆情监测产业的现状与发展路径 [J]. 人民论坛, 2013, (9): 58-59.

从而对信息做出及时的处理与维护，最终避免危机；或者发现危机时，及时抑制危机的扩大化，极大地缓解组织的危机压力。

1. 全面监测媒体

网络空间需要监测的媒体形式很多，基本包括三大门户网站、传统媒体网络版以及有影响力的社区和论坛。随着人们对网络空间认识的深入，需监测媒体也越来越多，包括微博、论坛、博客、视频分享以及问答网站等。互联网改变了媒体和受众的传播关系，受众的言论自由度更高，而由于网络在中国的普及化和大众化，每一个网民都成为一个个的"传播源"，这些"传播源"通过以上提到的种种网络手段，将以往只是在小范围内传播的事情，迅速传播为全民性的"网络事件"。

企业或政府组织进行监测的渠道主要有七大类：

1）搜索引擎，如百度、谷歌、雅虎；

2）新浪、腾讯网易等门户网站；

3）天涯、人民网、新华网等论坛；

4）博客；

5）SNS 网站，如新浪微博、微信公众平台、QQ 空间、人人网、开心网等；

6）视频类网站，如土豆、优酷、爱奇艺、搜狐、腾讯、酷6、AC FUN、哔哩哔哩等；

7）行业网站、专业网站。

2. 信息抓区与统计分析

在对网络空间进行监控的同时，要针对网络的舆论进行分析，提供网络言论的趋势。利用专业技术手段，统计搜索引擎曝光指数、预警指数、搜索引擎分析、网站类型分布、网站域名分布等多方位数据统计及分析。并在进行搜索监控的时候，进行灵活主题设置，方便进行关键信息的抓取。

3. 高级语义分析与网络预警

聚焦网络监测内容后，使用独有的语义分析技术进行分析，自动检索各类话题的相似文章，多角度的深入研究主题讨论内容，并针对网络监测的内容及研究结果自动进行归类和统计，并着力聚焦在讨论网络舆论的发展趋势、来源分布、热门关键字等等。

三、建立网络危机案例库与应急预案

互联网的传播特点注定了网络危机的不可预测性，我们不可能知道网络危机在何时，何地，以何种形式，何种规模发生，所以必须在专门人员的指导下，于危机来临前就建立和健全网络危机处理应急预案，充分考虑网络危机发生时可能出现的状况，提前制定危机发生时组织将要采取的措施、步骤和人员安排。这样可以规范网络危机发生时的应急管理和应急响应程序，明确各部门的职责，可以有效提高抵御网络危机的能力。

在网络条件下，公关危机发生、演进的速度大大加快，组织对此往往措手不及，建立危机案例库，则能够有效地提高应急反应速度，使组织能在危机发生之初，在有参照的前提下采取针对性的措施，较快地控制事态的发展。建立危机案例库，组织需列出可能发生的危机事故，对可能发生的危机进行分类，搜集历史上发生过的各种案例，研究重大危机的发生以及危机主体的应对方法，总结其经验和教训，并及时补充、更新案例库，使案例库具有更高的参考价值。

案例： 全国多地警方开通微博直播案情

案例回放：

2010年2月底，广东省肇庆警方在网上首开微博，直播"警察故事"，聆听坊间民意。随即，广东21个地级市及江苏、北京、山东、河北等地警方也相继开通了官方微博。

有评论认为，警方开微博拉近了警民距离，实现了市民和警方的零距离接触，但也有人冷静地指出，微博只是形式，网民真正在意的是实质内容。需警惕的是，微博会不会如同曾经遍地开花的"×长热线"、"×长信箱"一样，一阵风吹过后，无人问津。

案例解析：

（1）善用新媒体，提升公众事件的反应速度

民众对政府信息披露工作往往存在反应速度慢的抱怨，究其原因除政府自身的因素外，还存在传统媒体局限性的因素。该案例中，警方利用微博对案情的发展做直播式的处理，极大地提高了政府在公众事件中的反应速度，同时也改善了民众对政府工作方式上的传统印象。

（2）信息传播方式由单向传递变为双向沟通

政府在以往公众事件的信息披露或舆论管理工作上，基本上采取的是"通知式"的信息传播方式，这种方式的弊病之一就是不能及时掌握信息的反馈，并据此制定下一步的工作策略。而在采取网络公关宣传后，可以即时的进行公众信息反馈工作；同时根据舆论的发展，在网络上进行疏导和管理。

第五节　互联网时代危机处理的对策

在处理危机公关中，对信息的控制是核心的环节，对控制信息应当遵守怎样的原则、如何控制信息、采用何种方式控制信息等问题的处理直接决定了危机公关的成败与否。网络危机事件具有一些新的特点，传统危机公关方法在网络环境下不能完全照搬，在理念层面公关主体在网络危机的应对上遵循以下原则：

一、主动沟通、一致沟通

在危机事件爆发之后，公关主体需要主动地公布相关信息，若采取回避的手段则会失去危机公关的主动权。如在"石首事件"中，事件起因是一名酒店青年厨师非正常死亡，但政府却一直持回避态度，由于没有直接的信息及时跟进，政府无法解决公众的疑问，于是在种种传言的发酵下最终酿成事件冲突。在事件发生后长达80个小时，体现政府立场的新闻稿只有3篇，与之形成鲜明对比的是网友积极地借助非正式媒体发布信息、探寻真相，网民在贴吧中积极参与讨论，某贴吧中出现了近500个相关主帖，除此之外，网友还不遗余力地寻找各种信息，许多网友还将手机拍摄的视频上传到播客网站上。央视评论员白岩松直言不讳地指出："当地政府所拥有的主动的最佳时机被自己给错过了，一下子把自己的工作变得被动。"

当危机产生时，必须统一公关主体对外信息发布的渠道和内容，避免多种不同声音的出现，造成外界更大的猜疑和混乱。公关主体不要因为某一个局部的环境发生变化，而随意更改自己的声音。只有声音持续不断地统一地宣传，它才能产生足够的强度，才不会为噪音所干扰，并在保证信息传播过程中不失真。以坦诚的、解决问题的态度直面媒体和公众，并与之保持良性的互动。同时，使自己成为对危机事件处理进行公布的唯一渠道，确保信息传递的正确性和及时性。在危机之中，公关主体无论是对内，还是对外，都必须统一宣传口径，保持前后言论的一致，言词一致是建立可信度相当重要的因素。危机公关处理者必须传递基调一致的信息给相关公众，如果不能传递一致的信息内容，会引发更多对公关主体不利的谣言和不必要的疑惑，而使岌岌可危的组织形象更加脆弱。

二、及时反应、先入为主

及时、准确地发布危机信息，在第一时间建立权威的消息渠道才有助于危机的化解。

从网络危机事件本身特点来看，网络危机爆发的突发性和扩散性决定了应对网络危机必须要迅速、果断。网络危机哪怕刚露苗头，由于网络空间传播的不可控性和快速扩散性，很快将会引起级数反应，甚至会带来传统媒体的关注，在很短的时间内将问题升级。由于网络传播的消息来源渠道的复杂性，可能会出现对同一危机事件的传播，在内容上产生很大的差异，产生不同的版本。越早发现危机并迅速反应控制事态，越有利于危机的妥善解决和降低各方利益损失。在网上迅速行动，积极发布信息。危机到来后的前几分钟相当关键。如果组织能迅速行动，将消息抢先挂在网上，就会控制舆论的走向。在线公众就不会从别的地方得到信息，也不会轻信谣言，使谣言、负面报道的问题控制在最小的范围内，减少一些偏颇和极端、非善意的意见的发表概率，而且要尽可能快地及时更新事件发展动态，保持与公众的联系。美国"9·11"事件发生后，纽约市在这一事件中的网上反应速度非常及时，24小时之后，政府建立了一个有关伤亡者和失踪者情况的数据库，并建立了向死难者表示敬意哀悼的网页。迅捷的反应是危机处理成功的关键的因素。

三、发布全部信息

谣言止于真相，只有发布全部信息，尽可能满足公众知情权，才能使真相大白，将危机的影响控制在一定范围内。在媒介竞合的舆论环境中，一方面，公关主体很难掩盖危机事件原有的真相，另一方面，这种"堵"或"掩"的策略会使真相裹挟着谣言弥漫于网络和社会中，阻碍公众对事件的正确认知，增加后续危机公关的难度。

在危机事件爆发之后，危机公关应采取信息公开、透明的策略。在网络环境下，公关主体难以对信息进行严格地控制，网络媒介为代表的新媒体已经逐步代替传统媒体成为信息传播的主导者，完全改变了过去传统环境下公关主体有可能一统舆论的局面。信息的封锁只会导致谣言的四起，网络媒介的特点又会加速以讹传讹，为了防止网络以讹传讹现象的扩展，防止小道消息四处流传，公关主体应当在危机事件发生之初就积极介入，并公开、透明地回应相关信息，将事件的真相、历史渊源、处理办法及早公之于众，首先从积极应对的态度上缓解舆论的压力，同时也为争取重新设置议题，引导舆论的发展方向，进而化解危机创造良好的条件。

四、监控与预警

无论政府还是企业，都应当建立一套危机事件的监控与预警机制，以便在危机事件爆发之初进行有效应对。对于政府而言，需要加快电子政务建设的步伐，利用政府网站的平台及时了解社情民意，及时发现政府日常工作中存在的问题并及时调整。对于企业而言，要把网络危机防范纳入到正常的经营活动中，加强对网络信息的监测，注意外部环境的变化。❶ 具体而言，公关主体应当通过技术手段和人工监测的方式对网络信息进行监控，监控工作包括定期扫描较有代表性的媒介，除了负面新闻和危机事件容易爆发的门户网站和专业网站，还要有网民发表意见和言论的BBS、博客和SNS网站等。从中发现可能发生危机的关键信息并及时进行处理；定期利用主要搜索引擎进行搜索，查看相关的新闻和评论，发现问题及时解决，杜绝不良信息上升为网络危机的可能；与管理监测部门建立联系，及时获取有关的负面信息等。除此之外，还应当建立一套切实可行的危机处理的应急预案。企业或政府单位首先需要建立一个由熟悉网络特点、掌握危机管理知识的专业人员组成的危机管理机构，并由他们制定网络危机处理应急预案，提前准备，一旦危机发生，及时遏止，减少危机的危害。

---

❶ 李宏伟，王红梅. 网络危机成因分析与应对策略研究 [J]. 电子商务，2009，(02)：80-82.

五、针对性的危机沟通

网络危机事件的全过程可以细分为发生、持续、减弱三个阶段。

在网络危机发生阶段，危机主体的公关重点在于危机事件的网络媒介原发地，同时兼顾传统媒介。由于网络媒介的传播迅速、影响范围广等特点，公关的效果可在短时间内显现。公关主体此时应当首先确定事件的主要网络舆论集散地在哪里，以此为中心进行辐射，有针对性地进行沟通与公关。

在危机的持续阶段，危机主体应当注重综合使用传统媒介与新媒介进行公关，此时的舆论中心有可能已向多媒体扩散，形成社会性的舆论焦点，因此公关主体的工作面积需要相应的扩大，形成对危机事件的立体关照。

在危机减弱阶段，公关主体应当注重报纸和电视等传统媒介的使用，兼顾新媒介。在危机减弱阶段，舆论往往回归理性，讨论得以顺利展开，激进的、非理性的观点市场正在逐步缩小，此时传统媒介专业的新闻评论、新闻分析对舆论的影响最为强烈，因此，此时公关的重点可以转移至传统媒体，通过传统媒介对社会的影响来掌握舆论的主动权。

另外，在网络危机公关的媒介使用中，还应当根据媒介的不同偏向进行区别对待，如在网络媒介进行信息发布时，要注意简洁和有针对性，发布的信息主要以解释网络上提出的具体问题为主，尽量减少宏观叙述；在使用电视媒介时，拍摄的素材应尽可能地直接表现公关主体的意图，强调直观性；报纸媒介以文字表达为主，强调思考的重要性，公关主体在运用报纸媒介时要注重专家、学者和各界人士代表的意见，通过对事件的深度剖析，以理性分析为主来引导舆论。

案例： 取缔余额宝风波

案例主角：

支付宝

案例回放：

2014年2月21日，央视证券资讯频道执行总编辑兼首席新闻评论员钮文新发博文《取缔余额宝！》称，"余额宝是趴在银行身上的'吸血鬼'，典型的'金融寄生虫'。"

钮文新认为，余额宝冲击的是整个中国的经济安全。因为，当余额宝和其前端的货币基金将2%的收益放入自己兜里，而将4%到6%的收益分给成千上万的余额宝客户的时候，整个中国实体经济、也就是最终的贷款客户将成为这一成本的最终买单人。

对此，网友纷纷予以驳斥，网友康宁1984：钮文新错在高估了余额宝的破坏力、低估了银行体系的适应能力。余额宝只是一条金融系统中的鲶鱼而已，尽管由于第三方支付做个人金融业务处于三不管地界，仍然只是短期的监管套利,并没有在总量上影响到国家金融体系安全,更何况从近来腾讯微信给予支付宝的压力看,互联网公司同样不能免于被互联网颠覆的风险,没有必要急于对这些尚未深入金融市场的创新做出严格限制。

2月22日凌晨,支付宝官方发长微博《记一个难忘的周末》幽默回应。支付宝则表示,余额宝加上增利宝,一年的管理费是0.3%、托管费是0.08%、销售服务费是0.25%,利润只为0.63%,除此之外再无费用。并对吸血鬼一说加以调侃称,"老师您能别逗了吗?我查了下,2013年上半年,16家国内上市银行净利润总额达到6191.7亿元人民币,全年起码翻一番,12000亿吧?"

2月22日,阿里小微金融服务集团首席战略官舒明称:即使与总规模约10万亿元的银行理财产品相比,货币市场基金也不到其总规模的十分之一。很难想象,规模如此之小的货币市场基金会对市场整体利率水平产生巨大的影响,会"严重干扰利率市场"。

2月23日下午,证券时报记者对钮文新进行独家专访,他回应称,我质疑的不是余额宝,而是类似于余额宝的这样一种商业模式。钮文新认为,在判断对错之前,首先应该具备一个正义的、全社会的立场,而不是所谓狭义的"提高了老百姓收益"的问题。如果在商品市场或股票市场中出现类似的操纵行为,那无疑会得到几乎一致的指责,监管层也会迅速干涉。钮文新说,现在商业银行也在做类似的事,但这都是被逼无奈的。银行不这样做是"等死",做了可能是"找死"。银行才是"钱"的最终经营者,因为有贷款在经营链条上,各种风险都包含其中。所以可以说,余额宝这样的模式是一种"金融寄生虫"。

案例点评:

根据著名危机公关专家、关键点传媒董事长、华中科技大学公共传播研究所常务副所长游昌乔先生首创的危机公关5S原则,对案例做如下点评:

余额宝遭央视评论员质疑后,支付宝随即通过官微以诙谐幽默的风格发布一篇长微博来进行解释,在当前的互联网语境下,这种卖萌式回应比较容易得到网民理解与认可。

然而,对于这个被质疑者上升到"国家利益"、"经济安全"高度的问题,支付宝仅仅通过卖萌自黑的方式进行回应显然不够,对于这种新兴的理财方式,公众也希望看到支付宝拿出一个认真、严肃的态度,从而继续获得人们的支持。

在被质疑后,支付宝及时发微博进行回应,微博内容诙谐调侃,却又态度明确,将对方质疑的观点予以反驳,此外,公司高管也及时与媒体进行了沟通,对质疑者的说法进行了驳斥。符合真诚沟通原则。支付宝第一时间通过微博予以回应,防止了危机的进一步蔓延。符合速度第一原则(SPEED)并且先通过微博进行了回应,其次,公司高管接受媒体采访。说明系统运行良好,在有条不紊地进行危机的化解。但余额宝遭质疑后,支付宝并没有邀请权威的第三方出面为其证言,仅仅是通过官方微博和一位公司领导之口进行了回应,不符合权威证实原则。

参考文献

一、专著类

[1] [美]卡特利普.有效的公共关系[M].明安香译.北京:华夏出版社,2002.

[2] [美]大卫·菲利普斯.网络公关[M].陈刚,袁泉译.北京:北京大学出版社,2005.

[3] [美]理查德·拉尔默.公关前沿[M].北京:中信出版社,2006.

[4] [美]弗兰·迈特拉,雷·阿尔提格.公关造势与技巧:通向21世纪的桥梁[M].欧阳旭东译.北京:中国人民大学出版社,2009.

[5] [英]迈克尔·里杰斯特.危机公关[M].上海:复旦大学出版社,1995.

[6] [美]凯斯·桑斯坦.网络共和国:网络社会中的民主问题[M].黄维明译.上海:上海人民出版社,2003.

[7] [美]罗伯特·希斯.危机管理[M].王成等译.北京:中信出版社,2004.

[8] [法]古斯塔夫·勒庞.乌合之众——大众心理研究[M].冯克利译.北京:中央编译出版社,2005.

[9] [美]戴维.波普诺著,李强译,社会学[M],北京:中国人民人学出版社,1999.

[10] [美]瓦茨著.陈禹等译.六度分隔:一个相互连接的时代的科学[M].北京:中国人民大学出版社,2011.

[11] [美]唐·舒尔茨、海蒂·舒尔茨著.整合营销传播:创造企业价值的五大关键步骤[M].王茁、顾洁译.北京:清华大学出版社,2013.

[12] [英]维克托·迈尔—舍恩伯格.大数据时代:生活、工作与思维的大变革[M].杭州:浙江人民出版社,2013.

[13] [英]迈尔·舍恩伯格,(英)库克耶著.盛杨燕、周涛译.大数据时代[M].杭州:浙江人民出版社,2013.

[14] [美]西蒙著.漆晨曦、张淑芳译.大数据应用:商业案例实践[M].北京:人民邮电出版社,2014.

[15] [美]格鲁尼格等著.卫五名等译.卓越公共关系与传播管理[M].北京:北京大学出版社,2008.

[16] [美] David Meerman Scott 著.于宏等译.新规则:用社会化媒体做营销和公关[M].北京:机械工业出版社,2014.

[17] [美]艾尔·巴比.社会研究方法(第11版)[M].邱泽奇译.北京:华夏出版社,2009.

[18] [英]杨东念著.品牌传播战略:数字时代的整合传播计划[M].梁雨晨译.北京:科学出版社,2013.

[19] 邹正方. 公共关系概论 [M]. 北京：中国人民大学出版社，2010.

[20] 岑丽莹，屈云波. 中外危机公关案例启示录 [M]. 北京：企业管理出版社，2010.

[21] 余明阳. 公共关系策划学 [M]. 北京：首都经济贸易大学出版社，2006.

[22] 谭昆智，齐小华，马志强. 现代公共关系学导论 [M]. 北京：清华大学出版社，2010.

[23] 薛澜，张强. 危机管理 [M]. 北京：清华大学出版社，2003.

[24] 陈先红. 公共关系学原理 [M]. 武汉：武汉大学出版社，2007.

[25] 李道平. 公共关系学 [M]. 北京：经济科学出版社，2011.

[26] 熊源伟. 公关关系学（第三版）[M]. 合肥：安徽人民出版社，2004.

[27] 鄢龙珠. 现代公共关系学 [M]. 北京：北京交通大学出版社，2011.

[28] 徐晋. 平台经济学：平台竞争的理论与实践 [M]. 上海：上海交通大学出版社，2007.

[29] 陈墨. 网络营销应该这样做：制造非一般的网络影响力 [M]. 北京：机械工业出版社，2011.

[30] 张克非编著. 公共关系学 [M]. 北京：高等教育出版社，2014.

[31] 林景新著. 网络危机管理：Web2.0 时代危机解决之道 [M]. 广州：暨南大学出版社，2009.

[32] 张兴杰等著. 网络时代危机公关手册：理论、实践与案例解析 [M]. 武汉：武汉大学出版社，2012.

[33] 胡卫夕等著. 微博营销 [M]. 北京：机械工业出版社，2011.

[34] 井婷婷编. 自媒体红利 [M]. 成都：西南财经大学出版社，2015.

[35] 张金海，余晓莉编. 现代广告学教程 [M]. 北京：高等教育出版社，2010.

[36] 陈明亮著. 在线口碑传播原理 [M]. 杭州：浙江大学出版社，2009.

[37] 朱强. 广播电视新技术 [M]. 杭州：浙江大学出版社，2004.

[38] 张岩松，李健等. 现代公共关系学 [M]. 北京：经济管理出版社．2014.

[39] 杨俊. 新型实用公共关系教程 [M]. 北京：高等教育出版社，2008.

[40] 齐杏发. 网络公关实务 [M]. 长春：东北师范大学出版社，2014.

[41] 张梅贞. 网络公关 [M]. 武汉：武汉大学出版社，2012.

[42] 黎泽潮. 网络公共关系 [M]. 合肥：合肥工业大学出版社，2011.

[43] 罗子明，张慧子著. 新媒体时代的危机公关：品牌风险管理及案例分析 [M]. 北京：清华大学出版社，2013.

[44] 张宽海. 电子商务概述 [M]. 北京：机械工业出版社，2013.

[45] 张定方. 电子商务概论（第二版）[M]. 上海：立信会计出版社，2010.

[46] 方真. 电子商务教程（第一版）[M]. 北京：清华大学出版社，2004.

[47] 张润彤. 电子商务概述 [M]. 北京：中国人民大学出版社，2014.

二、专业期刊

[1] 刘志明. "公共关系"再定义 [J]. 新闻与传播研究，2014 年 11 月．

[2] 徐志旻. 正式组织中的非正式组织———种社会学的分析视角 [J]. 海峡科学，2003 年 3 月．

[3] 邢峥. 博客时代的企业公共关系 [J]. 商业经济，2006 年 12 月．

[4] 李岩.网络"公众新闻"实践与"网络公众"的形成——对"关于突发事件应对法（草案）"中有关对媒体的处罚规定的网络讨论分析[J].当代传播，2008年1月.

[5] 余利花.试论互联网中的"沉默的螺旋"[J].现代传播，2005年4月.

[6] 程士安.微博"粉丝"行为解读[J].中欧商业评论，2011年11月.

[7] 彭兰.社会化媒体、移动终端、大数据:影响新闻生产的新技术因素[J].新闻界，2012年8月.

[8] 包恩和巴图.消费者洞察:让我们做得更好[J].销售与市场，2006年4月.

[9] 黄升民、杨雪睿.碎片化背景下消费行为的新变化与发展趋势[J].广告研究，2006年2月.

[10] 周敦瑾，陈嘉弁.社会化媒体时代的内容营销:概念初探与研究展望[J].外国经济与管理，2013年6月.

[11] 穆磊.社会化媒体当道，内容营销迎来新机遇[J].中国广告，2012年4月.

[12] 伍景芳，刘恋.论O2O模式的博弈论基础[J].企业研究，2013年6月.

[13] 孙雷.透视大数据时代的营销变革[J].国际公关，2014年1月.

[14] 刘智慧，张泉灵.大数据技术研究综述[J].浙江大学学报，2014年6月.

[15] 朱德利.Web2.0的技术特点和信息传播思想[J].现代情报，2005年12月.

[16] 付玉辉，郭燕溪.从社会化大数据传播视角看公关传播[J].国际公关，2013年6月.

[17] 池莲.谈电子商务O2O模式面临的机遇与挑战[J].商业时代，2014年9月.

[18] 伍景芳、刘念.论O2O模式的博弈论基础[J].企业研究，2013年3月.

[19] 彭惠，吴利.O2O电子商务:动力、模式与前景分析[J].华南理工大学学报（社会科学版），2014年6月.

[20] 卢益清、李忱.O2O商业模式及发展前景研究[J].企业经济，2013年11月.

[21] 纪莺莺.当代中国的社会组织:理论视角与经验研究[J].社会学研究，2013年5月.

[22] 魏少华.零门槛的隐忧:草根新闻与把关人理论[J].新闻界，2009年3月.

[23] 姚凯.网络公关及其传播方式研究[J].科学管理研究，2004年1月.

[24] 陈莉霖，邓瑶.社交网站新闻传播五种模式的效果研究——基于SWOT分析与熵权决策理论[J].新闻前哨，2011年6月.

[25] 吴风.1995-2000:中国网络媒体发展报告[J].现代传播，2001年3月.

[26] 廖秉宜.中国传媒数字化转型与广告生存形态变迁研究[J].广告大观（理论版），2009年6月.

[27] 秦志希，芦何秋.论群体性事件中的传媒竞合[J].华中师范大学学报，2010年4月.

[28] 白长燕.略论我国网络舆情监测产业的现状与发展路径[J].人民论坛，2013年9月.

[29] 李宏伟，王红梅.网络危机成因分析与应对策略研究[J].电子商务，2009年2月.

[30] 余建华.网络乌合之众:一种社会心理学的分析[J].当代青年研究，2009年2月.

后记

该教材的编撰过程历时一年有余,书稿完结之时的武汉已是酷暑难耐。著书过程的艰辛自不必多言,感谢编辑等工作人员所付出的辛劳,让编撰工作能够顺利、圆满完成。

我们正身处一个由数字技术所带来的社会全面变革的时代,公共关系的理论与运作模式也在随之发生全面的变革,构建一个适应这种变化的、全新的公共关系的理论和运作模式,是一件非常艰难的事情,且这种变化还在进行的过程中,公共关系本质的不变,与技术在公共关系实现与运作过程中的凸显作用,成为我们思考的重点。尽管我们作出了极大的努力,但仍需在今后的工作中不断地摸索和完善。

数字传播改变了当今整个社会关系的格局,公共关系将在新的社会关系中起着越来越重要的作用,公共关系市场的成熟与公共关系产业的繁荣,将会成为公共关系价值凸显的标志。我们的团队将不断地努力探索公共关系新的发展。

姚　曦
2016 年 8 月于武汉大学